Acknowledgmen

This book would not have been published without the support of many colleagues and friends. I would like to show my most sincere appreciation to the Board of Trustees at Citrus College for granting me a semester of sabbatical in 2002.

To Deans Samuel Lee and James Williams for their words of encouragement and support of this project from its inception.

I am grateful for the incessant support and guidance of Jose Luis Couceiro from University of Santiago de Compostela in Spain.

I would also like to extend my gratitude to my friends and colleagues Tina McDermott, Jennifer Garson, Gerhard Peters, Anna McGarry, Celia Simón Ross, Michael Hurtado, Stacey Jazán, Dale Salwalk, Roya Mavadat, Erick Nightingale, Andrew Kim and Jerry Newell for their motivation and words of encouragement.

I am especially indebted to my parents, Frank and Yolanda Kinnelly, who have always been there through the writing of this book. Their support has meant the world to me.

Last but not least, I would like to dedicate this book to my dear son Jonathan, never ending source of strength, joy, and inspiration.

About the author

Ana María Afzali is a professor of Spanish Language, Literature and History at Citrus College in California.

With the second edition of her book Nuestra Lengua: Cuaderno de Gramática Redacción y Cultura Para Hispanohablantes, she brings over 20 years of experience in the teaching of Spanish for heritage speakers. Doctor Afzali graduated with a degree in Education from University of Maryland, College Park. She completed her graduate studies in Spanish Languages and Literature at the University of California, Los Angeles, where she was awarded her doctorate in 1999. She also has an academic and professional background in Business Administration.

Professor Afzali is the recipient of the Del Amo Fellowship for her research in Medieval Literature in Spain in 1995.

Her Doctoral Dissertation, Form and meaning of the 'Siervo Libre de Amor de Juan Rodríguez del Padrón o de la Cámara' is recognized as an important contribution to the research of XV century Spanish Medieval Literature in general and to the study of Sentimental Novel in the Iberian Peninsula specifically.

Other titles published by the author include:

"Modern Spain" Xanaedu Publishing, Los Angeles, 2009.

"El Didactismo en Juan Rodríguez del Padrón: Una Nueva Lectura del 'Siervo Libre de Amor.'" Published in Spain's Literary Legacy. University Press of the South, New Orleans, 2005.

La Sierra del Arcipreste de Hita. Published in the magazine Campo Abierto. Barcelona, Spain, 1994.

Federico García Lorca y la Revelación de la Ropa en su Producción Teatral. Published in the magazine Mester, Los Angeles, 1994.

Review of 'La Celestina.' Published in the magazine Celestinesca, Los Angeles, 1992.

Upon joining Citrus College as a full time Tenured professor, Dr. Afzali pioneered the creation of two courses of Spanish for Heritage Speakers and has been helping native Spanish speakers from around the world to improve their writing and language skills in a fun and easy to understand manner.

Her innovative methodology, her extensive knowledge about Spanish history, culture and grammar, and her years of experience in the field of teaching constitute indispensable ingredients for the success of her latest publication of "Nuestra Lengua: Cuaderno de Gramática, Redacción y Cultura Para Hispanohablantes."

Sobre la autora

Ana María Afzali es profesora de Español, Literatura e Historia en Citrus College en California. Con la segunda edición de su libro Nuestra Lengua: Cuaderno de Gramática, Redacción y Cultura para Hispanohablantes trae más de 20 años de experiencia en la enseñanza del español. La doctora Afzali se licenció de Magisterio en la Universidad de Maryland en College Park. Completó sus estudios graduados en lengua y literatura españolas en la Universidad de California en Los Ángeles, donde le fue otorgado el doctorado en 1999. También ha realizado estudios y ejercido en el ámbito empresarial.

La profesora Afzali fue la ganadora de la beca Del Amo en 1995 para su trabajo de investigación en Literatura Medieval en España.

Su tesis doctoral Forma y Sentido del 'Siervo Libre de Amor de Juan Rodríguez del Padrón o de la Cámara' es hoy reconocida como una importante aportación a la investigación de la Literatura Medieval española del siglo XV en general y al estudio del inicio de la Novela Sentimental en la Península Ibérica específicamente.

Otros títulos publicados por la autora incluyen:

"Modern Spain" Xanaedu Publishing, Los Ángeles, 2009.

"El Didactismo en Juan Rodríguez del Padrón: Una Nueva Lectura del Siervo Libre de Amor." Publicada en Spain's Literary Legacy, University Press of the South,

New Orleans, 2005.

La Sierra del Arcipreste de Hita, publicada en la revista Campo Abierto, Barcelona, España 1994.

Federico García Lorca y la Revelación de la Ropa en su Producción Teatral. Publicada en la revista Mester, Los Ángeles, 1994.

Reseña de 'La Celestina.' Publicada en la revista Celestinesca, Los Ángeles, 1992.

Tras unirse al grupo de catedráticos de Citrus College, la doctora Afzali fue pionera en la creación de dos cursos de español para hispanohablantes y ha estado ayudando a estudiantes del mundo entero a mejorar su redacción y lenguaje de una forma entretenida y fácil de entender.

Su innovadora metodología, sus conocimientos extensos sobre la gramática, historia y cultura hispanas y sus años de experiencia en el campo de la enseñanza constituyen ingredientes indispensables para el éxito de su publicación Nuestra Lengua: Cuaderno de Gramática, Redacción y Cultura para Hispanohablantes.

Sobre el texto

Nuestra Lengua: Cuaderno de Gramática, Redacción y Cultura para Hispanohablantes es un libro de texto cuya meta es la de dar al estudiante una sólida base en su lengua en siete áreas esenciales:

Gramática
Ortografía
Composición escrita
Cultura
Vocabulario
Compresión de lectura
Discurso formal

El texto ha sido concebido, específicamente, para estudiantes hispanohablantes educados en los Estados Unidos que desean mejorar su gramática, redacción y habilidad de hablar la lengua formalmente.

Cada capítulo comienza con un artículo de valor sociocultural en el mundo latinoamericano. Por supuesto, es prácticamente imposible cubrir todo el espectro hispano en un curso de lengua. Sin embargo, sí que hemos intentado elegir temas de interés especial para el estudiante. La mayoría de los capítulos contienen biografías de personajes hispanos de diferentes países que han impactado, de una forma u otra, nuestra historia.

La lectura aparece siempre con algunas palabras subrayadas cuyo significado es probablemente desconocido para el estudiante. En los ejercicios de comprensión de lectura el alumno tendrá que buscar los términos en el diccionario, escribir su significado y utilizarlos en un nuevo contexto. Este ejercicio dará, por un lado, práctica al estudiante con el manejo del diccionario español/inglés y/o español/español, y por el otro enriquecerá su vocabulario. Los ejercicios de comprensión de lectura constituyen, en primer lugar, una herramienta clave para comprobar que el alumno comprendió el texto, y como ayuda para recordar lo que se ha leído.

Continúa el capítulo con una sección de gramática. Según se van estudiando los diferentes puntos, el estudiante podrá comprobar su entendimiento de los mismos a-través de los ejercicios que aparecen en cada sección. Las lecciones gramaticales han sido cuidadosamente seleccionadas y organizadas en un orden lógico que ayudará al alumno a adquirir una comprensión general del esquema gramatical español.

La sección gramatical va seguida de la de ortografía. Aquí se estudian los aspectos ortográficos más relevantes y que afectan con más frecuencia a los estudiantes bilingües en los Estados Unidos. También aquí encontrará el alumno una gran variedad de ejercicios que le ayudarán a asegurarse del correcto entendimiento del material aprendido.

La mayoría de los capítulos incluyen la sección "Más allá", en la que el estudiante tiene la oportunidad de adquirir información adicional sobre la lectura inicial del capítulo y de escribir una composición que le ayudará a desarrollar su habilidad de redacción.

Los refranes que aparecen en cada capítulo fueron incluidos para promover la discusión oral entre los alumnos, el uso del español escrito y la adquisición de conocimientos folclóricos hispanos.

Se concluye, cada capítulo, con una sección de vocabulario en la que se le pide al alumno que busque un número determinado de palabras del capítulo, cuyo significado desconoce, en el diccionario. Lo que se intenta con esto es que el estudiante juegue un papel activo en el enriquecimiento de su lengua prestando especial atención a los vocablos que desconoce acostumbrándose así a hacer consultas siempre que sea necesario.

Los ejercicios de repaso al final de cada capítulo proveen una herramienta adicional para que el estudiante pueda comprobar los conocimientos adquiridos. Las respuestas a dichos ejercicios aparecen en el índice al final del libro.

El texto comienza con un capítulo introductorio al principio y otro de conclusión. Éste último, ofrece los conocimientos lingüísticos básicos necesarios para desenvolverse con soltura en el mundo hispano de los negocios.

"Nuestra Lengua" provee al estudiante, en conclusión, con un curso de estudios que le enriquecerá con los conocimientos de su lengua y cultura de una forma entretenida, fácil de seguir y lógica.

About the book

Nuestra Lengua: Cuaderno de Gramática, Redacción y Cultura para Hispanohablantes is a textbook which aims to giving students a solid base in Spanish in seven basic areas:

Grammar

Spelling

Written composition

Culture

Vocabulary

Reading comprehension

Oral formal skills

The book has been specifically conceived for Spanish speakers educated in the United States who wish to improve their grammar and their writing and oral formal skills.

Each chapter begins with an article of sociocultural value in the Latinoamerican world. Of course, it is practically impossible to cover the entire Hispanic spectrum in a language course. We have tried, however, to choose topics of special interest to students.

The majority of the chapters contain biographies of Hispanic figures from different countries who have impacted, one way or another our history.

The readings include some underlined words which pose common problems for all heritage speakers. The reading comprehension exercises provide an aid to students for learning the meaning of new words and develop their skills in using Spanish/English dictionaries. The exercises that follow each chapter constitute a tool to test student's understanding of the articles and serves as a study guide.

Each chapter continues with a grammar section. The order in which these have been arranged throughout the book has been carefully chosen and organized in a logical pattern that will help students to learn and understand the Spanish grammatical system.

Grammar sections are followed by a series of spelling rules. Each set was chosen for its relevance in written problems shown by bilingual students in the US. Here too will students find a variety of exercises that will check for understanding and provide abundant practice.

The majority of the chapters include a section called "más allá" in which students have the opportunity to learn additional information about the initial reading in the chapter and to develop their written skills.

The Spanish riddles that appear at the end of each chapter were added to promote oral discussions among students as well as the use of oral formal Spanish.

The review exercises that finish each chapter provide a tool for students to measure their learning outcomes. The answers are provided in the index section at the end of the text.

The book begins with an introductory chapter and concludes with a section devoted to Spanish in the business world. Here students develop valuable skills to learn how to write a resume, business corresponcence, etc.

"Nuestra Lengua" offers students a text that will enrich them with the knowledge of the Spanish language and culture in an entertaining, engaging and easy to understand manner.

ÍNDICE DE MATERIAS

CAPÍTULO 2.

CAPÍTULO 3

CAPÍTULO 4

CAPÍTULO 5

CAPÍTULO 6

CAPÍTULO 7

CAPÍTULO 8

CAPÍTULO 9

CAPÍTULO INTRODUCTORIO

EL HISPANOHABLANTE DE HOY

La lengua es, sin duda, la que despierta en todos, ya desde una edad muy temprana, nuestros valores espirituales, morales y culturales. A través de ella, y desde el momento que comenzamos a adquirirla se inicia la comunicación con nuestros padres, la cual formará los cimientos (*) sobre los que se construirán nuestros valores familiares. La tradición y la historia de nuestros antepasados nos ayudan a definirnos como individuos. Sin la lengua, esta transmisión esencial en nuestra formación cívica resultaría imposible.

La cultura y la lengua forman una estrecha relación simbiótica; no puede existir la una sin la otra. Veamos por ejemplo la diferencia entre el uso del pronombre "usted" y "tú". En una clase de español elemental, los estudiantes aprenden que en la cultura hispana uno utiliza el pronombre "tú" para dirigirse a un amigo o a un pariente, y "usted" para hablar con una persona a la que conocemos poco, o de alto rango social, político o espiritual. Observamos pues que ya desde una lección básica de la lengua el estudiante aprende elementos fundamentales sobre la cultura y los valores del mundo hispano. No podemos entender el uso de estas dos palabras (**tú** y **usted**) sin entender su contexto cultural.

Cabe notar que cuando desaparece la lengua, desaparecen también todos nuestros valores, haciendo que nos sumerjamos en una crisis espiritual de ingentes proporciones. Éste es precisamente el caso de los hispanos en los Estados Unidos. Cuando éstos dejan de utilizar su lengua, el inglés sobrepone e implanta una nueva serie de valores que carecen de la historia, de la cultura y de la esencia que han fortalecido a los hispanos durante siglos.

Alrededor de la década de los cincuenta comenzó una etapa en la que las familias hispanas se sintieron discriminadas e injustamente marginadas en los Estados Unidos. El estigma que conllevaba el ser hispano hizo que los padres de familia dejaran de hablar el español con sus hijos, de celebrar las fiestas tradicionales de sus países y de transmitir con orgullo la historia de sus pueblos y de sus antepasados. Fue precisamente esa etapa de decadencia para la sociedad hispanoamericana la que trajo consigo una crisis de carácter lingüístico, social, económico y cultural.

En el campo político, por ejemplo, y hasta mediados de la década de los 60, el gobierno estadounidense impuso una tasa electoral a todo aquel que deseara votar. Este impuesto fue creado estrictamente para alejar a los hispanoamericanos, a los afroamericanos y a otras minorías del escenario sociopolítico.

Desde aquellos tiempos de racismo y abusos sociales, Estados Unidos ha florecido como sociedad abierta y justa gracias a los esfuerzos de, entre otros, Martín Luther King, César Chávez, Reyes López Tijerina y Rigoberta Menchú. De hecho, durante la década de los 60 cuatro México-americanos ganaron elecciones que los situaron en un puesto de liderazgo sociopolítico sin precedentes. En la casa de los representantes fueron elegidos: Eligio de la Garza y Henry González de Texas y Edward Roybal de California. En el Senado, ganó las elecciones, Joseph Montoya de Nuevo México. A consecuencia de estos triunfos políticos, en 1965, El Congreso de los Estados Unidos eliminó permanentemente el impuesto electoral.

Los diversos grupos étnicos han decidido, en algunos casos por primera vez en la historia, recuperar su orgullo cultural, religioso y lingüístico. Los latinos se encuentran por primera vez desde principios del siglo pasado, en un momento de nacionalismo vivo que les invita a deleitarse en el placer de volver a implementar sus valores familiares y culturales. En la última década Estados Unidos ha sido testigo de un renacimiento sociolingüístico que continúa hoy ganando momento.

Con gran orgullo hablan hoy los padres a sus hijos en español en nuestras ciudades, reintroducen una cultura que, durante años, se asumió en un triste estado de hibernación y celebran la diversidad de sus diferencias culturales.

La juventud latina goza, hoy, de personalidades hispanoamericanas que la inspira y enorgullece de su herencia cultural. En el mundo artístico, por ejemplo, podemos mencionar, entre otros, a Diego Ribera, y más recientemente a Gloria Estefan, Penélope

Cruz y Pedro Almodóvar. En el mundo literario, Gabriel García Márquez y Camilo José Cela. En el campo político nos viene a la mente el nombre del senador de Florida (de origen cubano) Díaz Balar, el del ex-teniente del gobernador en California (de origen mexicano) Cruz Bustamante y, cómo no, el de Bill Richardson, el único gobernador hispano de los Estados Unidos y el primero en ser elegido en Nuevo México; estado en el que el 42% de la población es hispana. Todos ellos triunfantes, de un modo u otro, en la conquista del sueño americano.

A raíz de esta "reaparición" del orgullo sociolingüístico, los grupos latinoamericanos más destacados de nuestro país, desde los cubanos de Florida y los puertorriqueños de Nueva York hasta los mexicanos de Texas y California, han decidido revivir su lengua. En muchos casos esto ha supuesto un regreso a su estudio en nuestras escuelas y universidades.

La población latinoamericana continúa creciendo en nuestro país. De acuerdo con la documentación publicada en 1999 por la Cámara de Comercio del Censo de los Estados Unidos (1), la población nacional hispana, en nuestro país, suma una totalidad de más de 30 millones. Los hispanos representan, por lo tanto, el grupo étnico con mayor crecimiento demográfico en nuestro país (2) -nada menos que el 13% de la población total de la nación-. De este crecimiento, cabe notar, por ejemplo, que el mayor porcentaje de hispanos reside en California. Este estado tenía, ya en el año 2000, el 31% de la población hispana del país seguido por Texas con un 19%. En algunas de nuestras ciudades, la gran mayoría de sus habitantes son de habla hispana. La Cámara de Comercio estimó, por ejemplo, que en el este de Los Ángeles, el porcentaje de hispanoparlantes se eleva al 97%, en Loredo, Texas, a un 94% y en Hialeah, Florida, a un 90% por mencionar algunas.

Estas estadísticas continúan creciendo paulatinamente. En el estado de California, por ejemplo, se estima que para el año 2015, las dos terceras partes de la población estará compuesta por hispano hablantes. El número de programas de enseñanza de español, tanto para nativos como para no nativos, se ha triplicado en la última década para satisfacer la demanda del cuerpo estudiantil que encuentra esencial el conocimiento del español para tener éxito en sus carreras, las cuales vienen a enriquecerse notablemente por el hecho de que el estudiante sea bilingüe, pero que se enriquece mucho más aún si puede usarlo a nivel académico y/o formal.

No es difícil encontrar en los Estados Unidos, a personas de habla hispana. Sus conocimientos lingüísticos evidencian, sin embargo, una ancha gama de habilidades orales y escritas. El hispanoamericano de hoy comprende perfectamente que no es suficiente "chapurrear" el español; que si realmente desea tener éxito en su carrera y apoyarse en los conocimientos de su lengua y cultura hispanas, ha de ir más allá de lo adquirido durante su infancia y ha de tomar los cursos pertinentes que le permitan poner en práctica los aspectos gramaticales estudiados para la redacción y la comprensión de lectura.

Las oportunidades profesionales son cada vez más amplias para aquellos que "re-conquistan" su lengua pudiendo aspirar a puestos en el campo de la enseñanza, de los medios de comunicación, del gobierno, de la banca internacional, de las empresas privadas etc. De hecho, la Cámara de Comercio del Censo declaró en su informe publicado al comenzar el milenio, que el número de negocios con dueños hispanos se eleva a 1,2 millones, dando éstos trabajo a 1,3 millones de ciudadanos y generando unos ingresos de más de 186,2 billones de dólares anuales.

Con lo dicho cabe concluir que nos hallamos ante un momento histórico en el que la población latina continúa creciendo no sólo demográficamente, sino en cuanto a la importancia en el papel que desempeña en el desarrollo y prosperidad estadounidenses. Es pues éste un momento crucial en el que el estudiante hispanohablante debe tomar las riendas de su educación y formar parte, con el orgullo que su historia y su tradición le proporcionan, de la dinámica que continúa elevando el estatus del hispano en nuestro país.

(*) Las palabras subrayadas en las lecturas de este texto aparecerán siempre en ejercicios posteriores. Por lo tanto el estudiante debe prestar especial atención a su significado y uso.

(1) Los datos estadísticos demográficos de este artículo han sido tomados del informe publicado por la Cámara de Comercio del Censo de Los Estados Unidos. Para obtener ésta o más información sobre el tema véase www.census.gov.

(2) Los mexicanos comprenden el 59% de la población hispana en los Estados Unidos.

Censo de 2000: los 10 estados más importantes por su porcentaje de hispanos

California_______________________________________31%
Texas___________________________________18%
Nueva York______________________ 8,1%
Florida_______________________7,6%
Illinois_________________4,3%
Arizona_____________3,7%
Nueva Jersey________3,2%
Nuevo México_____2,2%
Colorado_________2,1%
Washington____1,3

VOCABULARIO.

La lectura frecuente de textos en español, es una de las fuentes más importantes y más disponibles a la hora de mejorar el idioma, tanto en su forma escrita como oral. Si bien en este curso, usted tendrá amplia oportunidad de leer textos muy variados, se le aconseja que expanda esa lectura lo más posible durante el curso y que continúe con ella una vez finalizados sus estudios.

A la hora de incrementar y mejorar su vocabulario, es esencial que se encuentre cómodo con el manejo del diccionario y que se acostumbre a usarlo con frecuencia. Durante cualquiera de sus lecturas tenga siempre su diccionario a mano y utilícelo siempre que tenga dudas sobre el significado de cualquier término. Consúltelo también a la hora de escribir siempre que surjan dudas ortográficas o de significado.

Busque en su diccionario el significado de los siguientes términos, escríbalo, y componga después una frase que contenga dicha palabra.

Cimientos ____

____

____

Cívico____

____

____

Estrecho ____

____

Simbiótico____

____

____

Estigma____

____

____

Marginar ____

____

____

Deleitarse____

____

____

Hibernación____

____

____

Milenio____

____

____

DESPUÉS DE LA LECTURA.

A-Indique si las siguientes frases sobre la lectura anterior son ciertas o falsas y corrija las que sean falsas.

1- La cultura y la lengua pueden existir independientemente la una de la otra.

____

2- Cuando desaparece la lengua, desaparecen también todos nuestros valores.

____

3- En la década de los sesenta, comenzó una etapa en la que las familias hispanas se sintieron discriminadas y marginadas.

____

4- El gobierno estadounidense impuso, hasta mediados de los ochenta, una tasa electoral a todo aquel que deseara votar.

____

5- La tasa electoral fue creada para animar a todos los ciudadanos mayores de edad a votar.

____

6- La población latinoamericana disminuye todos los años en Estados Unidos.

____

7- La población nacional hispana, en nuestro país, suma una totalidad de dos millones.

____

B- En clase, forme grupos de 4 personas y conteste a las siguientes preguntas después de discutirlas con sus compañeros.

1. De acuerdo con la lectura que acaba de realizar ¿por qué decimos que la lengua y la cultura forman una relación simbiótica?

____

____

____

____

____

2. ¿Qué otros ejemplos puede dar usted de dicha relación?

____

____

____

____

____

____

____

3. ¿Qué produjo en los Estados Unidos una crisis sociolingüística?

4. ¿Cree usted que esta crisis está completamente superada? ¿Por qué?

5. ¿Por qué se siente usted orgulloso de ser hispano? Conteste a esta pregunta y después comparta su respuesta con los componentes de su grupo.

6. ¿Qué otros ejemplos de personajes famosos hispanoamericanos se le ocurren en el mundo artístico, político, cultural y de negocios?

7. Es de suponer que si usted ha decidido tomar este curso es porque desea mejorar su español, pero ¿por qué? ¿Cuáles son algunas de sus metas personales y/o profesionales en cuanto al uso de esta lengua?

8. ¿Qué cree usted que va a tener que hacer para conseguir esas metas además de tomar este curso? Dé ejemplos específicos.

9. En su opinión, ¿cuáles han sido y continúan siendo hoy los dos lazos culturales más destacados que unen a todos los hispanoamericanos?

ORTOGRAFÍA

La diéresis. Usted habrá visto con frecuencia en sus lecturas previas, palabras como guerra, guión, guitarra etc. en las cuales el uso de la letra "u" entre la "g" y otra vocal no se pronuncian.

En las sílabas **gua** y **guo** la letra "u" sí que se pronuncia. Obsérvense, por ejemplo, las siguientes palabras:

Agua, Guadalquivir, guapo, Guadalupe, igual, ambiguo

En español, no obstante, la “u” es muda en las sílabas **gue** y **gui.** Léanse en voz alta los siguientes ejemplos:

Siguiente, guerra, guitarra, guillotina, hoguera etc.

Existen casos, sin embargo, en los que se hace necesario pronunciar la “u” en las sílabas **gue** y **gui**. Para notar este cambio en la pronunciación de dichas palabras es preciso el uso de la **diéresis**. Esto es: es necesario poner dos puntos sobre la “u”. Véanse los siguientes ejemplos:

Lingüístico, pingüino, güiro, güero, etc.

Ejercicios de ortografía.

1. Explique lo que es la diéresis.

____

____

____

____

____

____

2. Dé tres ejemplos de palabras que se escriben con diéresis y escriba cada una en una frase completa.

____

____

____

____

____

El alfabeto.

El alfabeto español cuenta con 27 letras: veintidós consonantes y cinco vocales.

* Recuerde que la letra "h" es muda y por lo tanto nunca se pronuncia.

Ejemplos: Hotel, hola, hijo.

* La letra "b" y la "v" se pronuncian exactamente igual en español.

Ejemplos: Vida, bebo, veo, vaso, base.

* La "w" y la "k" se utilizan únicamente en algunas palabras extranjeras.

Ejemplos: Whisky, kilo.

* En América latina, la letra "c" tiene el sonido /s/ delante de las vocales "e" e "i" (/th/ en España). Por ejemplo: cenicero, cimiento, cereza. Esta misma letra, tiene el sonido /k/ delante de las vocales "a", "o", "u".

Ejemplos: Casa, cucaracha, coco.

* En español, la letra "q" siempre va seguida de la letra "u", aunque ésta última no se pronuncia en tal caso.

Por ejemplo: Queso, quemar, querella, etc.

* La "y" se pronuncia como la vocal "i" al final de sílaba, y como la "ll" al principio de cada sílaba.

Por ejemplo: Yolanda, yo, yoyó, voy, doy, soy.

* Hasta 1994 el alfabeto español tenía 29 letras: 5 vocales y 24 consonantes. La Real

Academia de La Lengua Española decidió suprimir la "ch" y la "ll" como letras individuales. Esto significa, por lo tanto, que a la hora de buscar palabras en el diccionario, la palabra "chico", por ejemplo, no aparecerá bajo la letra "ch", sino bajo la letra "c".

Cabe notar, no obstante, que si usted dispone de un diccionario cuya fecha de publicación precede a 1994, las letras "ch" y "ll" aparecerán por separado.

Los nombres de las letras del abecedario español aparecen a continuación:

LETRA	NOMBRE	EJEMPLO
A	a	Ana, para, amapola.
B	be, be grande	beso, boca, bote.
C	ce	cielo, casa corazón.
D	de	día, doy, dos.
E	e	ella, él, Elena.
F	efe	foto, frío, fósforo.
G	ge	gota, gente, gato.
H	hache	hotel, hola, hielo.
I	I	isla, Isabel, idea.
J	jota	Javier, joven.
K	ka	kilo, kilómetro
L	ele	lío, Lola, limón
M	eme	mío, mono, mira
N	ene	nota, niño
Ñ	eñe	cañón, caña
O	o	hola, otro, ópera
P	p	pipa, poco, primo
Q	cu	queso, aquello, que
R	erre	río, rosa, reto
S	ese	sol, soso, silla
T	te	total, tío, tomate
U	u	tabú, uno, último
V	uve, ve chica	vivo, vista, voy
W	uve doble, doble u	whisky, Washington
X	equis	saxofón, éxtasis
Y	i griega	voy, soy, yo
Z	ceta	zapato, zorro

EJERCICIOS.

A. Lea en voz alta la siguiente lista de palabras:

voy	bola	bizcocho	vivir
beso	vía	veo	boda
bien	aviso	bueno	barato
bonito	bosque	vuestro	vimos

B. Lea en voz alta la siguiente lista de palabras:

hueso	huelo	húmedo	hola
hiato	hemos	habitación	hilo
huésped	hotel	hombre	hago

C. Lea en voz alta la siguiente lista de palabras:

queso	cuelo	quemo	quito
casa	cuna	cuezo	quesadilla
cuervo	chiquillo	que	cualquiera

D. Lea en voz alta la siguiente lista de palabras:

llorar	yoyó	reyes	llamo
yo	gallo	rollo	Yolanda
callar	yugo	pillo	querella

MÁS ALLÁ

EL MOVIMIENTO CHICANO.

Si bien las mejoras socioeconómicas de los hispanoamericanos han continuado ganando momento desde hace 5 décadas, todavía hay hoy un número considerable de latinos que se sienten marginados y frustrados. Los México-americanos canalizaron esa frustración a través del movimiento chicano fundado en el año 1961.

Si bien se desconoce la etimología exacta de la palabra "chicano", lo cierto es que muchos continúan considerando este término denigrante. El movimiento chicano ha contribuido a cambiar esta connotación y a otorgar a los México-americanos el orgullo étnico-cultural que años de discriminación les habían robado.

César Chávez constituye hoy la personificación de ese orgullo. Personaje de humilde origen y cuyo liderazgo continúa inspirando hoy a hispanoamericanos de todo el país.

PARA ESCRIBIR

Escriba aquí una lista de metas sociales y lingüísticas para esta clase y compárelas con las de sus compañeros.

____

____

____

____

____

____

____

____

____

Ahora redacte un ensayo de una página escrito a máquina describiendo detalladamente cuáles son sus metas lingüísticas y culturales en esta clase.

REFRÁN

Lea el siguiente refrán:

"PAGAR JUSTOS POR PECADORES."

1. Discuta con sus compañeros el dicho anterior y escriba una explicación formal detallada sobre su significado. Imagine que su explicación va a aparecer en una revista.

____

____

____

____

____

____

____

____

____

____

____

____

____

VOCABULARIO

A- Empareje las siguientes palabras con su significado.

1. redactar	__________	a. grande
2. querella	__________	b. no tener
3. diéresis	__________	c. diez años
4. no obstante	__________	d. historia de la palabra
5. gama	__________	e. escribir
6. paulatinamente	__________	f. conflicto legal
7. etimología	__________	g. dos puntos sobre la 'u'
8. antepasados	__________	h. generaciones anteriores
9. ingente	__________	i. impuesto
10. carecer	__________	j. poco a poco
11. década	__________	k. variedad
12. tasa	__________	l. sin embargo

B- Busque 10 palabras en este capítulo, escríbalas aquí, encuentre después su significado en un diccionario y escriba a continuación una frase con cada palabra.

1.____

2.____

3.

4.

5.

6.

7.

8.

9

10.

CAPÍTULO 1

El DESARROLLO DEL ESPAÑOL

El español es hoy el tercer idioma más hablado del mundo. Conviene, a la hora de estudiarlo, conocer sus orígenes, ya que no sólo se remontan a varios siglos, sino que éstos son, además, numerosos y variados: el latín vulgar, el vasco, el griego, las lenguas germanas, el árabe etc.

La base del español es el latín vulgar que data en la Península Ibérica de principios del siglo III A.C. (1). Esta lengua fue impuesta por los romanos cuando Hispania -así llamado el país en aquel entonces- llegó a formar parte del Imperio Romano. Hasta el momento se había hablado en la península la lengua de los íberos, celtíberos, cántabros o lusitanos. Tras la fragmentación y caída del Imperio Romano la lengua permaneció en la región y continuó desarrollándose. Varios siglos más tarde, el latín daría paso a la creación de las lenguas románicas: el castellano, el leonés, el aragonés, el gallego-portugués, el catalán y, cómo no, el mozárabe (2). De todas ellas, sería el castellano el que acabaría predominando hasta nuestros días. Era entonces en Castilla donde se hablaba este dialecto proviniendo de ahí su denominación actual.

Constituye el griego, quizá, nuestro segundo pilar lingüístico más importante. Su influencia llegó a España por las costas mediterráneas durante el siglo VII A.C. gracias a los colonizadores griegos que por aquel entonces se asentaban en aquella región. De tales voces han llegado hasta nuestros días palabras como gobierno, escuela, teléfono, hélice, televisión, etc. Cabe destacar que, a partir del reinado de Alfonso X el Sabio y, con más fuerza a partir del renacimiento, frecuentemente se utilizaron raíces griegas para formar nuevos vocablos en español. En efecto, el rey Alfonso tuvo que solucionar el problema de la carencia de vocablos castellanos para traducir palabras del árabe, del hebreo etc. con lo que el monarca tuvo que, literalmente, crear palabras. Para ello se valió frecuentemente de prefijos o sufijos griegos.

Las voces germanas llegaron a influenciar nuestra lengua gracias al contacto de estos pueblos con los bárbaros, fuertemente romanizados. En el español aparece, por ejemplo, el germanismo "burgo" que significó en un principio castillo y posteriormente ciudad. De ahí provienen los topónimos Luxemburgo, Edimburgo, etc. También hay numerosos nombres y apellidos en nuestra lengua de origen germano: Ramírez, González, Julián, Sacristán etc.

Sobre el vasco han debatido mucho lingüistas, historiadores e hispanistas. Lo cierto es que si bien se han expuesto numerosas hipótesis sobre su procedencia, nadie conoce con certeza su origen. Lo que sí se sabe es que el vascuence ha encontrado, a través de los siglos, maneras de influenciar el español. En la Edad Media, fue durante la reconquista de la Península. A medida que los pueblos cristianos iban recobrando territorio de los moros, los vascos eran los que lo repoblaban, trayendo consigo sus costumbres y, claro, su lengua. A los vascos se les atribuye, por ejemplo, el sufijo -rro en español: catarro, cigarro, guijarro, etc.

El árabe influenció enormemente el español. No es esto de extrañar, dada la documentación histórica que nos muestra su invasión de la península en el año 711 D.C. que duraría ocho siglos y que continuaría hasta que Fernando de Aragón e Isabel la Católica los expulsara de su último reino - Granada- en 1492.

Con la llegada de los árabes, se genera una riqueza sociocultural, política y lingüística sin precedentes. La biblioteca árabe de Córdoba era, en aquel entonces, la mayor de Europa. De las jerarquías gubernamentales que crearon nos han llegado términos como alguacil, alcalde etc. Cabe notar, además, que todo vocablo en español que comienza con el prefijo "-al" es casi sin duda, de origen árabe: aldea, almohada, Aldonza, alfombra, etc. Lo mismo se puede decir de los términos que comienzan con el prefijo "gua-". De ahí los topónimos Guadalajara, Guadarrama, Guadalquivir, etc. También de origen árabe es el sufijo "-í", como por ejemplo, marroquí, alfonsí, etc.

Los primeros textos en castellano aparecen en la península en el año 1042: las jarchas. No obstante, se escribieron con caracteres hebreos o árabes. El primer texto literario, escrito íntegramente en castellano es el "Cantar de Mío Cid". El nombre de su autor se desconoce, pero sí sabemos que su versión original data del año 1140 aproximadamente. Posteriormente, en el siglo XII aparecerían los textos de Alfonso X el Sabio, rey de Castilla entre 1252 y 1284. Este monarca dedicó su energía a fundar la Escuela de Traductores de

Toledo y a escribir algunos de los textos de mayor importancia en la literatura de principios de la Edad Media, entre ellos la “Grande e General Estoria de España”. Alfonso X se convierte en el primer monarca en declarar el castellano, lengua oficial de su reino. Fue pues, a partir del siglo XIII en Castilla, donde se detecta, gracias a la literatura alfonsí, una cierta uniformidad en la ortografía de la lengua, ya que hasta entonces no se había establecido normativa alguna. Más tarde, sin embargo, en el siglo XV, con la publicación de Antonio de Nebrija del primer tratado de gramática del castellano estas normas llegarían a una uniformidad hasta entonces inexistente y que daría pie a lo que es hoy el castellano.

De todas las lenguas romances, fue el castellano el que prevaleció y llegó a predominar en la península. Por un lado, al consolidarse el reino castellano como el más poderoso de los existentes en la zona, éste comenzó a reconquistar las tierras antes perdidas a los moros. La reconquista trajo consigo el dominio del dialecto castellano. Además debemos recordar que fue ésta la lengua que Alfonso X utilizó para traducir textos jurídicos, históricos, científicos y literarios del árabe y del hebreo.

Hoy podemos dividir el desarrollo de la lengua española en 3 etapas: la medieval, en la que se hablaba el español antiguo y que se extiende desde el siglo X hasta el XVI, la moderna, entre los siglos XVI y finales del XVII y la contemporánea que continúa hoy y que comenzó con la creación de la Real Academia Española en el siglo XVIII.

El año 1492 es pues, en la historia de España, importante por varios motivos: la expulsión de los judíos, el final de la reconquista, la publicación del primer tratado de gramática castellana y, cómo no, el descubrimiento de América.

Ya con el descubrimiento de Cristóbal Colón, la lengua castellana se hallaba plenamente consolidada. La mayoría de los buques que salieron posteriormente para el nuevo mundo, lo hacían desde la región sureña de Andalucía, única zona en la península donde la z no se pronunciaba como /th/, sino como /s/ (3). De ahí que los hispanohablantes del continente americano desarrollaran esta misma pronunciación. A través de los siglos, el español se mezcló, en el nuevo mundo, con las lenguas indígenas y muchas de ellas subsistieron en ese continente hasta hoy. El contacto de los españoles con los indios produjo la infiltración de numerosos términos indígenas como ‘tomate’ o ‘cacao’.

Con el correr del tiempo, otras lenguas han aportado vocablos al español con galicismos, italianismos y anglicismos (palabras procedentes del francés, del italiano y del inglés respectivamente). Los avances tecnológicos han creado también, la necesidad de nuevos vocablos (neologismos) a nuestro idioma.

Gracias a los esfuerzos imperialistas que iniciaron los Reyes Católicos y que continuarían durante los próximos 300 años, el español es hoy, no sólo el idioma oficial de España, sino de 19 países de América y del Caribe: Costa Rica, Nicaragua, La República Dominicana, El Salvador, Cuba, México, Honduras, Guatemala, Colombia, Panamá, Venezuela, Perú, Bolivia, Ecuador, Argentina, Paraguay, Uruguay, Puerto Rico y Chile.

También el español se extendió por otros países. Por ejemplo, los judíos expulsados de la península en 1492 se llevaron con ellos la lengua, asentándose predominantemente en el norte de África, en Turquía y en partes de Asia. Filipinas, colonia de España por algún tiempo, utilizó el español durante muchos años junto con el tagalo y el inglés.

El español cuenta hoy con más de 400 millones de hablantes esparcidos por los cuatro continentes gracias a su riqueza histórica. Riqueza que no hubiera sido posible sin la contribución de numerosos pueblos y culturas de diversos puntos del mundo.

(1) A.C. significa "antes de Cristo". D.C. significa "después de Cristo".

(2) El mozárabe era la mezcla de lenguas romances con el árabe hablado en la península.

(3) Hoy hay quien cree, erróneamente, que los españoles utilizan el sonido /th/ para la letra z a raíz del mito de un ceceo del monarca Carlos III.

VOCABULARIO

1. En el pasaje que acaba de leer, encontrará 5 palabras subrayadas. Búsquelas en el diccionario y escriba su significado a continuación. Provea después una frase con cada una de estos términos.

A).____

____

____

____

B). ____

____

____

____

C). ____

____

____

____

D). ____

____

____

____

E). ____

____

____

____

EJERCICIOS SOBRE LA LECTURA

2. Según la lectura que acaba de realizar, explique de dónde cree usted que provienen las siguientes palabras españolas.

A. Teleférico: ____

B. Altura: ____

C. Carro: ____

D. Gómez: ____

E. Guapo: ____

F. Alcohol: ____

G. Burgos: ____

3. Explique, de acuerdo con el texto anterior, cual fue la influencia del árabe en el desarrollo del español y por qué esta influencia fue tan importante.

____

____

____

4. ¿Cuáles eran las lenguas que existían en la Península Ibérica antes de la llegada del latín a estas tierras?

5. Explique la razón de la influencia griega en la formación del español.

6. Explique cuál fue el papel del monarca Alfonso X el Sabio en la formación y desarrollo de la lengua española.

7. Explique por qué en España la letra "z" tiene el sonido /th/ y en latino América se pronuncia como /s/.

8. Enumere las partes del mundo en las que se habla hoy el español.

9. ¿Cuál fue el papel de los Reyes Católicos en el desarrollo y expansión de la lengua española?

10. Indique si las siguientes frases sobre la lectura anterior son ciertas o falsas. Corrija las que sean falsas.

a)- El español es hoy el idioma más hablado del mundo.

b)- La base del español es el árabe vulgar.

c)- El Segundo pilar lingüístico del castellano es el griego.

d)- Las voces germanas llegaron a influenciar nuestra lengua gracias al contacto de estos pueblos con los íberos.

e)- El vascuence proviene del sur de Italia.

f)- Alfonso X el Sabio expulsó a los árabes de la península definitivamente.

---

g)- Los primeros textos en castellano aparecen en la península en 1042 pero estaban escritos con caracteres árabes.

---

h)- El desarrollo de la lengua española se divide en dos etapas: la medieval y la contemporánea.

---

i)- El español se habla hoy en España y en 19 países de América y del Caribe.

---

j)- El español cuenta hoy con cuatrocientos millones de hablantes esparcidos por los cuatro continentes.

LA DIVISIÓN DE LAS PALABRAS EN SÍLABAS

Recuerde que una sílaba es una letra o grupo de letras que se pronuncian en un sólo golpe de voz.

Dependiendo del número de letras en cada sílaba, podemos dividirlas de la siguiente manera:

Sílabas de una sola letra................monolíteras.
Sílabas de dos letras........................bilíteras.
Sílabas de tres letras.......................trilíteras.
Sílabas de cuatro letras..................cuatrilíteras.

Dependiendo del número de sílabas en cada palabra decimos que:

Monosílaba..........................es una palabra de una sola sílaba.
Bisílaba................................es una palabra de dos sílabas.
Trisílaba..............................es una palabra de tres sílabas.
Polisílaba...........................es una palabra de múltiples sílabas.

Para un cierto número de hispanohablantes, esta división es intuitiva y no necesita estudio. Con frecuencia, no obstante, el estudiante tendrá que consultar la reglas de silabificación para cerciorarse de que su trabajo es correcto.

La palabra mariposa, por ejemplo, se divide: ma-ri-po-sa.

Si bien esto parece simple, conviene recordar las siguientes reglas:

1. Siempre que sea posible, las sílabas en español comenzarán con una consonante.

Ejemplos: co-no-ce-mos, ca-mi-ne, dí-se-lo

Cabe notar que algunas palabras en español comienzan con una vocal, por lo tanto, la sílaba inicial no podrá comenzar con consonante.

Ejemplos: A-na, in-dio, es-pe-ra

2. Algunas consonantes aparecen enfrente de la "l" o la "r" formándose así una sola sílaba. Estos grupos de consonantes, en tal caso, no podrán separarse:

bl	cl	fl	gl	pl	tr
br	cr	dr	fr	gr	pr

Ejemplos:	blan-co	cla-ro	flo-ta,	glo-ria
	plaza.	bro-ta	crí-o	dra-gón
	frí-o	grande		

3. Todas las demás consonantes en medio de una palabra han de separarse, de forma que una irá al final de una sílaba y la otra comenzará la siguiente.

Ejemplos: Ac-ci-den-te, oc-tó-go-no, es-tre-lla, etc.

Cuando hay grupos de tres o cuatro consonantes que aparecen juntas en una palabra, éstas se separan de acuerdo con las normas que hemos aprendido hasta ahora. Esto es: sólo una consonante puede comenzar una sílaba (con la excepción de la regla número 2), pero más de una consonante puede terminarla.

Ejemplos: des-truc-ción, subs-ti-tu-to, cons-tan-cia, etc.

4. Cuando aparecen dos vocales juntas, se mantendrán en una sola sílaba si forman un diptongo, o se separarán si no forman diptongo (mírese la siguiente sección sobre los diptongos).

Ejemplos: Huér-fa-no, a-é-re-o, Hues-ca, etc...

EJERCICIO:

A). Silabifique las siguientes palabras:

Éxtasis
Broma
Tragar
Mariposa
Acceder
Gramófono
Obsesivo
Estrella

profesora
reloj
pecera
computadora
ejército
refrigerador
pasillo
corpulento

B). Escriba tres palabras para cada una de las siguientes categorías:

Monosílaba: ______________________________

Bisílaba: ______________________________

Trisílaba: ______________________________

Polisílaba: ______________________________

Los polídromos

Los polídromos son palabras o frases que se escriben igual de izquierda a derecha y de derecha a izquierda.

Algunas palabras polídromas: Ana y oso.
Una frase polídroma: Amad a la dama.

Las vocales.

Al igual que en inglés, en español existen 5 vocales: a, e, i, o, u. Han de observarse, no obstante las diferencias en su pronunciación. Repita estas letras con su profesor/a y note las diferencias entre las vocales en ambos idiomas.

Las vocales se dividen en dos grupos:

vocales fuertes (o abiertas): a, e, o.
vocales débiles (o cerradas): i, u.

Los diptongos.

Llamamos diptongos a la combinación, en una misma sílaba, de dos vocales débiles o de una vocal débil con una fuerte (como veremos más adelante, una vocal débil con tilde se convierte, automáticamente, en una vocal fuerte).

En español existen, por lo tanto, catorce diptongos:

I

ie: diente, viene, tiene, etc.

ei (también ey al final de palabra): aceituna, rey, veinte, etc.

io: odio, presidio, tradición, etc.

oi (también oy al final de palabra): oigan, voy, doy, etc..

ia: fastidia, envidia, alivia, etc.

ai (también ay al final de palabra): hay, aire, etc.

U

ua: agua, cuatro, cuando, etc.

ue: hueso, cuero, cuervo, etc.

uo: arduo, ambiguo, etc.

au: auto, aunque, pausa, etc.

eu: euro, Eulalia, etc.

ou: estadounidense, etc.

I/U

iu: viuda, diurna, etc.

ui: cuídate, fui, Luis, etc.

Es necesario recordar que un diptongo, al pronunciarse en un solo golpe de voz, formará siempre una sola sílaba. Más adelante examinaremos los diptongos detalladamente para el estudio de la acentuación.

EJERCICIO:

A). Silabifique las siguientes palabras y subraye los diptongos donde los haya.

aerograma	huésped	aerovía	vienes
oasis	Octavio	oeste	ahora
Padua	alegría	dúo	abrió

Los triptongos.

Un triptongo es la combinación en una misma sílaba, de tres vocales pronunciadas. Para que exista un triptongo, las tres sílabas han de pronunciarse en un solo golpe de voz. En un triptongo hay dos vocales débiles con una vocal fuerte entre ellas.

Ejemplos: Paraguay, buey, etc.

Los hiatos.

Dos vocales fuertes juntas no se pronuncian nunca en un solo golpe de voz, por lo que deben formar parte de dos sílabas diferentes. La combinación de dos vocales fuertes en una palabra se llama hiato.

Ejemplos: a-é-re-o, o-es-te, etc.

Reglas de la acentuación.

Es importante recordar que, a la hora de dividir las palabras en sílabas con el propósito de acentuarlas en la vocal apropiada, el estudiante siempre comenzará a contar las sílabas desde el final. Así en la palabra: dá- me-lo:

lo: es la última sílaba.
me: es la penúltima sílaba.
dá: es la antepenúltima sílaba.

1. En español, las palabras que terminan en "n", "s" o vocal, llevan el estrés (o acento fonético) en la penúltima sílaba.

Ejemplos: Carlos, amarillo, canon, etc.

2. Las palabras que no terminan ni en “n”, ni en “s”, ni en vocal, llevan el estrés (o acento fonético) en la última sílaba.

Ejemplos: Ester, mandil, abril, etc.

3. Cuando las reglas número 1 y 2 se rompen, entonces utilizamos el acento escrito para indicar al lector esa excepción. Véanse por ejemplo las siguientes palabras:

Canción, estrés, miró, etc.

De acuerdo con la regla número 1, estas tres palabras tendrían que llevar en acento fonético en la primera sílaba. Todo hispano hablante sabe, no obstante, que las tres palabras en cuestión llevan el estrés en la última sílaba, por lo tanto, ponemos el acento escrito o “tilde” para notar la excepción a la regla.

Lo mismo ocurre con las palabras fácil, Pérez, hábil. La regla número 2 indica que el estrés debe caer en la última sílaba, sin embargo todo hispano hablante sabe, intuitivamente, que el estrés está en la penúltima sílaba, por lo tanto, una vez más, notamos esta excepción con una tilde.

4. Las palabras que tienen el acento fonético en la antepenúltima sílaba o antes, siempre tienen acento escrito.

Ejemplos: Cómetelo, mírame, cuéntamelo, etc.

Ejercicios:

A). Silabifique las siguientes palabras y después subraye los diptongos donde los haya. A continuación ponga tilde (o acento escrito) donde sea necesario.

1. Inmediato
2. Rodriguez
3. Mandamelo
4. Aereo
5. Dictador
6. Cajita
7. Cancion
8. Chicano
9. Bandera
10. Camaleon
11. Tempano
12. Chiquitin
13. Terror
14. Huelga
15. Caliz
16. Español
17. Panameño
18. Certamen

B). Silabifique las siguientes palabras, subraye el diptongo donde lo haya y escriba el acento escrito o tilde en las palabras que lo necesiten. A continuación explique por qué ha puesto tilde en cada caso. Identifique además, para cada palabra, cual es la última sílaba, la penúltima y la antepenúltima.

1. Huerfano ____

____

____

____

____

2. Aerostatico ____

____

____

____

____

3. Empleo ____

____

____

____

4.Martinez ____

____

____

____

5. Emancipacion ____

____

____

____

____

6. Estudienlo ____

____

____

____

____

5. Si bien, como hemos visto, un diptongo es la combinación de dos vocales débiles o de una vocal débil con una fuerte en un sólo golpe de voz, hay situaciones en las que tal combinación no se pronuncia en un sólo golpe de voz, sino en dos. Cuando esto ocurre, debemos poner tilde en la vocal débil para romper el diptongo.

Lea en voz alta, por ejemplo, las siguientes palabras y verá que si bien ciertas sílabas tienen la combinación de vocales necesaria para que exista un diptongo, éstas se separan fonéticamente y por lo tanto hay que marcar tal separación con una tilde.

Iría	guía	río	alegría	mío
día	continúo	grafía	dúo	decía

Ahora silabifique las palabras de la lista anterior.

Por otro lado, una vocal fuerte con tilde continúa siendo una vocal fuerte, por lo tanto la acentuación de tal vocal no produciría la ruptura de dicho diptongo.

Lea en voz alta, por ejemplo, las siguientes palabras y silabifíquelas.

canción	Sebastián	camión	aguántate
huélelo	guárdamelo	fuéramos	acción

6. Las palabras monosílabas nunca se acentúan, a no ser que sean homófonas -dos palabras son homófonas cuando suenan de igual modo-. En tal caso una de ellas llevará tilde diacrítica para distinguirla de la otra.

Con la ayuda de su profesor/a, o de un diccionario, escriba el significado de las siguientes palabras:

sí____________________
si____________________
sé____________________
se____________________
dé____________________
de____________________
té____________________
te____________________
él____________________
el____________________
mí____________________
mi____________________
tú____________________
tu____________________
más____________________
mas____________________

EJERCICIO.

Escriba una frase que incluya cada una de las palabras en la lista anterior.

1.____

2.____

3.____

4.____

5.____

6.____

7.____

8.____

9.____

10.____

11.____

12.____

13.____

14.____

15.____

16.____

EJERCICIO.

A). Ponga acento escrito donde sea necesario.

1. Yo no se lo que quiere hacer el.
2. Juan dio la vuelta para pedir un te.
3. Si tu me dices que si, me ire hoy mismo.
4. El se crio para que tu y todos le dijerais que si.
5. Tengo hambre, mas no quiero comer hasta mas tarde.
6. Yo se que Juan no se ducha todos los sabados.
7. Te digo que tu no tienes razon.
8. Yo se que tu estudias muchisimo.
9. Tu sabes muy bien que mi casa es tu casa.

10 El dice que este regalo es para mi.

7. Se escribe tilde en la palabra "sólo" cuando se trata del adverbio que se puede substituir por la palabra "solamente". No se escribe tilde, sin embargo, en la palabra "solo" cuando se trata del adjetivo que significa "alone".

8. Se acentúa el adverbio "aún" cuando significa "todavía". No se acentúa "aun" cuando significa "también", "hasta" o "incluso".

Español	Inglés
sólo	only
solo	alone
aún	still
aun	also, until, even

EJERCICIOS.

A). Ponga tilde en las palabras que la necesiten:

1. Ramon solo tiene dos titeres.
2. Aun tiene mas dinero que Sebastian.
3. Fijate que son ya las dos y aun no has llegado tu.
4. Me han hecho solo dos ofertas.
5. Le dimos 30 euros y aun se fue triste.
6. Mis padres estan aun en Andalucia.
7. El se quedo solo y tu te marchaste.

B). Substituya las palabras también, hasta, incluso y todavía por las palabras aún y aun.

1. Todavía tengo ganas de llorar.
2. Yo todavía no he terminado mis estudios.
3. María tiene dos hermanas y también tiene un hermano mayor.
4. Desinfectamos el baño y todavía había bacteria.
5. Juan de lavó la ropa e incluso me hizo la cena.
6. En mi fiesta hasta me cantaron ópera.
7. Yo estudio español y hasta japonés.

C). Reescriba las siguientes frases para evitar que sean ambiguas.

1. Juan solo me trajo el libro.

____

2. Juan sólo me trajo el libro.

____

3. El profesor enseña solo por la tarde.

____

4. El profesor enseña sólo por la tarde.

____

5. Voy a la escuela solo los martes.

____

6. Voy a la escuela sólo los martes.

____

LOS INTERROGATIVOS

1. Los interrogativos más comunes

La lista a continuación muestra los interrogativos más comunes y ejemplos de su uso. Preste especial atención a su acentuación.

INTERROGATIVOS

¿Cómo?	How?	¿Cómo es Jorge?	Es rubio.
¿Cuál? ¿Cuáles?	Which one(s)?	¿Cuál es tu casa?	Es la azul.
¿Cuál?	What?	¿Qué clase te gusta?	La tuya
¿Cuánto? ¿Cuánta?	How much?	¿Cuánto humo hay?	Hay poco.
¿Cuántos? ¿Cuántas?	How many?	¿Cuántas casas hay?	Hay cinco
¿Cuándo?	When?	¿Cuándo vienes aquí?	Iré mañana
¿Quién? ¿Quiénes?	Who?	¿Quién es tu padre?	Es Juan
¿De dónde?	Where from?	¿De dónde eres tú?	Soy de ahí
¿Dónde?	Where?	¿Dónde está Eva?	Está allí
¿Adónde?	Where to?	¿Adónde vas hoy?	Voy al cine
¿Qué?	What? Which?	¿Qué color te gusta?	El azul
¿Por qué?	Why?	¿Por qué hablas inglés?	Porque sí
¿Para qué?	Why? For what reason?	¿Para qué vas allí?	Para verte

-

EJERCICIO

Complete el diálogo siguiente haciendo las preguntas correspondientes utilizando los siguientes adjetivos interrogativos. ¡Ojo! Sólo puede repetir uno.

Cómo	Cuánto	Quién	Dónde	Adónde
Qué	Por qué	Para qué	Cuándo	A qué hora

1-____

Ayer vi a un hombre que me enamoró por completo.

2-____

No tengo ni idea de quién era.

3-____

Alguien mencionó su nombre, pero no pude escuchar bien.

4-____

Juan dijo que tiene cinco años más que yo.

5-____

Lo vi en una discoteca cuando fui con Elena.

6-____

Lo vi por primera vez cuando se acercó al bar.

7-____

Pidió un Whisky.

8-____

Mi amiga Elena se emocionó mucho porque le pedí que le llevara una bebida gratis de mi parte.

9-____

Esto ocurrió a las 11 de la noche aproximadamente.

10-____

Fui a la discoteca para bailar con mis amigos.

11-____

Cuando él se marchó yo también me fui a casa.

LOS EXCLAMATIVOS

Los exclamativos de la siguiente lista se usan -como su nombre indica- para formar frases exclamativas.

¡Qué! what a(n)...How...!
¡Qué pena!
¡Qué sitio más bonito!
¡Qué maravilla!
¡Qué cansado estoy!
¡Qué horror!
¡Qué simpático!
¡Cómo! How....! (in what manner)
¡Cómo estamos disfrutando!
¡Cómo estudias!
¡Cómo se quemó!
¡Cuánto (-a, -os, -as)! How much! (to what extent) How many! (quantity)
¡Cuánto tiempo hace que no te veo!
¡Cuánto dinero tiene!
¡Cuántos libros has leído!
¡Cuánta gente!

Es importante observar que los exclamativos siempre tienen acento escrito.

EJERCICIO

1.Rellene los espacios en blanco con el exclamativo apropiado.

¡(1)__________actriz más guapa!(2)__________bien se viste y (3)__________coches tiene!
¡(4)__________me gustaría conocerla y (5)__________daría yo por cenar con ella!

!(6)__________día más bonito! ¡(7)__________bellas flores y (8)____________árboles maravillosos! ¡(9)__________ disfrutaría Fernando de este lugar! ¡(10)____________pena que no pueda él estar aquí con nosotros!

2. Elsa es una muchacha que se casó cuando tenía 20 años. Después de tener 7 hijos (el menor de 6 meses y el mayor de 11 años) su esposo murió. Unos años más tarde su segundo hijo murió en un terrible accidente de moto. Al poco tiempo su madre falleció en un accidente en el que conducía el auto otro de sus hijos. Escriba una carta a un amigo explicando la vida de su amiga Elsa. Utilice muchas preguntas y exclamaciones. No se olvide de poner los acentos en los interrogativos y exclamativos.

LOS ADJETIVOS Y PRONOMBRES DEMOSTRATIVOS

Los adjetivos demostrativos van delante de un nombre o sustantivo, mientras que los pronombres demostrativos reemplazan al nombre.

Los adjetivos demostrativos

SINGULAR

Masculino	Femenino
Este libro	**Esta** casa
Ese señor	**Esa** señora
Aquel molino	**Aquella** colina

PLURAL

Masculino	Femenino
Estos libros	**Estas** casas
Esos señores	**Esas** señoras
Aquellos molinos	**Aquellas** Colinas

Fíjese en los siguientes ejemplos de adjetivos demostrativos:

Esa chica es muy guapa.
Estos libros son estupendos
Ese chico no me gusta
Aquel lugar está muy lejos.
Este sofá es muy cómodo
Aquella tienda está cerrada

Los pronombres demostrativos

SINGULAR

Masculino	Femenino
éste	ésta
ése	ésa
aquél	Aquélla

PLURAL

Masculino	Femenino
éstos	éstas
ésos	ésas
aquéllos	aquéllas

Neutro
esto
eso
aquello

Fíjese en los siguientes ejemplos de pronombres demostrativos:

A mí no me gustan ésos
Nosotros tenemos estos lápices, pero ellos tienen aquéllos
Ya sé que quieres ese libro, pero yo quiero éste.

Cabe notar, que si bien los adjetivos demostrativos no tienen acento escrito, los pronombres demostrativos sí que lo llevan. Los pronombres demostrativos neutros no necesitan acentuarse ya que no existen los adjetivos demostrativos neutros y no es necesaria su distinción.

EJERCICIO.

Complete los espacios en blanco con la forma correcta de un adjetivo demostrativo o de un pronombre demostrativo según corresponda. Ojo con los acentos.

(1)________es mi hotel favorito. Yo siempre mencioné que volvería uno de (2) ________años.
(3)__________noche me gustaría ir a (4) ________restaurante que está al otro lado de la ciudad. Cuando lleguemos verás que (5) __________comida es fabulosa. Aunque (6) _________no sea el restaurante más atractivo, vas a ver que (7) ________no será la última vez que vas a ir allí. Recuerdo la primera vez que fui yo dije:"¡(8) ________es excelente!, (9)________ parrillada y (10)__________camarones son riquísimos."

Ahora indique cuáles son adjetivos demostrativos y cuáles son pronombres demostrativos. Indique además si son femeninos, masculinos, singulares o plurales.

1.____

____

2.____

____

3.____

____

4.____

____

5.____

____

6.____

____

7.____

____

8.____

____

9.____

____

10.____

____

D). En el siguiente párrafo, escriba tilde donde sea necesario e indique por qué cada una de ellas es necesaria.

Un dia mi hermano y yo ibamos caminando por las calles de Cuba. Raul decia que nadie hablaba ingles en aquella isla, y yo le dije: "¿que esperas de un pais latino?". Raul dijo que si bien este era un pais hispano, habia muchos turistas y que, por lo tanto, seria logico llegar a la conclusion de que los trabajadores hablarian ingles. El y yo llegamos a un restaurante que se llamaba "el baul". Alli encontramos a dos chicos hablando en ingles, y yo le pregunte a uno de ellos: "¿tu eres de Estados Unidos?" y el me respondio que era de Estambul pero que llevaba muchos años viviendo en la isla.

Nunca olvidare aquel viaje tan maravilloso. Solo queria bailar, comer y gozar todo el dia. Cuando regrese a Los Angeles, decidi que todos los años viajaria a algun pais de Latino America, y desde entonces siempre he viajado con mi hermano, en agosto, para descubrir las maravillas de este increible continente, aun cuando tengo poco dinero y aun tengo trabajo por hacer en Los Angeles.

REPASO

A). Silabifique las siguientes palabras, después subraye los diptongos y escriba tilde donde sea necesario. Indique por qué ha escrito u omitido la tilde.

1.cancion	6.Perez	11.enanito
2.Sebastian	7.despacito	12.cuidamos
3.debilidad	8.cuentalo	13.chiquillo
4.huerfano	9.hay	14.Lucas
5.Juan	10.extasis	15.vuela

B. Silabifique las siguientes palabras, subraye los diptongos que encuentre, ponga acento escrito o tilde donde sea necesario y después explique por qué escribió u omitió cada tilde.

1.accion	16.protesis	31.biblia
2.encanto	17.diselo	32.boda
3.cinturon	18.corbata	33.enagua
4.collar	19.bebe	34.telefono
5.calendario	20.Rodriguez	35.parque
6.estatua	21.rio (pasado)	36.taza
7.reloj	22.memoria	37.chiquillo
8.hueco	23.hielo	38.dia
9.poster	24.puente	39.flamenco
10.calendario	25.jardin	40.pesitas
11.boligrafo	26.escritorio	41.habia
12.oficina	27.edificio	42.atraccion
13.mucho	28.dentista	43.universidad
14.alergia	29.cacharro	44.chocolate
15.angel	30.veintidos	45.chaparron

MÁS ALLÁ

La Real Academia Española.

La Real Academia Española -o la R.A.E. como con frecuencia se le llama- es la entidad encargada de establecer y corregir las normas de gramática y de ortografía del español.

Sus orígenes se remontan a principios del siglo XVIII y a las excentricidades del marqués Don Juan Manuel Fernández Pacheco, quien se movía en un sofisticado círculo de amistades y quien gustaba de recibir en su mansión a eruditos y aristócratas con el propósito de discutir temas artísticos y científicos.

Don Juan Manuel pidió audiencia al rey Felipe V para solicitar que el monarca español -aunque de origen francés y con pocos conocimientos del castellano- apadrinara la creación de la Real Academia Española.

Si bien el proyecto se aprobó, no fue esto sin la protesta de la realeza española que se oponía a la composición de los miembros de la R.A.E. ya que éstos no eran castellanos, sino navarros, catalanes y hasta italianos.

En 1714, Felipe V firmaba las actas que iniciaban la labor de la Academia. Esta fecha es pues la que ha pasado a la historia como la iniciadora de la institución. Más adelante, en 1739, se publicaría el primer Diccionario de Español de la Real Academia Española. En 1741 aparece la primera publicación de reglas ortográficas y en 1771 la Academia produjo el primer manual de gramática.

La influencia de la R.A.E. se sintió profundamente en América, donde el español se había mezclado ya notablemente con las lenguas indígenas. Las reformas de la lengua en el nuevo mundo hicieron que las reglas se ajustaran de nuevo a la normativa que les llegaba ahora de España, eliminando muchas de las desviaciones ortográficas de los vocablos infiltrados en el castellano por los nativos del sur del continente americano.

La Real Academia respeta hoy las variedades dialectales de todos los países de habla hispana. Sus diccionarios, y publicaciones filológicas continúan, no obstante, ofreciendo homogeneidad a la lengua fortaleciéndola y enriqueciéndola. El primer estatuto de esta institución lingüística resume bien y en pocas palabras la función que hoy desempeña: La Academia "tiene como misión principal velar porque los cambios que experimente la lengua española en su constante adaptación a las necesidades de sus hablantes no quiebren la esencial unidad que mantiene en todo el ámbito hispánico"(1).

(1) Ver los fines de la Real Academia Española en www.rae.es

Para escribir

Utilizando el Internet, vaya a www.rae.es y escriba un breve ensayo resumiendo el contenido de la página de web de la Real Academia Española.

REFRÁN:

"El que mucho abarca poco aprieta."

Discuta con su grupo el significado del refrán anterior y escríbalo a continuación. Imagínese que su explicación va a aparecer en una revista.

VOCABULARIO ADICIONAL

Busque en este capítulo 3 palabras nuevas para usted. Halle su significado en el diccionario y escríbalo. Invente a después una frase con cada término.

1.

2. ____

____

____

3. ____

____

____

EJERCICIOS DE REPASO

1. Silabifique las siguientes palabras:

Detonador____________________ Actual____________________

Blanquecino____________________ Obstáculo____________________

Extremo ____________________ Tablero____________________

Huelva ____________________ Creyente____________________

2. Silabifique las siguientes palabras y después subraye los diptongos donde los haya.

Guapo ____________________ Escueto ____________________

Aéreo____________________ Acentuación ____________________

Cuaderno ____________________ Duende ____________________

Aguacero ____________________ Vuestros ____________________

Voy ____________________ Pesado ____________________

3. Silabifique las siguientes palabras. Después subraye los diptongos donde los haya y ponga acento escrito en cada palabra según sea necesario.

Caballero ______________________________________

Tambien ______________________________________

Lingüistico ______________________________________

Cuentaselo ______________________________________

Pagina ______________________________________

Encuadernacion ______________________________________

Magico ______________________________________

Guantanamo ______________________________________

4. Silabifique las siguientes palabras, subraye el diptongo donde lo haya es escriba el acento escrito o tilde en las palabras que lo necesiten. A continuación explique por qué ha escrito u omitido la tilde en cada caso.

Mecanico____

Humedo____

Airear____

Oigamos____

Gonzalez____

Funcion____

Aclaracion____

Buenisimo____

Admiracion____

____

____

____

Envidioso____

____

____

____

5. Complete las siguientes frases con la palabra correcta según las reglas de acentuación que ha aprendido en este capítulo.

A)- Las palabras que terminan en n, s o vocal tienen el acento natural o fonético en la ___________________ sílaba.

B)- Las palabras que no terminan ni en n ni en s ni en vocal tienen el acento fonético o natural en la ___________________sílaba.

C)- Es necesario poner acento escrito o tilde cuando las dos reglas anteriores_______________________

6. ¿Qué es un diptongo? ¿Qué es un triptongo?

____

____

____

____

____

7. Dé dos ejemplos de palabras que contengan diptongos y otros dos de palabras que contengan triptongos.

____

____

____

____

____

8. Escriba acento escrito en las palabras que lo necesiten.

A)- Ramon se cayo del camion.

B)- No se si Juan va a decir que si o que no.

C)- Quiero comer mas pan, mas no tengo hambre.

D)- Este regalo no es para ti, es para mi de parte de tus amigos.

E)- El perrito que me trajo el era precioso.

F)- No se de donde es el te, pero te puedo dar mas café.

G)- Tu sabes muy bien que mi casa es tu casa.

9. Escriba acento escrito en las palabras que lo necesiten.

A)- Solo tengo tres hermanos en mi ciudad.

B)- Cuando Gerardo esta solo, solo quiere comer hamburguesas.

C)- Solo te lo voy a decir una vez.

D)- Solo te doy el te si me dices la verdad.

10. Ponga acento escrito en las palabras que lo necesiten.

A)- Estos guias son muy buenos, pero aquellos son malisimos.

B)- Estos libros que compre son excelentes, pero esos que me diste no me gustan.

C)- Esta mision en Santa Barbara es preciosa, pero aquella en Nuevo Mexico es fea.

11. Subraye los diptongos y los hiatos en las siguientes palabras. Márquelos con una **d** o una **h**.

1. abuela	2. tía	3. aeropuerto	4. buen
5. reaparecer	6. cuatro	7. oeste	8. héroe
9. buitre	10. miedo	11. iría	12. hiato

12. Rellene los espacios en blanco con la palabra correspondiente.

En español las palabras que tienen una sola letra se llaman ____________ pero las que tienen una sola sílaba se llaman __________________ .

Las palabras que tienen dos sílabas se llaman ___________________ y las que tienen tres sílabas son _______________________.

Las palabras o frases que se escriben igual de izquierda a derecha que de derecha a izquierda se llaman _______________________.

Los ___________________son la combinación de dos vocales débiles o de una vocal débil con una fuerte.

Un _______________________ es la combinación de dos vocales fuertes juntas en una palabra.

Los cognados

Un cognado es una palabra que se escribe igual en inglés y español (cognado exacto) o una palabra que se escribe casi igual en inglés y en español (cognado semi-exacto).

Ejemplos de cognados exactos:

Inglés	Español
hotel	hotel
dilema	dilema

Ejemplos de cognados semi-exactos:

Inglés	Español
problem	problema
distritct	distrito

Un cognado falso es una palabra muy parecida ortográficamente en inglés y en español pero que poseen significados diferentes.

Ejemplos:

Embarazada.............................pregnant
Embarrassed.............................Ashamed

Es bastante común cometer errores ortográficos en los cognados semi-exactos, por lo tanto es importante poner especial atención a estas palabras.

Ejercicio de práctica.

Traduzca las palabras en paréntesis al español.

a)- Ella me desea (to accuse) ____________ de haber robado mucho dinero.
b)- Hay muchas palabras en español que tienen (accent) ___________ escrito.
c)- Juan no quiere (accept) _______________ayuda de nadie estos días.
d)- Mi hermano Miguel siempre es muy (punctual) ________.
e)- Elena y yo escuchamos la (orchestra) ________________ Nacional de Berlín.
f)- Jorge tiene un (character) ________________muy extrovertido.

g)- Yo le tengo mucho (respect) _______________ a mi madre.

h)- Mi novio siempre me (accompany)_________________ al trabajo por las tardes.

i)- Nuestra (subject) ____________favorita en la escuela es la (chemistry) ____________________

j)- Los dinosaurios ya están (extinct) __________________.

k)- Mi (instinct) ___________ me dice que debería estudiar más.

l)- Esta empresa me ha ofrecido un (contract) ___________ de tres meses.

m)- Este viaje es una gran (opportunity) _______________ para conocer España.

n)- La mala noticia me ha quitado el (appetite) __________ por completo.

ñ)- Es muy (common) ______________ estar nervioso antes de un examen.

o)- Siempre me ha gustado estudiar (grammar) ________.

p)- Me da (immense) _______________alegría que estés aquí.

CAPÍTULO 2

FRIDA KAHLO (1907-1954)*

Frida Kahlo es, sin duda, una de las pintoras más extraordinarias de nuestra era. Su pasión, sus ganas de vivir y su visión artística continúan convirtiéndola, generación tras generación en una de las pintoras más importantes del arte contemporáneo.

La casa donde nació es la misma que, tras su muerte, se convertiría en el museo Frida Kahlo. A la entrada del museo, encontramos un cartel que dice "Aquí nació Frida Kahlo el 7 de julio de 1910". Lo cierto es que su partida de nacimiento indica que la fecha exacta de su llegada al mundo fue el 6 de julio de 1907. Frida no quiso que sus compañeros de clase supieran que era mayor que ellos, por eso en 1922, cuando ingresa en la Escuela Preparatoria Nacional, cambió la fecha. Por otro lado, existe la posibilidad de que Frida escogiera el año 1910 debido a que fue entonces cuando comenzó la revolución mexicana.

Su padre, Guillermo Kahlo era judío originalmente de Hungría. Siendo él muy joven se mudó con su familia a Alemania de donde se marchó a México a los 19 años en busca de una vida mejor. En 1894 se casó con una mujer de ascendencia india que falleció al dar a luz a su segunda hija. Fue poco después cuando Guillermo comenzó su relación amorosa con Matilda Calderón y González a la que conoció en la joyería donde ambos trabajaban y con quien se casaría en 1898. No gustándole a Matilda el papel de madrastra, no tardó en mandar a las dos hijas de Guillermo a una escuela-convento en cuanto las chiquillas habían madurado lo suficiente.

Gracias a la ayuda del padre de Matilda, Antonio Calderón, Guillermo deja la joyería y comienza con cierto éxito su carrera como fotógrafo.

Del segundo matrimonio nacerían 4 hijas: Matilde, Adriana, Frida y Cristina. De todas ellas era Frida la favorita de su padre. Sobre Guillermo y Matilda siempre afirmó Frida que poseía los ojos de su padre y el cuerpo de su madre.

Frida se rebeló siempre contra el tradicionalismo y catolicismo de su madre. Sin embargo, el cariño que le tenía a su padre aparece reflejado en el retrato que de él pintó en 1952, 11 años después de su muerte. En su dedicatoria, la hija predilecta subraya la inteligencia y la valentía de su padre quien, durante 60 años fue epiléptico y no dejó que esto le impidiera continuar con su trabajo y disfrutar la vida. Cuando Frida era niña y su padre sufría ataques epilépticos, la sacaban del cuarto sin explicarle nada. Más adelante, Frida acompañó a su padre en sus expediciones fotográficas y lo ayudó en innumerables ocasiones durante sus ataques y desmayos. Frida lo adoraba y veía en él un ejemplo excepcional de cariño y tesón. Todo esto ayudó a la pintora durante sus convalecencias, ya que Guillermo la comprendía como ninguna otra persona.

A los 6 años de edad Frida contrae poleo, enfermedad que le hizo sufrir durante meses y la cual dejó a la artista con una pierna más corta y más delgada que la otra. Esto no perturbó, sin embargo, la visión estética y el deseo de vivir de Frida, quien en 1922 ingresa en la Escuela Preparatoria Nacional en la ciudad de México. Es precisamente en esta época cuando Frida conoce al famoso pintor Diego Rivera.

A los 18 años de edad, Frida era una muchacha bella de llamativo cabello azabache. No obstante, su vestimenta masculina -poco normal en el México católico de principios del siglo XX- fue causa de críticas frecuentes. Durante ese mismo año, el 17 de septiembre de 1925 la joven, acompañada de su novio Alejandro Gómez Arias, sufre un accidente que le costaría años de dolor y de sufrimiento. El autobús en el que viajaban chocó con un tranvía partiéndose en dos. El novio y amante de Frida, Alejandro, tan sólo aturdido, sale gateando de debajo del autobús con algún que otro moratón. Al buscar a su compañera, la encuentra casi sin ropa, con el cuerpo cubierto de sangre y de púrpura dorada que algún pasajero llevaba en la mano. Una sección de la barandilla metálica del autobús le penetró el cuerpo hiriéndola gravemente con tres fracturas en la pelvis y 3 rupturas en la columna vertebral. Cuenta la historia que, tras la colisión, la muchacha se hallaba tumbada, con los ojos abiertos y anonadada sin darse cuenta de la seriedad de sus heridas.

Si bien muchos temieron lo peor, lo cierto es que sobrevivió el accidente para padecer años de interminables operaciones y de dolor insoportable. El tiempo que pasó sola en la cama, y esa introspección forzada hicieron que surgieran de su arte innumerables retratos. La pasión que emana de estos autorretratos, meticulosamente observados y trabajados, provienen de la innegable pasión y de la visión artística de Frida.

Algunas semanas más tarde, su madre Matilda le compra un caballete especial para que su hija pudiera pintar desde la cama, e instala un espejo en el techo. Frida enfoca entonces su energía en el arte y en 1926 pinta sus primeros retratos familiares -que incluyen, además algún auto retrato-.

El mismo año que Frida pinta un retrato de su hermana Cristina, conoce a Diego Rivera, y en 1928 comienza el romance entre los dos artistas. Frida admiró a Diego desde antes de que se conocieran. De hecho, en su primer encuentro, Frida le pidió al pintor que evaluara sus cuadros. Diego le respondió que se fuera a su casa y que el domingo próximo él iría a verlos. Fue entonces, tras esta primera reunión, cuando Diego declaró que su futura esposa sí tenía talento.

A Guillermo no pareció molestarle la relación sentimental de su hija, pero su madre criticó con frecuencia la diferencia de edad entre Diego y Frida. De hecho, calificó esta unión como la boda entre un elefante y una paloma. La ceremonia tuvo lugar el 21 de agosto de 1929 y fue oficiada por el alcalde de Coyoacán. El único familiar presente fue su padre Guillermo. Tras ésta tuvo lugar una fiesta en la que, según recuenta la propia novia, Rivera se emborrachó con tequila y aterrorizó a los invitados al tener en sus manos un revólver. Fue entonces cuando Frida se marchó a su casa y esperó a que se le pasara la borrachera a su marido y pidiera perdón.

Al casarse con Diego, Frida abrazó el folclore mexicano. Cosa evidente tanto en su forma de vestir como en su arte y pintó varios cuadros de niños indígenas siguiendo el ejemplo de su esposo.

En 1932 la pareja viaja a Detroit. La repulsión que Estados Unidos le produce a la artista emerge en algunos de sus cuadros. Uno de sus autorretratos más importantes -autorretrato en la frontera entre México y los Estados Unidos- lo hace durante su estancia en esta ciudad. Para Frida, las cosas mecánicas (y Detroit estaba lleno de ellas) significaron siempre mala suerte y dolor.

Frida estuvo embarazada por lo menos 3 veces, pero su pelvis fracturada le causaría abortos espontáneos. El aborto que tuvo en Detroit fue quizá el que más daño físico y emocional le causaría. La joven expresaría una vez más sus emociones a través de su arte. Diego le proporcionó los materiales necesarios y durante su estancia en el Hospital Ford pintó cuadros y retablos sobre el tema.

La pintura fue para Frida el substituto frecuente de su fracasada maternidad. En sus lienzos los monos y las águilas simbolizaron siempre la fertilidad y la promiscuidad. Frida trató a los hijos de su hermana Cristina como si fueran los suyos.

En 1933 se traslada a Nueva York con Diego. Es aquí donde Diego pintaría el mural del centro Rockefeller que tanta controversia causaría. Kahlo detesta su estancia en esta ciudad, sentimiento que expresa en su cuadro "mi vestido cuelga ahí". Frida consigue convencer a Diego de que regresaran a su amado México, pero tras abandonar los Estados Unidos Rivera estaba desconsolado, ya que quería continuar pintando murales en los lugares donde él pensaba que iba a ocurrir la revolución industrial.

Es posible que, a modo de venganza, fuera este el motivo por el cual, en 1934 Rivera comenzara una relación amorosa con la hermana menor de Frida -Cristina-. Esta relación causaría que a Frida se le viniera el mundo encima. De hecho ésta declaró que en su vida había tenido dos accidentes: Uno fue de tráfico, el otro fue Diego. A raíz de este incidente la pareja se separa brevemente y pocos meses después Kahlo y Rivera decidirían tener un "matrimonio abierto" en el que ambos tendrían plena libertad para tener otras relaciones. Como consecuencia, y quizá queriendo causar Frida el mismo daño que su marido le había causado, la artista tuvo relaciones, entre otros, con Noguchi y con el muralista Ignacio Aguirre. Posteriormente, en 1937 el exiliado líder revolucionario socialista Leon Trotsky llega a México y tiene amoríos con Frida. Es él precisamente quien la anima a continuar pintando.

Durante los próximos años Frida se concentraría en el arte que tantas veces la había ya consolado. En 1938 Se exhiben sus cuadros en la universidad de México y en la galería Julien Levy en Nueva York. En 1939 participa en una exhibición surrealista en París y el museo Leuvre compra algunos de sus cuadros. Fue precisamente durante este año cuando Frida y Diego se divorcian tras una serie de traiciones sentimentales mutuas. En 1940 se volverían a casar y durante esos meses el cuadro "Las dos Fridas" Y "La mesa herida" aparece en la ciudad de México en una exhibición de arte surrealista. En 1943 Kahlo expone su trabajo en varias galerías importantes de su país y comienza a enseñar en la Escuela Nacional de Pintura y Escultura. Su trabajo de profesora de arte fue uno de los que más disfrutó pues la artista detestaba desperdiciar talento y se llenaba de energía al estar rodeada de jóvenes pintores. Fue éste uno de los puestos que más satisfacción le trajo a Kahlo, pero los constantes viajes a la ciudad que éste le requería se le iban haciendo más y más difíciles debido a su paulatino deterioro físico.

Tras años de dolor y enfermedad, Frida contrae gangrena y los doctores le amputan la pierna derecha. Tras esta operación pierde energía y le es casi imposible levantar la moral. Cuando regresa a casa del hospital no quería hablar con nadie y, ni la pintura, que en tantas ocasiones la había consolado, fue capaz de levantarle el ánimo.

A Diego siempre le costó trabajo ver a su esposa en tales condiciones, y como de costumbre en situaciones similares, se marchó de casa sin regresar durante días.

El 2 de julio de 1954 hubo una importante manifestación en la ciudad de México para protestar la intervención militar de los Estados Unidos en Guatemala, y Frida, cuya pasión política fue parte de su ser durante años, participó en ella. Su marido la acompañó y empujó su silla de ruedas. Tras la manifestación Frida regresó a casa más débil que nunca y con fiebre.

Cuatro días más tarde Frida cumplió 47 años. Poco tiempo después celebró su aniversario y tras obsequiar a su esposo con un elegante anillo, se retiró para dormir. A la mañana siguiente, el 13 de julio de 1954 amanece muerta en su casa azul.

Si bien el certificado de defunción indica que Frida murió de un embolismo pulmonar, lo cierto es que había intentado suicidarse con anterioridad, con lo que la duda sobre la causa real de su fallecimiento siempre quedó abierta.

Centenares de personas fueron a ver su cadáver en la capilla ardiente que había sido instalada en el Palacio de Artes Finas de la ciudad de México. Frida Kahlo había dejado estipulado que su cuerpo fuera quemado tras su muerte. La artista había pasado toda su vida sofocada por un corsé médico para soportar su frágil columna. Con un sarcasmo que había llegado a ser característico suyo, Frida declaró que no podía aguantar la idea de pasar una eternidad sofocada entre los maderos de un ataúd.

Diego llevó después las cenizas a la Casa Azul, la cual donó a la ciudad y es aquí donde, en 1958, se abrió el museo Frida Kahlo.

* Se le recomiendan al estudiante las siguientes lecturas adicionales sobre este gran personaje del arte mexicano:
Herrera, Hayden. Frida kahlo: The paintings. New York: Harper Collins, 1993.
Herrera, Hayden. Frida: A Biography of Frida Kahlo. New York: Harper Collins, 1991.
Garza, Hedda. Frida Kahlo. Hispanics of Achievement. Chelsea House Publishers. New York, 1994.

VOCABULARIO

Busque en el diccionario el significado de las siguientes palabras en la lectura. Después escriba una frase que incluya dicha palabra o expresión.

Dar a luz ____

____

____

____

____

Madrastra____

____

____

____

____

Subrayar____

____

____

____

____

Tranvía____

____

Aturdido

Caballete

Estancia

Aborto

Deterioro

EJERCICIOS SOBRE LA LECTURA

1. Indique, después de hacer la lectura sobre Frida Kahlo, si las siguientes frases son ciertas o falsas. Corrija las que sean falsas.

a)- Las ganas de vivir, y su pasión artística continúan convirtiendo a Frida Kahlo en una de las pintoras más importantes del arte medieval mexicano.

b)- La partida de nacimiento de Frida Kahlo no indica la fecha exacta de su llegada a este mundo.

____

c)- El padre de Frida Kahlo, Guillermo, era judío originalmente de Hungría.

____

d)- En 1894, Guillermo se casó con una mujer de ascendencia india que falleció de cáncer.

____

e)- Después de trabajar como fotógrafo, Guillermo empieza a trabajar en una joyería.

____

f)- Del segundo matrimonio de Guillermo nacen dos hijos y tres hijas de las cuales Cristina era la favorita.

____

g)- Frida siempre se reveló contra el tradicionalismo de su padre.

____

h)- Guillermo Kahlo sufrió epilepsia durante años.

____

i)- A los diez años de edad, Frida contrae meningitis. Esta enfermedad dejó a la artista con una pierna más corta y delgada que la otra.

____

j)- A los dieciocho años, Frida era una muchacha bella que vestía de forma sutil y muy femenina.

____

k)- El diecisiete de septiembre de 1925 Frida sufre un accidente de tranvía.

____

l)- El mismo año en que Frida conoce a Diego Rivera (1928), ésta pinta un retrato de su padre.

____

m)- A la madre de Frida no le molestó la relación de su hija con Diego Rivera, pero su padre criticó duramente la diferencia de edad.

____

n)- En 1932 Frida y Diego viajan a Detroit.

____

ñ)- De acuerdo con la lectura, Frida estuvo embarazada dos veces.

____

o)- En 1933 Diego pinta un mural en el centro Rockefeller.

____

p)- En 1934, Diego Rivera comienza una relación amorosa con Cristina, la hermana mayor de Frida.

____

q)- En 1938 se exhiben los cuadros de Frida en la universidad de México.

____

r)- En 1952 Frida pinta el cuadro "Las Dos Fridas".

____

s)- Los doctores tuvieron que amputar la pierna derecha de Frida por un problema de gangrena.

____

t)- Frida amanece muerta en su casa el día después de su aniversario de boda en 1954.

____

2. De acuerdo con la lectura, ¿qué eventos importantes ocurren en la vida de Frida Kahlo en las siguientes fechas?

1894____

____

1898____

____

1907____

____

1922____

____

1925____

____

1926____

____

1928____

____

1929____

____

1932____

____

1933____

____

1934____

____

1937____

____

1938____

____

1939____

____

1940____

____

1943____

____

1952____

____

1954____

____

1958____

____

3. Busque en la biblioteca o en el internet una fotografía del cuadro "auto retrato en la frontera entre México y los Estados Unidos" (1932) y explique cómo muestra en él Frida su pasión por México y su claro aborrecimiento por los Estados Unidos. Escriba un mínimo de 15 líneas dando detalles.

____

____

____

____

____

____

____

ORTOGRAFÍA

EL USO DE LAS MAYÚSCULAS EN ESPAÑOL.

La letra mayúscula es de mayor tamaño que la minúscula y, frecuentemente, aparece con forma diferente a la minúscula. En español las letras mayúsculas son las siguientes:

A B C D E F G H I J K L M N Ñ O P Q R S T U V W X Y Z

Es importante tener en cuenta que, por regla general, el inglés utiliza las letras mayúsculas con más frecuencia que el español. Por ejemplo, en inglés se escriben con mayúscula los días de la semana, los meses y las estaciones del año, los nombres de las lenguas y las nacionalidades, sin embargo en español estos vocablos se escriben con minúscula.

En español se escribe con letra inicial mayúscula:

1. La primera letra de un texto o la primera letra después de un punto.

Ej. **E**lla vino aquí. **E**ntonces Juan la miró.

2. La palabra que viene a continuación de los puntos suspensivos.
Ej. Creo que ella....**N**o, ella no comerá con nosotros.

3. La palabra que sigue a un signo de cierre de interrogación (?) o de admiración (!).

Ej. ¿Cómo? **N**o, ella no tiene dinero. Ej. ¡Ven aquí! Dijo Juan.

4. La palabra que sigue a los dos puntos siempre y cuando se siga la fórmula de encabezamiento de una carta o documento, o reproduzca palabras textuales.

Ej. Estimada Elena: Le remito esta carta para solicitar.....etc.

Ej. Jorge declaró: "**T**engo muchas ganas de aprender."

5. Se escriben con mayúscula los nombres de personas o animales. Ejemplos: María, **F**ernando, **C**ristina, **P**latero, **R**ocinante...etc.

6. Los nombres geográficos. Ejemplos: **B**uenos **A**ires, **L**os **Á**ngeles, **G**uatemala, **P**uerto **R**ico...etc.

7. Los apellidos y los nombres de dinastías. Ejemplos: **P**érez, **V**arela, **S**mith, **L**os **B**orbones, **L**os **T**rastámara, etc.

8. Los nombres de estrellas, planetas, astros y constelaciones. Ejemplo: El **S**ol ilumina la **T**ierra todos los días.

9. Los nombres de los signos del Zodíaco y los nombres que designan cada signo. Por ejemplo: Gemelos (Géminis), León (Leo), etc.

Es importante notar, por otro lado, que si los nombres de los signos se usan para designar a una persona nacida bajo ese signo, entonces se escribirá con minúscula. Por ejemplo: Jorge es capricornio.

10. Los nombres de los puntos cardinales (Norte, Sur, Este, Oeste) cuando nos referimos a ellos explícitamente. Por ejemplo: Juan quiere que yo vaya al Sur. Sin embargo: San Diego está al sur de San Francisco.

11. Los nombres de festividades, tanto civiles como religiosas: Día de la Independencia, Navidad, Año Nuevo...etc.

12. Los nombres de los libros sagrados: La Biblia, Corán, Avesta...etc.

13. Los nombres de dioses o atributos divinos referidos a Dios y los nombres de las órdenes religiosas. Por ejemplo: Dios, La Virgen María, Buda, El Todopoderoso, Jesuitas, Carmelitas...etc.

14. Los nombres de las marcas comerciales. Por ejemplo: Fanta, Kleenex, Viking, etc.

15. Los apodos de personas. Por ejemplo: El Sabio (para el rey Alfonso X), La Collares (Para la bailadora de flamenco Lola Flores)...etc.

16. Los tratamientos, ya sea la palabra completa o por abreviatura. Ejemplos: Su Majestad, Su Excelencia...etc.

17. Los nombres y adjetivos que constituyen el nombre de entidades, organismos, partidos políticos o instituciones. Por ejemplo: El Reino, El Partido Republicano, La Universidad Autónoma...etc.

18. La primera letra del título de cualquier obra. Los tres cerditos, Blanca nieves...etc. Sin embargo, cuando se trata de colecciones o publicaciones periódicas, se escriben con mayúscula todos los sustantivos y adjetivos. Por ejemplo: Nueva Revista de Filología

Hispana.

19. Los nombres de todas las disciplinas. Por ejemplo: Matemáticas, Ciencias, Economía, etc.

20. La primera letra de los nombres de especies vivas (de animales o plantas).

21. Los nombres de conceptos absolutos. Por ejemplo: La Paz, la Justicia...etc.

22. Los nombres de las épocas, movimientos religiosos, fechas cronológicas o movimientos políticos y/o culturales: La Antigüedad, Edad Media...etc.

23. Los pronombres como 'Yo, Tú y Ella' cuando se refieren a divinidades.

24. Los conceptos religiosos. Por ejemplo: El Cielo, el Infierno, el Purgatorio. Pero si éstos se usan para describir otras palabras entonces se escriben con minúscula. Por ejemplo: Miguel es un cielo, esa casa es un infierno.

25. Los nombres de títulos o cargos siempre y cuando éstos no vayan acompañados del nombre propio al que pertenecen. Por ejemplo: Duque, Marqués, Rey...etc. Sin embargo se escribe: El rey Juan Carlos, el marqués de Santillana, el duque de Rivas...etc.

EJERCICIOS

1. Rescriba el siguiente párrafo cambiando las minúsculas por mayúsculas cuando sea necesario de acuerdo con las reglas que acaba de aprender.

juan y maría fueron a madrid por cinco días. el presidente los había invitado para celebrar allí la navidad, quizá la fiesta más importante en españa. posteriormente viajaron a santiago de compostela, es allí donde se dice que está enterrado el apóstol. de hecho, la biblia habla varias veces de él. maría es española, pero no había viajado a españa desde hacía años. a ella le encanta la historia, y por eso le gusta regresar a su país. la edad media es quizá su favorita.

2. Rellene los espacios en blanco con la letra mayúscula o minúscula que corresponda:

A)- __enélope __ruz no es ___cuatoriana, es de ___spaña.

B)- ___i cumpleaños es el 2 de ___bril, que es en la ___rimavera.

C)- ___ernando es ___édico y trabaja en el__ospital ___enry __ord.

D)- __o estudio ___lemán porque prefiero el ___rancés.

E)- __eorge __ashington fue un ___eneral que llegó a ser ___residente de los ___stados __nidos.

F)- __e encantaría leer "__ien ___ños de ___oledad" de __abriel __arcía __árquez.

GRAMÁTICA

Los artículos.

Los artículos definidos: Los artículos definidos siempre preceden al sustantivo o nombre y sirve para señalar el número y género del sustantivo.

Artículos definidos

	Femenino	Neutro	Masculino
Singular	la **casa**	Lo **bueno**	el **libro**
Plural	las **casas**		los **libros**

El artículo neutro 'lo' no va delante de un sustantivo, sino de un adjetivo y se utiliza para referirse a conceptos abstractos. Por ejemplo:

Lo interesante de esta película es el guión.

Usos del artículo definido.

1. Se usa el artículo definido para indicar el sentido general del sustantivo al que se refiere.

Por ejemplo:

Me gustan **las** personas cómicas.

Los hispanos son tradicionales.

2. Con nombres que se refieren a cosas generales.

Por ejemplo:

Los estudios son muy importantes.

El aire puro es saludable.

3. Reemplazando el adjetivo posesivo para referirnos a los artículos usados en el cuerpo o a partes del mismo.

Por ejemplo:

Jorge se lava **el** pelo a diario.

Norma se puso **la** falda.

2. Con títulos de personas. Por ejemplo:

El profesor llegó a las diez.

La señorita Pérez no vino a clase.

Es importante tener en cuenta, no obstante, que el artículo se omite si nos dirigimos directamente a la persona. Por ejemplo:

Señor Martínez, ¿me puede decir qué hora es?

Tampoco se utiliza el artículo definido con títulos cuando se usa el adjetivo posesivo. Por ejemplo:

El primo de Juan estuvo en mi casa.

Mi primo estuvo en mi casa.

3. No se usa el artículo definido para hacer referencias a Reyes ni a papas. Por ejemplo:

Isabel la Católica.

Alfonso Décimo el Sabio.

Juan Pablo Segundo.

4. Se utiliza el artículo definido con los siguientes nombres de lugares:

la argentina	el Ecuador	el Japón	el Perú
el Brasil	la Habana	el Panamá	el Salvador
el Canadá	la Haya	el Paraguay	el Uruguay

5. Con un lugar geográfico modificado. Por ejemplo.

   La España medieval.
   El México colonial.
   El Buenos Aires peronista.

6. Para indicar cuando un evento tiene lugar. Por ejemplo:

   La fiesta es el sábado.
   La clase es los martes a las cuatro.

7. Con los nombres de lenguas, pero nunca después de las preposiciones **de**, **ni** y **en**. Tampoco se utiliza generalmente después de los verbos escribir, leer, hablar ni entender. Por ejemplo:

   Yo soy estudiante de chino en esta clase.
   El francés es una lengua fascinante.
   Entiendo italiano, pero me da miedo hablarlo.

8. Con los nombres de comidas, calles, ríos, lagos, montañas y puntos cardinales. Por ejemplo:

   Me encantan **los** camarones.
   Me gusta más **el** norte que **el** sur.

Ejercicios.

1. Traduzca al español las siguientes frases. Después subraye los artículos definidos de cada frase.

a)- I wash my hands every day.

____

b)- Poverty in Argentina is increasing.

____

c)- The French teacher is very strict.

____

d)- The good thing about this book is that it is very entertaining.

____

e)- On Mondays and Wednesdays I go to the university.

____

f)- Naranjo street is very long.

____

g)- What I liked the most was Moorish Spain.

____

h)- The most interesting king of Europe is Juan Carlos.

____

i)- My friend is from China.

____

j)- Cubans are usually very happy people.

____

K)- I like seafood very much.

____

Los artículos indefinidos.

Si bien el artículo definido sirve para hacer referencia a un sustantivo conocido por el hablante (por ejemplo: 'yo quiero el libro'), el artículo indefinido se refiere, como su nombre indica, a un sustantivo no identificado por el hablante.

Así por ejemplo en la frase 'quiero un libro', el hablante no se refiere a ninguno específico.

Artículos indefinidos.

	Femenino	Masculino
Singular	**una** casa	**un** libro
Plural	**unas** casas	**unos** libros

Usos del artículo indefinido.

1. El artículo indefinido se utiliza para hablar de cantidades aproximadas y también para referirse a partes dobles del cuerpo. Por ejemplo:

Quiero **unas** bananas maduras.
Tienes **unos** ojos preciosos.

2. En general el artículo indefinido se omite para indicar afiliaciones religiosas o políticas, nacionalidades y profesiones, pero se utiliza cuando va modificado por un adjetivo. Por ejemplo:

Ana es profesora.
Jorge es comunista.
Mis primos son católicos.

Se dice, sin embargo:

Ana es **una** buena profesora.
Jorge es **un** comunista obsesivo.
Mis primos son **unos** católicos muy tradicionales.

Ejercicios.

1. Escriba las siguientes frases en español y después subraye los artículos indefinidos.

a)- Juan is a Lawyer, but I think he is a terrible lawyer.

____

b)- She has beautiful legs.

____

c)- Fernando had a very strange facial expression.

____

d)- My brothers are Republican.

____

e)- My brothers are Republican.

____

F)- Elsa us a very strict vegetarian.

____

g)- I wanted to buy some chocolates.

____

h)- Our friend is a Psychologist.

____

Los sustantivos o nombres

Un nombre es una palabra con la que se designa una persona, un lugar o un objeto físico, psíquico o ideal. Por ejemplo: Juan, Madrid, mesa, intención, fama, etc.

A)- El género de los sustantivos.

En español los sustantivos (o nombres) pueden ser masculinos o femeninos. Si una palabra es femenina, se dice que es de género femenino; si se trata de una palabra masculina se dice que es una palabra de género masculino.

Por lo general, los hispanohablantes saben instintivamente qué palabras son de género femenino o masculino, no obstante, nos parece importante que el estudiante comprenda las reglas que determinan el género de cada palabra para ensanchar los conocimientos gramaticales del español.

1. Generalmente, las palabras que terminan en -o son masculinas. Por ejemplo: el libro, el chico, el pino...etc. Excepciones: La mano, la radio, la foto y la moto.

2. Los seres de sexo masculino utilizan, para referirse a ellos, palabras masculinas. Por ejemplo: El hombre, el caballo, el puerco. Sin embargo: La mujer, la yegua, la gata...etc.

3. Generalmente, las palabras que terminan en -a son femeninas. Por ejemplo: La casa, la computadora, la lámpara, la cama...etc. Excepciones: el mapa, el día y el águila.

Por otro lado es necesario tener en cuenta que muchas de las palabras que terminan en -ma son de origen griego y son masculinas. Por ejemplo: El telegrama, el dilema, el drama, el síntoma etc.

4.Generalmente, las palabras que terminan en -ad, -ción, -sión, -ud y -umbre son femeninas. Por ejemplo: La libertad, la diversión, la dirección, la salud, la incertidumbre.

5. Muchos de los nombres que se refieren a animales, no distinguen su género. Por ejemplo: El lagarto, el rinoceronte, la jirafa...etc.

6. Hay algunas palabras que si bien pueden referirse a seres masculinos o femeninos, se escriben siempre con género femenino. Por ejemplo: La persona, la víctima...etc.

7. En el español existen palabras que cambian del masculino al femenino poniendo las terminaciones -isa, -ina, -esa, -triz. Por ejemplo: el actor, la actriz, el gallo, la gallina, el marqués, la marquesa.

8. Muchas de las palabras en español cambian del masculino al femenino cambiando la o por la a. Por ejemplo:

niño------niña puerco------puerca gato------gata

9. Las palabras que terminan en -ista no cambian de género (tan sólo el artículo cambia). Por ejemplo:

el periodista------la periodista   el dentista------la dentista

10. Generalmente, las palabras que terminan en -e tampoco cambian de género.

el estudiante------la estudiante   el cantante------la cantante

11. Hay palabras en español que cambian de significado dependiendo de su género.

el radio
la radio
el cólera
la cólera
el cura
la cura
el tallo
la talla
la capital
el capital
el guía
la guía
el pendiente
la pendiente

el suelo
la suela
el papa
la papa
el frente
la frente
el cuento
la cuenta
el modelo
la modelo
el orden
la orden
el moral
la moral

el peso
la pesa
el policía
la policía

EJERCICIOS

1. Indique el género de cada palabra escribiendo una M para masculino o una F para femenino.

1. Libertad	5. Mano	9. Casa	13.Dilema
2. Oscuridad	6. Salud	10. Muchedumbre	14. Posesión
3. Moto	7.Cama	11.Día	15.Director
4. Dirección	8. Águila	12.Condesa	16. Hombre

2. Escriba oraciones que incluyan las siguientes palabras:

El tallo____

La talla____

El frente____

La frente____

El suelo ____

La suela____

El papa____

La papa ____

El policía ____

La policía____

El orden____

La orden ____

El guía ____

La guía____

El peso ____

La pesa ____

El cuento ____

La cuenta____

B)- El número de los sustantivos.

El número de una palabra nos indica si ésta es plural o singular. Por ejemplo, la palabra "libro" es de número singular, y la palabra "libros" es de número plural.

A la hora de pluralizar las palabras se han de tener en cuenta las siguientes reglas:

1. Cuando la forma singular de una palabra termina en vocal, se forma el plural simplemente añadiendo una "s". Por ejemplo: casa/casas chico/chicos bebé/bebés

2. Cuando la forma singular termina en consonante o en vocal acentuada se añade la sílaba -es. Por ejemplo: canción/canciones jabalí/jabalíes carácter/caracteres. Se exceptúa a esta regla, la é. Por ejemplo: bebé/bebés

3. Cuando una palabra termina en "s" y tiene el acento fonético en la penúltima o en la antepenúltima sílaba, entonces la palabra se pluraliza solamente cambiando el artículo. Por ejemplo: La sicosis/las sicosis el énfasis/los énfasis.

4. Cuando una palabra singular termina en "z", se pluraliza agregando -es y cambiando la "z" por la "c". Por ejemplo: lápiz/lápices cáliz/cálices
perdiz/perdices.

EJERCICIOS.

1. Escriba el plural de las siguientes palabras:

1. Tamiz
2. Computadora
3. Pluma
4. Voz
5. Carmesí
6. Tabú
7. Marroquí
8. Teléfono
9. Guía
10. Canción
11. Disfraz

12. Niñera
13. Agua
14. Capataz
15. Albañil
16. Perdiz
17. Camaleón
18. Pared
19. Puerco
20. Tijera
21. Manta
22. Pantalla
23. Tornillo

LOS DIMINUTIVOS Y LOS AUMENTATIVOS.

A)- Los diminutivos.

Los diminutivos en español se utilizan para dar la impresión de que algo es pequeño o a modo afectivo. Son sufijos que se añaden a un sustantivo o a un adjetivo. Por ejemplo:

A mí me gusta mucho Juanito.
Pobrecita Ana, tiene poquito dinero.

Los diminutivos se forman agregando a la raíz del sustantivo o del adjetivo las terminaciones. Los sufijos diminutivos más comunes son:

-ito, -ita, -illo, illa, -cito, -cita, -cillo, -cilla, -ín, -ina, -ucho, ucha.

Por ejemplo: Carlos-Carlitos, Juan-Juanillo, actor-actorcillo, pastora-pastorcita, etc.

Algunos diminutivos tienen carácter afectivo. Por ejemplo:

mamaíta	papaíto
mujercita	hombrecito

B)- Los aumentativos.

Los aumentativos son terminaciones que se usan en sustantivos o en adjetivos para dar la impresión de que algo o alguien es más grande o para ridiculizar algo o a alguien (en tal caso se llaman "despectivos"). Por ejemplo:

Juan es un grandullón.
Ella tiene un catarrazo.

Las terminaciones aumentativas son las siguientes:

-ón, -ona, -ote, -ota, -azo, -aza, -ullón, -ullona.

Por ejemplo: grande-grandullón, golpe-golpazo, perro-perrote, etc.

Algunos aumentativos tienen el género opuesto al sustantivo originario. Por ejemplo:

la botella..................el botellón
la cuchara................el cucharón
la peña.................... el peñón

EJERCICIOS.

1. Escriba todos los diminutivos posibles para las siguientes palabras.

pez
armario
muchacha
caramelo
prima
casa
libro
luz

mesa

lámpara

bosque

princesa

carne

coche

amiga

lago

linterna

papel

cruz

2. Ahora escriba todos los aumentativos posibles para las palabras del ejercicio anterior.

____

____

____

____

____

____

____

____

PARA ESCRIBIR: LA BIOGRAFÍA.

Una biografía es una historia lo más detallada y lo más exacta posible sobre la vida de una persona. Si bien en una biografía las fechas son importantes a la hora de saber los acontecimientos en la vida de la persona sobre la que escribimos, es necesario incluir, además, datos que nos describan o nos den una idea de las emociones, personalidad, logros o situaciones de dicha persona.

Fíjese en la biografía de Frida Kahlo por ejemplo. Si bien se han incluido una serie de fechas importantes, el estudiante termina la lectura teniendo una clara imagen sobre la personalidad, el temperamento y los logros artísticos de la pintora.

Generalmente una biografía se organiza cronológicamente, es decir: comenzará con la fecha y lugar de nacimiento, pasando por los acontecimientos de su vida presentados por orden de ocurrencia llegando hasta la actualidad.

Es importante ser consciente de que una biografía no es una lista de las cosas que uno ha hecho en su vida, sino un ensayo que nos presente la vida de la persona sobre la que se escribe.

EJERCICIO.

1. Escriba un ensayo autobiográfico de una página que incluya por lo menos la siguiente información:

Fecha y lugar de nacimiento.
Detalles sobre su herencia cultural.
Lugar donde usted se crio.
Circunstancias familiares durante su niñez.
Dónde y cuándo asistió a la escuela.
Qué tipo de estudiante era usted.
Detalles importantes sobre su familia.
Sucesos importantes en su vida.
El desarrollo y la importancia del español en su vida y en la vida de su familia.
Metas profesionales y personales que desea usted alcanzar.

2. Entreviste a un compañero de clase. Prepare primero las preguntas que desea hacer (mínimo de 20). Recuerde que durante la entrevista podrá añadir más si lo desea. Después escriba un ensayo biográfico sobre esa persona incluyendo en él únicamente la información que usted crea pertinente.

REFRÁN.

"QUIEN A FEO AMA, BONITO LE PARECE"

Discuta el significado de este refrán en grupos y escriba después su significado. Imagine que su explicación va a aparecer en una revista.

VOCABULARIO ADICIONAL.

1. Empareje la siguientes palabras con su significado.

1. amputar___ a. avanzar a cuatro patas.
2. gangrena___ b. regalar.
3. dar a luz___ c. entregar caritativamente.
4. deteriorar___ d. cortar una extremidad del cuerpo.
5. azabache___ e. empeorar.
6. gatear___ f. arma de fuego.
7. revólver___ g. tener un hijo.
8. obsequiar___ h. mineral negro.
9. donar__ i. Obstrucción de la sangre.

2. Busque 5 palabras de este capítulo cuyo significado desconoce, hállelo en el diccionario y escríbalo aquí. Invente después una frase con cada uno de los términos.

1.____

____

____

____

____

2.____

____

____

____

____

3.____

____

____

____

____

4.____

____

____

____

____

5.____

____

____

____

____

MÁS ALLÁ

Diego Rivera (1886-1957).

Es imposible examinar la vida de Frida Kahlo sin realizar un bosquejo de la vida de Diego Rivera. De él se dice hoy que cambió el curso artístico de su nación y fue, sin duda, uno de los pintores más influenciantes del siglo XX.

Nació el 8 de diciembre de 1886, en el seno de una familia modesta en Guanajuato, México. Un muchacho precoz que comenzó a tomar clases de arte a los diez años de edad en la academia de San Carlos. Seis años más tarde, fue expulsado por haber participado en una huelga estudiantil.

En 1907, Rivera recibe una beca del Secretario de Educación Justo Sierra que le permite ingresar en el taller de Eduardo Chicharro de Madrid. Durante su estancia en España, el pintor viaja con frecuencia a Francia y a México, donde se relacionó con intelectuales como Alfonso Reyes, Pablo Picasso y Ramón del Valle-Inclán.

En 1916 tiene un hijo con su primera esposa, la pintora rusa Angelina Beloff.
En 1919 Tiene una hija con Marie Marevna Vorobev-Stebelska, con la que nunca se casaría.

En 1922 Ingresa el artista al Partido Comunista Mexicano y comienza su producción muralista por todo México, la cual se presenta impregnada de su nacionalismo y de sus ideales políticos.

En 1922 se casa con Lupe Marín, quien le daría dos hijas: Lupe y Ruth. Su segundo matrimonio no duraría tampoco. En 1927 se divorcia para contraer nupcias, dos años más tarde, con la pintora mexicana Frida Kahlo.

EJERCICIO.

Busque, en el internet, un mural o cuadro de Diego Rivera que muestre sus inquietudes políticas. Imprima una copia de ese cuadro o mural y escriba después un ensayo de una página explicando de qué manera expresa el pintor sus ideales comunistas.

EJERCICIOS DE REPASO.

1. Rellene los espacios en blanco con la letra mayúscula o minúscula que corresponda.

A)- ____erald ____ord fue un gran presidente en ____stados ____nidos.

B)- ____is amigos dicen ____ue ____uan es ____rgentino.

C)- ____na estudia ____spañol pero no le gusta el ____rancés.

D)- ____ernando nació el 3 de ____bril de 1980.

E)- ____a ____az es imprescindible en ____l ____undo.

2. Indique el género de cada palabra poniendo una F delante de las palabras femeninas y una M delante de las palabras masculinas.

1. Ambigüedad___ 2. Hermandad ___ 3.Seducción ___
4. Tema ____ 5. Actriz ____ 6. Mano ____
7. Perro ___ 8. Lápiz ___ 9. Mujer ___

3. Escriba el plural de las siguientes palabras.

A)- El cáliz ________________ B)- Un toro ________________
C)- El iraní ________________ D)- Un tapiz ________________
E)- La chica ________________ F)- El reloj ________________

4. En el siguiente párrafo corrija las faltas de ortografía relacionadas con el uso correcto de las mayúsculas en español.

cuando fernando fue a gualadajara, encontró al rey de españa sentado en las escaleras del palacio de la ciudad. su primo juan le había advertido que es bastante común encontrar al rey en lugares donde uno nunca esperaría encontrar a un miembro de la nobleza. de hecho, durante la edad media estas cosas no ocurrían. cuando pasó aquello era noche buena y fernando lo vio como un regalo perfecto de navidad.

CAPÍTULO 3

FRAY JUNÍPERO SERRA (1713-1784)

Fray Junípero Serra es uno de los ejes principales en el mecanismo que puso en marcha el desarrollo cultural social y religioso en California en el siglo XVIII. Prueba de ello es el honor que se le presta hoy con la presencia de su estatua en la galería de la fama del capitolio de Washington D.C. Sus contribuciones a la historia de nuestro país hacen imperativo el estudio de su trayectoria cronológica en la orden franciscana.

Nace Miguel José Serra Ferrer en la villa de Petra, en la isla de Palma de Mayorca, España, el 24 de noviembre de 1713. Era el tercer hijo de una familia humilde en la que creció, desde una edad muy temprana, con problemas de salud.

En 1731 ingresa en el convento franciscano de la isla y cambia su nombre al de Junípero inspirado por sus lecturas sobre este personaje. En el convento, Junípero ayudó devotamente en las misas, pero su débil salud le impidió, muy a pesar suyo, ejercer los trabajos más duros de la tierra. Entre 1731 y 1734 realiza estudios doctorales en teología, y entre 1734 y 1749 impartió clases en la Universidad de Palma.

Ya durante sus estudios y su trabajo de licenciatura, comprendió, Fray Junípero, la importancia de la predicación, a la que se dedicó siempre con esmero.

En agosto de 1749, tras despedirse de sus padres, ya muy ancianos, sale desde el puerto de Cádiz rumbo al nuevo mundo para evangelizar a los nativos del continente. Tras predicar por algún tiempo en San Juan de Puerto Rico, llega a Veracruz, desde donde decide, voluntariamente, hacer la trayectoria a pie hasta la ciudad de México. Este sacrificio le creó dolencias en una pierna que le acompañarían hasta el final de sus días.

En 1750 el padre Serra parte, junto con su colega y amigo mallorquín, Fray Francisco Palou, hacia la Sierra Madre Oriental, un lugar remoto donde vivían los indígenas Otomíes y donde se encontraban ya 5 misiones franciscanas: la Purísima Concepción, Xalpán, Nuestra Señora de la Luz, San Miguel y San Francisco.

La devoción y sabiduría de Serra, hacen que un año más tarde fuera elegido presidente de las 5 misiones, puesto que aceptó con entusiasmo. Se dedicó con pasión a aprender y perfeccionar la lengua indígena del lugar, a predicar el evangelio, a bautizar a todos los indios y a inculcar entre esos pueblos el honor del trabajo diario.

A los pocos años, en 1759, Junípero Serra y Francisco Palou reciben la orden de salir para una peligrosa misión cerca del río San Sabá donde los indios apaches habían decapitado y asesinado a varios misioneros, pero al poco tiempo, el virrey de la Nueva España les impide el viaje por miedo a la precariedad de la zona. Desde 1759 hasta 1768 permanecen pues, los dos religiosos, en México donde Serra ayudó a doctrinar a sacerdotes nuevos.

Tras la expulsión de los Jesuitas en 1767, 45 franciscanos forman una expedición hacia California y en 1768 desembarcan en Loreto, que había constituido el eje de las operaciones jesuitas hasta entonces. A continuación conoce Serra a Gálvez, importante figura política, en Santa Ana y se hacen grandes amigos. Estaban ambos de acuerdo en que imperaba la necesidad de crear nuevas misiones que abarcaran la ciudad de San Diego y la península de Monterrey para establecer los cimientos de la evangelización de California. Con este fin se establecieron cuatro expediciones -2 por mar y dos por tierra- que llevarían ganado, semillas y enseres. Los religiosos fueron acompañados y protegidos por los soldados de Gálvez.

La primera misión que fundó fray Junípero fue la de San Fernando de Vellicatá. Si bien sus dolencias del pie incrementaban, no le faltaron ni el valor ni las ganas para salir hacia San Diego. Durante sus viajes siempre divisaba Serra a indios en la lejanía que sólo de cuando en cuando se le acercaban: generalmente amigables y con obsequios, pero a veces con hostilidad.

El 1 de junio de 1769 llega la expedición de Fray Junípero a San Diego, donde comenzaron la construcción de la misión que se inauguraría el 16 de julio con una misa. Al mes siguiente los indios atacaron la misión y muchos resultaron heridos. Pese a las diferencias sociales y a las dificultades que las distintas lenguas ofrecían para la comunicación, varios indios acabaron acercándose para que les curaran sus heridas.

En 1770 llega Serra a la península de Monterrey y funda la misión de San Carlos el 3 de junio, donde permanecería durante 14 años. Al final de su tercer año había ya conseguido bautizar a 165 indígenas, y al morir Serra, la cantidad había ascendido a 1.014. Tras la de San Carlos, se fundaron las misiones de San Gabriel, San Antonio de Padua y San Luis Obispo. Ya para entonces el dominio de la corona española y la subsecuente evangelización se había extendido más de 1.200 kilómetros.

El padre Palau se encargaba de evangelizar la baja California, y con 10 franciscanos bajo su mando, el padre Serra se ocupó de la alta California. En 1773 los franciscanos cedieron a los dominicos todas las misiones de la baja California, con lo que el padre Palau se hizo parte, una vez más, del equipo evangelizador de Fray Junípero.

El apoyo del comandante Fagés a las misiones disminuyó considerablemente y Serra, preocupado por el futuro de lo que había construido con tantísimo esfuerzo, va a México en 1773 para implorar al Virrey que continuase apoyándole en tan digna y pía misión. Sus esfuerzos dieron fruto y Bucarelli, inspirado por la fe y el tesón sin límites del franciscano, no sólo le ofreció su apoyo, sino que autorizó la fundación de misiones nuevas en Santa Bárbara y San Francisco. Gracias, además, a sus conversaciones con el Virrey, y tras llegar a San Diego, Fagés había sido substituido por el comandante Rivera y Moncada. Al poco tiempo hubo un ataque indígena a la misión de San Diego en el cual ésta fue incendiada y se produjeron muchas fatalidades, pero la misión fue reconstruida y el trabajo evangelizador de Serra continuó.

El 17 de septiembre de 1776 se funda la misión de San Francisco a 250 kilómetros de Monterrey gracias a las innumerables gestiones de Serra con el virrey. En 1777 Monterrey se convierte en la capital de California para poder supervisar, más detalladamente, el trabajo del padre Serra. En 1779 el Gobernador General don Teodoro de Croix asume el mando de la alta y baja California y se instala en Sonora, donde, aconsejado por sus predecesores sobre la importancia de la labor de Serra, decide continuar el apoyo de la propagación católica.

A mediados del siglo XVIII y empujado por las teorías del despotismo ilustrado (que indicaban que la soberanía y el poder están en el hombre y no en Dios) Carlos III, el entonces rey de España, se inclina hacia una mayor secularización. Con esto en mente, comprendemos perfectamente el peligro al que las misiones californianas se vieron expuestas. El Gobernador Neves limitó el número de misioneros a uno por misión, pero Serra, incansable, luchó de nuevo para que esa cifra se duplicara. En 1781, bajo este ambiente de hostilidad política, Fray Junípero, ya anciano, fundó la misión de Nuestra Señora de Los Ángeles, y en 1782, sin saber que sería su última, la de Buena Ventura.

Ya para 1783, las dolencias que había sufrido durante años, especialmente su severo asma, y la hinchazón de la pierna, se acusaron exponencialmente, pero Serra, cuya licencia para impartir el sacramento de la confirmación cesaría en 1784, regresó a la misión de San Carlos para continuar su labor. Cuando se venció su permiso, Serra había confirmado a más de 5.000 indios neófitos.

A los 79 años de edad, habiendo ejercido como franciscano por 54 años y fundado 9 misiones, bautizado a más de 7.000 indios, Fray Junípero Serra fallece rodeado de los indios a los que tanto había amado y de su gran amigo el padre Palou.

En 1984 comenzó el proceso para su beatificación que concluyó con la concesión del Papa Juan Pablo II el 25 de septiembre de 1988.

El 2 de febrero de 1848 México cede a Estados unidos, con el tratado de Guadalupe Hidalgo, la alta California, Texas y Nuevo México. Más tarde, el descubrimiento de las minas de oro californianas atrajo una ola de aventureros que prácticamente destruyó lo que quedaba de las misiones franciscanas y dispersó a los indios que habían sido evangelizados. En 1850 California se suma al territorio que compone hoy Estados Unidos.

Si bien las misiones franciscanas llegaron casi a extinguirse, lo cierto es que las últimas décadas han traído consigo un afán de revalorización de la herencia hispana con una subsecuente campaña de restauración del legado misionero franciscano, el cual fue clave en la formación de algunas de las ciudades más importantes del país como San Diego, San Francisco y Santa Bárbara por mencionar algunas.

Bibliografía

Dolan, Sean. “Junípero Serra” Chelsea House Publishers. Philadelphia, 1991.

Lyngheim et al. “Father Juípero Serra, the traveling missionary” Langtry Publishers. Vannuys, California, 1986.

Scott, Bernice. “Junípero Serra: Pioneer of the Cross” Panorama West Publisher. Fresno, California, 1985.

VOCABULARIO

Busque en el diccionario y escriba aquí el significado de las siguientes palabras que aparecen en el texto que acaba de leer. A continuación escriba una frase que contenga cada una de las palabras de la lista.

1. Eje ______________________________
____
____
____

2. Impartir______________________________
____
____
____

3. Inculcar ______________________________
____
____
____

4. Precariedad ______________________________
____
____
____

5. Implorar ______________________________
____
____
____

6. Pío____

7. Tesón ____

8. Afán ____

EJERCICIOS SOBRE LA LECTURA

A)- Después de hacer la lectura sobre Fray Junípero Serra, lea las siguientes frases e indique sin son ciertas o falsas. Corrija las que sean falsas.

a). La estatua de Fray Junípero Serra se encuentra hoy en el capitolio de Sacramento (California).

____

b). José Serra nace en Palma de Mayorca el 24 de noviembre de 1813.

____

c). Miguel José Serra Ferrer cambia su nombre a Fray Junípero Serra cuando ingresa en el convento inspirado por sus lecturas sobre este personaje.

____

d). En el convento, Fray Junípero Serra realizó los trabajos más duros de la tierra.

____

e). En agosto de 1749 Fray Junípero sale hacia América con fines evangelizadores.

____

f). Las dolencias de pierna de Fray Junípero provienen del viaje a pie que hizo desde Veracruz hasta la ciudad de México.

____

g). Cuando Fray Junípero llega a la Sierra Madre oriental, ya había cuatro misiones: Xalpán, Nuestra Señora de la luz, San Miguel y San Francisco.

___

h). Serra y su amigo Francisco Palau reciben, en 1759, orden de salir hacia el río San Sabá, pero nunca hacen ese viaje.

___

i). En 1768 Serra y Palau desembarcan en Loreto.

___

j). La primera misión que fundó Fray Junípero Serra fue la de San Diego.

___

k). El día 1 de junio de 1769, llega la expedición de Fray Junípero a San Diego.

___

l). En 1775 Serra funda la misión de San Carlos.

___

m). Fray Junípero Serra se encargó, durante una temporada, de evangelizar la baja California, y el Padre Palau se ocupó de la alta California.

___

n). Bucarelli autorizó la fundación de las misiones de Santa Bárbara y San Francisco.

___

ñ). Fray Junípero Serra muere a los 59 años.

___

o). Cuando Serra murió, había fundado 9 misiones y bautizado a más de siete mil indios.

___

B)- Escriba los acontecimientos más importantes en la vida de Junípero Serra en las siguientes fechas.

24 de noviembre de 1713 ____

1731 ____

Entre 1731 y 1734 ____

Entre 1734 y 1749 ____

Agosto de 1749 ____

1750 ____

1759 ____

Entre 1759 y 1768 ____

1767 ____________________

1768 ____________________

1769 ____________________

1770 ____________________

1773 ____________________

1776 ____________________

1777 ____________________

1779 ____________________

1781 ____________________

1782 ____________________

1783 ____________________

1784 ____________________

1984 ____________________

1848 ____________________

1850 ____________________

C)- Explique, de acuerdo con la lectura, cuáles fueron las principales dificultades con las que se halló Junípero Serra durante su labor evangelizadora en América.

____

____

____

____

____

____

____

D)- Según la biografía de Fray Junípero Serra que acaba de leer, ¿Cuáles son las aportaciones más importantes de este personaje al desarrollo de la historia en California?

____

____

____

____

____

E)- ¿Cuáles eran las dolencias físicas que debilitaron a Fray Junípero Serra y de dónde provenían?

____

____

____

____

____

____

____

____

____

____

____

____

PARA ESCRIBIR

Piense en un evento que cambió su vida o que le emocionó de un modo especial. Escriba después un relato de 1 ó 2 páginas sobre ese evento. Recuerde prestar especial atención al uso correcto de los acentos.

GRAMÁTICA

LOS ADJETIVOS

Los adjetivos son palabras que describen el nombre o sustantivo. En español hay cinco clases de adjetivos:

- Adjetivos demostrativos
- Adjetivos posesivos
- Adjetivos descriptivos
- Adjetivos cuantitativos
- Adjetivos indefinidos

Es importante señalar que el adjetivo y el nombre siempre concuerdan. Es decir: si el nombre es singular masculino, el adjetivo ha de ser también singular masculino; si el nombre es femenino plural, entonces el adjetivo será también femenino plural.

Ejemplos:

- El chico alto.
- Las chicas altas.

A)- Los adjetivos demostrativos.

Los adjetivos demostrativos van siempre delante del nombre, y sirven para señalar o indicar la distancia de un objeto o idea.

SINGULAR	PLURAL
Este	**Estos**
Ese	**Esos**
Aquel	**Aquellos**
Esta	**Estas**
Esa	**Esas**
Aquella	**Aquellas**

Este, esta, estos y estas se utilizan para indicar que un objeto está cerca del hablante. Ese, esa, esos y esas señalan que el nombre del que se hace referencia está ligeramente más alejado y aquel, aquella, aquellos y aquellas señalan a un objeto que se encuentra aún más lejano.

Es importante notar que en inglés solamente existen dos distancias en los adjetivos demostrativos ("this", "that" y sus variantes plurales) por lo tanto el hablante habrá de usar su discreción a la hora de traducir dichas palabras ya que las distancias a las que nos referimos las elige la persona que habla teniendo en cuenta su percepción de la distancia. Por ejemplo, es posible que un libro se encuentre a dos metros de distancia de dos personas diferentes y que una utilice la palabra "ese" y otra utilice la palabra "aquel" para referirse al mismo sustantivo.

EJERCICIOS

1. Rellene los espacios en blanco con la forma apropiada del adjetivo demostrativo. Después subraye el sustantivo de la frase con el cual cada adjetivo demostrativo concuerda.

A. ________libros que están en China son interesantísimos.
B. ________chico de aquí me cae fenomenal.
C. ________tarde de 1957 llovía muchísimo.
D. ¿Quieres cenar con mi hermano _________noche?
E. No sabemos de quien son ______cosas encima de la mesa.
F. ¿Quieres que compre _______coche o _______motocicleta?
G. Juan no sabe qué es _________ruido.
H. ¿Quién te regaló ______corbata tan bonita?
I. ________ portazo que me diste fue muy grosero.

2. Substituya las palabras en paréntesis por la que corresponda en español para cada frase.

A. (This)________libro me encanta, pero (that)_______película me aburrió mucho.
B. (Those)_______chicas son encantadoras (this)______mañana me saludaron sonriendo.
C.(These)_______noticias me dejaron muy triste por (those) _________muchachos.
D. (That)________edificio que vimos en Madrid era precioso.
E. (That)________historia que dijo Juan no es verdad.
F. ¿Qué es (this)_______libro encima de la mesa?
G. Te regalo (those)_________bombones.
H. Yo quiero que me des (that)______bicicleta que me prometiste.

3. Escriba un adjetivo demostrativo correcto para cada palabra.

______perro _______chica ______mano _____día
______vaso _______lámpara ______dilema _____sol
______águila _______libertad ______colchón _____té

B)- Los adjetivos posesivos.

Los adjetivos posesivos concuerdan, al igual que los demostrativos, con el sustantivo que describen, es decir, con el sustantivo que modifican; pero a diferencia de los demostrativos, los adjetivos posesivos sólo concuerdan con el nombre en número y no en género. Es importante notar, no obstante, a modo de excepción, que el posesivo "nuestro" y sus variantes sí que concuerda con el sustantivo tanto en género como en número.

FORMAS SINGULARES	FORMAS PLURALES
Mi amigo	**Mis** amigos
Tu perro *	**Tus** perros
Su (casa)	**Sus** casas
Nuestro río	**Nuestros** ríos
Nuestra jarra	**Nuestras** jarras

*Recuerde que el adjetivo "tu" no tiene acento escrito, pero sí que lo lleva el pronombre personal "tú".

Por ejemplo:
- **Tu** casa es muy grande.
- **Tú** tienes muchos amigos.

Es importante notar que en inglés es mucho más común el uso de los adjetivos posesivos. En español, sin embargo, se utilizan tan sólo cuando hay duda sobre la pertenencia del sustantivo al que se hace referencia. Con eso en mente, cabe concluir que, generalmente, cuando el hablante se refiere a alguna parte de su cuerpo, no utilizará el posesivo.

- Por ejemplo en inglés se dice: I would like to cut <u>my</u> hair.
- Pero en español eso se escribe: Me gustaría cortarme <u>el</u> pelo.

- En inglés se dice: <u>My</u> eyes are blue.
- Pero en español: Tengo <u>los</u> ojos azules.

- En inglés se dice: Put on your hat.
- Pero en español: Ponte el sombrero.

EJERCICIOS.

1 Traduzca al español las siguientes frases:

A. My legs are long.

____

B. Juan put on his coat and went to see his friend.

____

C. I washed my hair yesterday.

____

D. Juan put on his pants very fast when he got up.

____

E. George looked at his hand very surprised.

____

2. Rellene los espacios en blanco con la forma correcta del adjetivo posesivo entre paréntesis.

A. (My)_____hermana no dijo la verdad.
B. (Our)__________días están contados.
C. (Your)________profesor me dio (my)_______libros ayer.
D. (Our)_________ hijo nos dijo que (our) ___________ madres eran geniales.
E. (My)_________computadora es mejor que (your) _________ máquina de escribir.

C)- Los adjetivos descriptivos.

Un adjetivo descriptivo indica cualidades del sustantivo o nombre al que modifica. Por ejemplo:

- Juan es muy **alto**.
- La casa **blanca** es preciosa.
- Jorge es un **gran** abogado

EJERCICIOS.

1. Escriba las siguientes frases en español, indique cual es el adjetivo y después subraye el sustantivo que modifica. Indique, además qué tipo de adjetivo es cada uno.

A. Jorge is handsome.

____

____

B. That apple tree is tall.

____

____

C. My friend is in Madrid.

____

____

D. I like those books.

____

____

E. My cat has long hair.

____

____

F. Elena has big eyes.

____

____

G. Juan has one girlfriend.

____

____

H. We are great friends.

____

____

2. Vuelva a la lectura "Fray Junípero Serra" y subraye 10 adjetivos descriptivos, después escríbalos aquí.

____

____

____

____

____

____

____

____

D)- Los Adjetivos Cuantitativos.

Los Adjetivos cuantitativos pueden expresar una cantidad exacta o el orden de un sustantivo.

Por ejemplo:

Yo quiero **trescientos** dólares.

Elena está en **segunda** fila.

E)- Los Adjetivos indefinidos.

Los adjetivos indefinidos aportan una cantidad aproximada del sustantivo al que modifica.

Por ejemplo:

Juan quiere **algunos** libros.

Necesito **mucha** ayuda.

Si bien la gran mayoría de adjetivos descriptivos siguen al nombre. Hay casos en los que éste cambia de significado dependiendo de su localización. Véanse los siguientes ejemplos.

La **gran** ciudad.................................the great city.

La ciudad **grande**............................the large city.

Una **sola** profesora..........................only one teacher.

Una profesora **sola**................one teacher alone.

Una **única** experiencia ....(only) one experience.

Una esperiencia **única** .... a unique experience.

Una **vieja** compañera...................a long standing coworker.

Una compañera **vieja**.................. an elderly coworker.

El **mismo** dependiente................the same clerk.

El dependiente **mismo**................the clerk himself.

La **pura** verdad.............................the absolute truth.

El aire **puro**................................. pure air.

Apócope de adjetivos.

Hay adjetivos que se apocopan (o acortan) delante de un sustantivo o nombre.

a). Los adjetivos **bueno, malo, alguno, ninguno, uno, primero y tercero** pierden la última 'o' si van seguidas de un sustantivo masculino singular.
Por ejemplo:

> Un **buen** libro.
> Un **mal** chico.
> **Algún** diccionario.
> **Un** libro.
> Esto es el **primer** capítulo.
> Es el **tercer** libro que he leído.

b). Los décimos de **uno** se apocopan delante de un nombre masculino. Por ejemplo:

> Treinta y **un** libros.
> Cuarenta y **un** estudiantes.

c). **'Santo'** se acorta a 'San' delante de un nombre masculino. Por ejemplo:

San Jorge.
San Gerardo.

Se exceptúan a esta regla los nombres que empiezan con to- y do-. Por ejemplo:

Santo Tomás.
Santo Domingo.

d). **Cualquiera** y **cualesquiera** pierden la última 'a' delante de un nombre o sustantivo. Por ejemplo:

Yo quiero **cualquiera.**
Yo quiero **cualquier** libro.

e). **Ciento** cambia a **cien** delante de cualquier nombre. Por ejemplo:

Ciento dos libros.
Cien libros.

Ejercicio

Complete las siguientes oraciones con la palabra adecuada en español.

1. Este chico es un (good)_____________ estudiante.
2. Aquí sirven una comida muy (good)______________.
3. Allí había más de (one hundred)______________chicos.
4. Ella irá a la isla de (St.)____________ Dominto.
5. (St.)__________ Jorge es mi (saint)__________favorito.
6. Dame, por favor, (any)_______________ libro.
7. En mi clase hay (fourty one)_____________ estudiantes.

LOS ADVERBIOS.

Si bien los adjetivos describen o modifican un nombre o sustantivo, el adverbio describe generalmente un verbo, pero puede describir también un adjetivo u otro adverbio. Con frecuencia los estudiantes hispanohablantes tienen dificultad a la hora de diferenciar un adjetivo de un adverbio. Para ilustrar las diferencias, observemos los siguientes ejemplos:

Juan es un chico alto.

En esta frase, la palabra alto es un adjetivo, ya que describe a Juan y Juan es un sustantivo o nombre.

Eva escribe muy bien.

En esta frase, la palabra bien es un adverbio, ya que no describe a Eva (un sustantivo), sino que describe la forma en que escribe (escribir es un verbo).

Si bien los adjetivos concuerdan en género y número con el nombre que modifican, los adverbios carecen de concordancia.
Fíjese en los siguientes ejemplos adverbiales:

Fernando corre rápido. Juan nada bien.
Estela corre rápido. Ana nada bien.

En estas frases "rápido" y "bien" describen los verbos "corre" y "nada" respectivamente. Por lo tanto el hecho de que el sujeto cambie de masculino a femenino en cada frase, no altera la terminación del adverbio.

Generalmente, el adverbio se coloca detrás del verbo en la frase.

En español existen 7 clases de adverbios: de lugar, tiempo, modo, cantidad, afirmación, duda y negación.

A)- Los adverbios de lugar.

Los adverbios de lugar responden a la pregunta **dónde** en la frase y nos comunican en qué lugar ocurre la acción. Por ejemplo:

- María desayuna **aquí.**
- Sus hermanos están **afuera.**

Si el lector se pregunta **dónde** desayuna María o **dónde** están sus hermanos, las respuestas son **aquí** y **afuera** respectivamente.

Los adverbios de lugar en español son:

aquí	**acá**	**allá**	**ahí**	**allí**	**atrás**	**detrás**	**adelante**	**delante**	**al lado**
enfrente	**frente**	**abajo**	**arriba**	**afuera**	**fuera**	**adentro**	**dentro**		

Es necesario recordar que las palabras **adentro, afuera, arriba y abajo** no pueden ir seguidas de la preposición **de**.

B). Los adverbios de modo.

Los adverbios de modo indican la forma en que la acción tiene lugar. Generalmente responden a la pregunta cómo. Con frecuencia se forman añadiendo el sufijo **-mente** a un adjetivo.

Por ejemplo:

- Juan canta **estupendamente.**
- Elena vino **rápidamente.**

- Alejandro se tiró **bruscamente.**

Los principales adverbios de modo son:

bien **mal** **así** **regular un adjetivo + el sufijo -mente**

C)- Los adverbios de cantidad.

Los adverbios de cantidad indican, como su nombre describe, el grado de un verbo o de un adjetivo.

Los principales adverbios de cantidad en español son:

nada **poco** **mucho** **muy** **sólo**

Por ejemplo:

- Ernesto **sólo** canta los fines de semana.
- Patricia es una muchacha **poco** parlanchina.
- Aunque yo como **poco**, siempre engordo **mucho.**

D)- Los adverbios de tiempo.

Los adverbios de tiempo responden a la pregunta **cuándo** en la oración. Fíjese, por ejemplo, en las siguientes frases:

- Jorge vendrá **mañana**

- Mis hermanos **raramente** vienen.
- Ven aquí **siempre** que quieras.
- **Nunca** iré a ver esa película.

Los principales adverbios de tiempo en español son los siguientes:

mañana	**después**	**entonces**	**temprano**	**recién**
luego	**ayer**	**aún**	**ahora**	**hoy**
tarde	**antes**			

E)- Los adverbios de afirmación, duda y negación.

Los adverbios de afirmación, duda y negación modifican también el verbo, el adjetivo u otro adverbio.

Los principales adverbios de **afirmación** son:

sí	**también**	**además**	**ciertamente**

Los principales adverbios de **duda** son:

acaso	**tal vez**	**quizás**	**quizá**

Los principales adverbios de **negación** son:

no	nunca	jamás	tampoco

Frases adverbiales.

El español cuenta con un gran número de frases que equivalen a adverbios. Estas frases se llaman 'frases adverbiales. Por ejemplo:

A paso de tortuga..slowly.
A regañadientes...with a bad attitude.
En un santiamén..quickly.
A cuerpo de rey...confortably.
De pascuas a ramos...rarely.

EJERCICIOS.

1. Escriba en español las siguientes frases. Después subraye el adverbio.

A. Francisco is on top of the table. ____________________
B. Pedro and Juan went up. ____________________
C. The book is under the papers. ____________________
D. It was cold, so I went inside ____________________
E. Do you want to be inside or outside? ____________________
F. Go outside while I read please! ____________________
G. Inside the room there was a piano. ____________________
H. The dog is outside the house. ____________________

2. Rellene los espacios en blanco con la forma correcta de la palabra en paréntesis. Después indique si esa palabra es un adverbio o un adjetivo. Si se trata de un adverbio, indique que clase de adverbio es.

A. Mis hermanos son muy (tall) ____________.

B. Juan, que es muy (smart) __________escribe muy (fast) ___________.

C. Mis amigos son muy (good) _________siempre caminan (slowly) ____________ por mí.

D. Yo voy a Madrid (tomorrow) _________.

E. Juan Carlos (never) ___________ tiene dinero, pero es muy (nice) ____________.

F. Elena es muy (bad) __________, pero canta muy (well) _______________.

G. La computadora funciona muy (bad) ________pero es muy (elegant) ___________.

H. Jorge habla muy (well) __________, pero es muy (boring) ______________.

I. Víctor y yo (before) ___________éramos felices, pero (now) _________ ya no.

J. Esa cantante es muy (ugly) _________ pero canta muy (well) ______________.

K. Juan vino a mi casa muy (slowly) _____________. Pero llegó (early) ___________.

L. El presidente es (fat) ___________ pero habla muy (elegantly) ______________.

M. Juan (only) ________ vino para saludarme. Él fue muy (amiable) ______________.

N. Fernando es una persona (very) ___________ amiable.

Ñ. Yo (never) ____________ iré a esa isla. Dicen que es muy (dangerous) _________.

O. (Generally) ________________ estudio todos los días porque soy (responsible) __________.

P. Ella cena con su novio (frequently) ______________.

Q. Yo no veo a mi prima (neither) _____________ porque es muy (unfriendly) ________________.

R. Ellos (also) _____________ querían comer carne (cold) ______________.

S. Yo (just) ___________ acabo de llegar al restaurante (elengant) _______________.

3. Vuelva a la lectura "Fray Junípero Serra" y subraye 10 adverbios, después escríbalos aquí.

____

____

____

____

____

____

____

ORTOGRAFÍA

A). El uso de la "y" y de la "e" cuando significan "and".

En español, la palabra **y** significa "and". Cabe notar, sin embargo, que la Real Academia Española ha establecido la siguiente normativa:

> Cuando la palabra **y** va seguida de una **i** o una **hi**, ésta cambia a "e".

Por ejemplo:

- Miguel estudia literatura **e** historia.
- Linda es fea **e** ignorante.

B)- El uso de la "o" y de la "u" cuando significan "or".

Así mismo se ha de tener en cuenta, a la hora de utilizar la palabra **o,** que significa "or", que:

> Cuando la palabra **o** va seguida de una **o** o de una **ho**, ésta cambia a "u".

Por ejemplo:

- ¿Quieres este libro **u** otro?
- Cualquier mujer **u** hombre aquí será arrestado.

EJERCICIOS

1. Escriba en español las siguientes frases.

A. Would you like balcony or orchestra seats? ______________________

____

B. Does she drink or smoke? ______________________

____

C. Would you like to see or to smell the cake? ______________________

____

D. Is Juan 7th or 8th in the list? ______________________

____

E. Is this computer new or obsolete? ______________________

____

F. His movies are always excellent or horrible. ______________________

____

G. Would you like to stop in motels or hotels? ______________________

____

H. And, equally, he wants his reward. ______________________

____

I. That building is tall and impressive. ______________________

____

J. I would like to visit Spain and Italy. ______________________

____

K. I enjoy Literature and History. ______________________

____

L. Juan prefers Math and Statistics. ______________________

____

C)-Las contracciones "al" y "del".

En español no se puede escribir "a el". Cuando éstas aparecen juntas en una frase se contraen para formar la palabra "al". Cabe notar, sin embargo, que si la palabra a va seguida de un nombre propio que o de un título que comienza con el artículo "el", entonces no se forma la contracción.

Por ejemplo:

- Yo voy **al** laboratorio.
- Ella va a **E**l Japón.

Lo mismo ocurre con las palabras de + el. Cuando aparecen juntas en una frase, es necesario contraerlas y escribir "del" en su lugar.

Al igual que con la regla anterior, si la palabra "de" va seguida de un nombre propio o de un título que comienza con el artículo "el", entonces la contracción no se utiliza.

Por ejemplo:

- Yo soy **del** norte.
- Elena es de **El Salvador**.
- La escena es de "El hombre que sabía demasiado."

EJERCICIOS

1. Escriba en español las siguientes frases (ojo: use el artículo "el" delante de los nombres de países para este ejercicio).

A. Do you need air or oxygen? ____

____

B. Are you male or female? ____

____

C. I want money or opportunities to make it.______________________________

____

D. I need needle and thread. ____

____

F. I like the umbrella's color. ____

____

G. Do you need this dictionary or another? ____________________________________

____

H. Men and women are different and equal. ___________________________________

____

I. Fernando is from the neighborhood. _______________________________________

____

J. They are from Perú. ____

____

MÁS ALLÁ.

Los Primeros Colonizadores en California.

Gracias a la incesante labor, principalmente, de los jesuitas y de los franciscanos españoles, el estado californiano cuenta hoy con 21 misiones que se extienden por el conocido Camino Real.

Sin embargo, las fuerzas que pusieron en marcha, en última instancia, el futuro de la costa occidental estadounidense habían comenzado ya poco después de las expediciones de Cristóbal Colón al continente americano.

La corona española siempre tuvo en cuenta la necesidad de respetar a los indios nativos que fueron hallando en California. De hecho, el rey Carlos V publicó un código de leyes nuevas en la cual se indicaba que los indios poseían pleno derecho a formar sus propias comunidades, que estaba prohibida su captura para esclavizarlos y que ningún español podía permanecer en un campamento indio por más de tres días.

PARA ESCRIBIR

En la biblioteca o en el internet, busque información sobre una de las 16 misiones californianas antiguas y componga un ensayo corto de 4 ó 5 párrafos describiéndola y explicando sus orígenes.

REFRÁN.

Examine el siguiente refrán popular, después discuta su significado con los miembros de su grupo y escriba 2 ó 3 párrafos explicando su significado. Imagínese que su explicación se va a publicar en una revista. Esto significa que deberá prestar especial atención a la gramática, ortografía, acentuación y estilo.

"A CABALLO REGALADO NO SE LE MIRAN LOS DIENTES."

VOCABULARIO ADICIONAL

Encuentre, en este capítulo, 5 palabras nuevas para usted, busque su significado y escríbalo aquí. A continuación invente una oración con cada uno de esos términos.

1.____

2.____

3.____

4.____

5.____

Ejercicios de repaso.

1. Substituya las palabras en paréntesis por la que corresponda en español para cada frase.

A)- (This)__________mujer es muy alta.

B)- (Those) _________manos son perfectas para los guantes.

C)- (This) __________ dilema is very interesting.

D)- (That)___________día fuimos todos a la playa.

2. En español existen 5 clases de adjetivos. ¿Cuáles son?

A) ______________________________

B) ______________________________

C) ______________________________

D) ______________________________

E) ______________________________

3. Escriba las siguientes frases en español. Después subraye el adjetivo e indique de qué tipo de adjetivo se trata.

A)- These days we go to the beach often.

____

____

B)- Her books are in the house.

____

____

C)- Eva is a very funny girl!

____

____

D)- Our class is at 12:00.

____

____

4. Escriba las siguientes frases en español. Después subraye el adverbio en cada una de ellas e indique de qué clase de adverbio se trata.

A)- Juan and Pedro are under the tree.

____

____

B)- We will go to the movies tomorrow.

____

____

C)- I never study at night.

____

____

D)- Gary speaks German very well.

____

____

E)- My new friend is very tall.

____

____

F)- Your book is inside the box.

____

____

5. En las siguientes frases indique cuáles son los adjetivos y qué clase de adjetivos son.

A)- En esta clase hay chicos muy simpáticos.

____

B)- Nuestra madre es muy bondadosa.

____

C)- Estos libros no me gustan, son muy aburridos.

____

D)- No me gusta ni tu falda larga ni su jersey grueso.

____

E)- Nuestro hijo es guapísimo.

____

F)- Aquella profesora de español es excelente.

____

7. Rellene los espacios en blanco con la palabra adecuada.

Los____________________ modifican o describen un nombre o sustantivo. Los ____________________ describen un verbo, un adjetivo o un adverbio.

8. Enumere los siete tipos de adverbios en español.

____________________ ____________________

____________________ ____________________

____________________ ____________________

____

9. Indique cuál es el adverbio en cada frase y qué clase de adverbio es.

A)- Juan escribe muy bien.

____

B)- Nuestra hermana está delante de ti.

____

C)- Yo te quiero mucho.

____

D)- Ayer fuimos a ver una película excelente.

____

E)- Tal vez encuentres un buen libro en la biblioteca.

____

F)- Juan quiere ver también a tus amigos.

____

G)- Elena tampoco quiere viajar con ese chico.

____

CAPÍTULO 4

ISABEL LA CATÓLICA (1451- 1504)

El estudio del reinado de Isabel la Católica en Castilla, junto con el de su esposo Fernando de Aragón es fundamental a la hora de comprender la transición de la España medieval a la España moderna. El liderazgo e iniciativa que mostró Isabel ya desde su infancia, han sido fuente de inspiración no sólo para el movimiento femenino internacional, sino para líderes religiosos, políticos, empresariales y sociales en el mundo entero.

Nace la monarca el 22 de abril de 1451. Su padre, el rey Juan II hubiera preferido, como era corriente en aquel entonces, haber tenido un varón para poder asegurar un heredero a la corona del reino. Las normas monárquicas dictaban que una mujer podría heredar la corona si no hubiera heredero varón. Lo cierto es, sin embargo, que tampoco a Juan le preocupó esto mucho, pues ya de un matrimonio anterior había tenido a su hijo Enrique IV. Posteriormente nacería el hermano menor de Isabel, Alfonso.

Al caer Juan gravemente enfermo, éste le hizo jurar a su primogénito que cuidaría de Isabel y de su hermano menor. Lo cierto es, sin embargo, que tras la muerte de su padre, Enrique mandó a sus dos hermanos a vivir, lejos de la corte de Castilla, en el castillo que Isabel había heredado de su padre. Fue allí donde se educó junto con su amiga Beatriz de Bobadilla. Además de convertirse en amigas inseparables, las dos muchachas aprendieron gramática, religión y poesía. La madre de la infanta se encargó, además, de enseñarle modales dignos de una futura reina.

El padre de Beatriz, Don Pedro de Bobadilla se sintió tan agradecido por los tratos y enseñanzas que Beatriz estaba recibiendo, que decidió regalar a las 2 muchachas sendos ponis. Fue así como Isabel aprendió equitación, actividad que le placería hasta el final de sus días.

Cuando Isabel cumplió 11 años, su hermano mayor, Enrique IV la mandó traer a la corte junto con su hermano Alfonso. No por amor filial, sino porque muchos de los más poderosos nobles se rebelaron contra Enrique y tenía miedo de que le quitaran el poder y erigieran a Alfonso como rey de Castilla. Así pues, teniendo a Isabel y a Alfonso a su lado, podría mantenerlos bajo su control.

Isabel se sintió muy sola. La austeridad y alta moralidad a la que había sido expuesta toda su vida se convirtieron en despilfarros y falta de moralidad en la corte, donde las mujeres llevaban maquillaje y vestidos muy escotados, cosa que horrorizaba a la futura reina.

La única persona en la que confiaba Isabel, además de su hermano menor, era su confesor Tomás de Torquemada. Fue él quien completó la enseñanza religiosa que la muchacha había recibido desde ya muy niña.

Cuando la monarca cumplió los 13 años, y de acuerdo con las costumbres monásticas, Enrique comenzó a planear su boda con el entonces príncipe de Portugal, pero esta unión no placía a la princesa, que veía en él un obeso y feo hombre, lo suficientemente viejo como para ser su padre.

A modo estratégico, y para librarse de las rebeliones nobles, Enrique hizo un pacto con Pedro Girón. Si Don Pedro le abastecía de soldados para eliminar a los rebeldes de Castilla, Enrique le cedería la mano de su hermana.

Isabel lloró y le rogó a su hermano que desistiera de llevar a cabo esa unión, pero tras los preparativos de costumbre, Don Pedro salió para Madrid a contraer nupcias. Entre tanto, Isabel rezó sin descanso para que ese matrimonio no se celebrara. Sus oraciones dieron fruto, pues durante el viaje a Madrid, Don Pedro cayó gravemente enfermo con dolores estomacales y falleció.

Entre tanto, los nobles se sublevaron contra Enrique y decidieron que Juan habría de ser rey, sin embargo el príncipe fue envenenado y murió al poco tiempo.

Estos últimos eventos hicieron la posibilidad de que Isabel llegara a ser reina mucho más real, con lo que el interés por conseguir su mano aumentó considerablemente tanto en la península como en el resto de Europa.

De todas las posibilidades de matrimonio, la que más atraía a la muchacha era el entonces príncipe Fernando de Aragón. Isabel y Fernando eran primos segundos, cosa común en los matrimonios monárquicos de la época. Muchos vieron esta unión como beneficiosa para Castilla, pues Aragón era el segundo reino católico más grande de la península. Enrique sin embargo prefería unir Castilla con Portugal, con lo que quiso que Isabel se casara con el monarca portugués que ya había repudiado antes y que era ahora rey de Portugal y, no lo olvidemos, 5 años mayor que antes. Isabel reclutó ayuda para evitar esa boda y poder casarse con Fernando. El arzobispo Carrillo mandó una misiva al príncipe de Aragón para que viniera inmediatamente para casarse. Ambos contrayentes decidieron reunirse en Valladolid e hicieron el viaje a escondidas para que los soldados de Enrique no impidieran la boda. Fernando llegó a Valladolid el 15 de Octubre de 1469, y el 19 de octubre de ese mismo año se casaron.

La suerte y sus leales servidores la ayudaron y fue así, que a marchas forzadas, Isabel contrajo matrimonio con aquel monarca soltero que más le atraía: Fernando de Aragón. Las circunstancias en que se celebraron las nupcias fueron tan apremiadas y oscuras que los jóvenes, recién casados, consumaron el matrimonio delante de los nobles presentes para que no quedara duda sobre la validez de la unión.

Isabel y Fernando notificaron a Enrique de su matrimonio, y no placiéndole esto al rey, hizo que se le arrebatara a Isabel el derecho a ser reina y se le diera en su lugar a su hija Juana.

Don Enrique estuvo casado con Doña Blanca de Navarra, a la que repudió por estéril. Posteriormente Enrique toma por esposa a la hija del rey Eduardo de Portugal. De ese segundo matrimonio nace Juana, a la que la historia llamó Juana la "Beltraneja" por creerse que era hija de la reina y don Beltrán de la Cueva y no de Enrique.

A la edad de 23 años, Isabel se erigió reina y avisó inmediatamente a Fernando para que regresara de Aragón. A su llegada, éste insistió en que era él el que debía reinar Castilla y no Isabel. Ésta, por el contrario, se empeñó en gobernar Castilla rompiendo así los moldes femeninos de la Edad Media que dictaban que el papel de la reina era cuidar de los hijos. Lo cierto es que Isabel se esforzó en mantener un reinado equitativo entre ella y Fernando. De ahí la frase que ella creó "monta tanto, tanto monta, Isabel como Fernando."

Los partidarios de que Juana, hija de Enrique IV, fuera la reina de Castilla arreglaron sus esponsales con Alfonso V de Portugal, y éste, con ambiciones de reinar Castilla y rencoroso todavía porque Isabel lo había rechazado como esposo, invadió Castilla.

La batalla entre ambos bandos duró más de 3 años, durante los cuales Fernando dirigió las tropas e Isabel reclutó apoyo y promocionó su causa por todo el reino. De hecho Isabel tomó parte en varias batallas e incluso cabalgó estando embarazada.

Los enfrentamientos entre ambos bandos concluyeron un año después del nacimiento de Juan, el primer hijo de Fernando e Isabel. Saliendo los monarcas católicos victoriosos.

El reinado de Isabel trajo a las cortes de castilla un elevado nivel de erudición. Invitó ésta a palacio a profesores de castellano, gramática, historia, etc. Incluso ella misma, a la edad de 30 años, decidió estudiar latín, la lengua de los gobernantes de todos los reinos.

En poco tiempo Isabel reorganizó el gobierno, eliminó bandidos que constantemente robaban y saqueaban a los ciudadanos y logró más de lo que muchos otros monarcas habían conseguido durante todo su reinado. Lo único que le faltaba pues, era consolidar la supremacía del cristianismo en el reino.

Hasta aquel entonces, judíos, cristianos y musulmanes habían vivido en paz en España, pero Isabel, decidida a implementar y expandir el cristianismo, decretó que todo judío o musulmán debía convertirse al cristianismo o abandonar el reino. Para ello se crearon las cortes de la Inquisición en Castilla. Todo aquel que se negara a convertirse o que practicara su religión en secreto acabaría en la hoguera.

El año 1492 fue decisivo en la vida de Isabel la Católica y en el curso de la historia de la península. Fue entonces cuando Fernando e Isabel ganaron la última batalla en Granada que duró más de 10 años y que acabaría con más de 700 años de presencia mora en la península. Fue además en ese mismo año cuando Isabel, aconsejada por su antiguo confesor y máxima autoridad de la Inquisición de Castilla -Tomás de Torquemada- expulsó a todos los judíos que quedaban en la península sin convertirse. Esa decisión devastó al pueblo judío que llevaba más de 1500 años en Castilla. El decreto estipulaba que no les estaba permitido sacar dinero del reino, por lo que muchos hicieron cambios para conseguir mulas, carromatos, enseres, etc. Cuenta la historia que muchos judíos se tragaron grandes sumas de dinero para poder sacarlo del país, y que cuando llegaron a África, los musulmanes los degollaron para hacerse con los tesoros.

El nombre de Cristóbal Colón es también decisivo en la vida de la monarca y en la historia de España. Colón creía haber encontrado una ruta más corta a las Indias, pero carecía de fondos y acudió a la Reina para que le subvencionara los gastos.

Isabel veía en la expedición de Colón la oportunidad de traer riqueza al reino empobrecido por las prolongadas guerras contra los moros. Por otro lado, a la monarca no le placía la idea de que Portugal subvencionara el viaje ni de que se hiciera ese reino más poderoso que el suyo. Así pues, Isabel vendió algunas de las joyas de la corona y costeó, no solamente su expedición inicial, sino que, tras el éxito que demostró en ésta, la monarca le pagó 3 viajes más. El primero se inició el 3 de agosto de 1492 con las tres carabelas: La Pinta, La Niña y la Santa María.

En 1497 el primogénito de Isabel y Fernando -Juan- falleció dejando a Castilla sin futuro rey. Al año siguiente, la hija mayor moriría al dar a luz a su hijo, quien falleció también dos años más tarde.

En 1504, cuando Isabel y Fernando hicieron un viaje a Medina del Campo, ambos cayeron enfermos y sufrieron altas fiebres. Si bien Fernando pronto se recuperó, la condición de la reina empeoró paulatinamente. Por este motivo la Monarca mandó redactar su testamento en el que su hija Juana (A la que la historia llegó a conocer como "Juana la Loca") heredaría el reino. El 26 de noviembre de 1504 Isabel falleció con su esposo a su lado.

Si bien cuenta la historia que Fernando había tenido varias amantes durante su matrimonio y que de hecho había tenido hijas bastardas con algunas de ellas, lo cierto es que el fallecimiento de su esposa le llenó de amargura.

Isabel comenzó su reinado en una Castilla pobre y sin poder. Al fallecer, su reino se había librado casi completamente de criminales. Expulsó además la monarca a los moros ganando así el reino de Granada y unificó la religión a la que había dedicado su vida. En cuanto a Colón, si bien él nunca produjo, durante su vida, la riqueza que había prometido como producto de sus expediciones, lo cierto es que el descubrimiento de América trajo eventualmente al reino ingentes cuantías de riqueza y poder.

Bibliografía.

Bernáldez, Andrés: Memorias del Reinado de los Reyes Católicos. Ed. Manuel Gómez Moreno y Juan de Mata Carriazo. Madrid, 1962.

Valera, Diego de: Crónica de los Reyes Católicos. Ed. Juan de Mata Carriazo. Madrid, 1927.

Vizcaíno Casas, Fernando: Isabel Camisa Vieja. Ed. Planeta. Barcelona 1987.

VOCABULARIO.

1. Busque el significado de los siguientes términos en el diccionario. Escriba la definición y después haga una frase que contenga cada término.

A)liderazgo____

____

____

____

B)varón____

____

____

____

C)heredero____

____

____

____

E)primogénito____

____

____

____

F)equitación____

____

____

____

G)estomacales____

____

____

____

H)paulatinamente____

____

____

____

____

EJERCICIOS SOBRE LA LECTURA

1. Después de hacer la lectura sobre Isabel la Católica, lea las siguientes frases e indique sin son ciertas o falsas. Corrija las que sean falsas.

1. El liderazgo de Isabel la católica ha sido fuente de inspiración para líderes religiosos exclusivamente.

   ____

2. Isabel la Católica nació el 22 de abril de 1451.

   ____

3. Las normas monárquicas dictaban que una mujer no podía heredar el trono.

   ____

4. El hermano de Isabel la Católica se llamaba Juan Carlos.

   ____

5. Tras la muerte de su padre, Enrique IV mandó que sus dos hermanos fueran a vivir con él.

   ____

6. Beatriz de Bobadilla era la hermana menor de Isabel la Católica.

   ____

7. Cuando Isabel cumplió 11 años se fue a estudiar a Alemania.

   ____

8. La única persona en la que confiaba Isabel la Católica, además de su hermano menor, era Enrique IV.

   ____

9. Cuando Isabel cumplió 14 años, siguiendo las costumbres monásticas, Enrique comenzó a planear su boda.

____

10. Pedro Girón fue el primer prometido de Isabel la católica.

____

11. Don Pedro Girón murió asesinado de camino a Burgos.

____

12. De todas las posibilidades de matrimonio, la que más atraía a Isabel era Fernando de Aragón.

____

13. Isabel y Fernando se casaron el 19 de octubre de 1469.

____

14. La hija de Enrique IV recibió el sobre nombre de 'La Beltraneja' porque se creía que era hija de la reina y de don Beltrán de la Cueva.

____

15. Isabel se erigió reina a la edad de 21 años.

____

16. La batalla sobre el reino de Castilla entre Isabel y Alfonso V de Portugal duró 5 años.

____

17. Isabel nunca quiso aprender latín.

____

18. Isabel fue muy liberal y permitió que musulmanes, judíos y cristianos practicaran su religión libremente.

____

19. En 1493 Isabel y Fernando expulsaron a los moros de la península.

____

20. La máxima autoridad de la Inquisición española fue Tomás de Torquemada.

____

21. Muchos judíos se tragaban el dinero porque pensaban que les traía buena suerte.

____

22. A Isabel le gustaba la idea de que el reino de Portugal subvencionara el primer viaje de Colón.

____

23. La heredera de Isabel la Católica fue Juana la Beltraneja.

____

2. Escriba los acontecimientos más importantes en la vida de Isabel la Católica en las siguientes fechas.

22 de abril de 1451 ____

____

19 de octubre de 1469 ____

____

12 de diciembre de 1474 ____

____

1478 ____

____

4 de enero de 1492 ____

____

26 de noviembre de 1504 ____

____

3. Escriba 4 cosas que la historia de España le debe a Isabel la Católica.

____

____

____

____

____

____

4. Si Isabel la Católica viviera y reinara hoy, ¿qué es lo que el resto del mundo le reprocharía?

____

____

____

____

____

5. ¿Con qué personas estuvo a punto de casarse Isabel antes de contraer nupcias con Fernando? ¿Por qué fracasaron esos intentos?

6. ¿Qué parientes cercanos perdió Isabel durante su vida?

7. ¿Quién era Juana la Beltraneja y por qué tenía ese apodo?

8. ¿Quién era Juana la Loca?

9. ¿Por qué cree usted que Isabel fue una precursora del feminismo en nuestra historia?

____

____

____

____

____

GRAMÁTICA

LAS COMPARACIONES.

En español existen 4 clases de comparaciones:

- Comparaciones de adjetivos.
- Comparaciones de adverbios.
- Comparaciones de nombres.
- Comparaciones de verbos.

Si bien examinaremos con más detalle cada una de ellas, sí que conviene recordar que todas ellas pueden ser:

A)- Comparaciones de igualdad: si ambos elementos en la comparación son iguales. Por ejemplo:

Juan es tan alto como Elena.

B)- Comparaciones de inigualdad (o desigualdad): Si un elemento de la oración es más o menos que el otro. Por ejemplo:

Juan es más alto que Jorge.
Juan es menos alto que Jorge.

A)- Comparaciones de adjetivos.

Ya en el capítulo anterior estudiamos lo que es un adjetivo, por lo tanto no ha de ser difícil para el estudiante determinar cuando tenemos una comparación de adjetivos delante. Fíjese en los siguientes ejemplos.

- Cristina es más guapa que Eva.
- Mi casa es más vieja que la tuya.
- Yo soy mayor que tú.

En cada ejemplo es un adjetivo el que se compara.

Para comparar adjetivos se utilizan las siguientes fórmulas:

Comparaciones de desigualdad.

Comparación de superioridad:

Más + adjetivo + que Ej.: Ella es más alta que yo.

Comparación de inferioridad:

Menos+ adjetivo+ que Ej.: Ella es menos alta que yo.

Comparaciones de igualdad.

Tan + adjetivo + como Ej.: Tú eres tan amable como yo.

En español existen también las siguientes comparaciones irregulares:

Mayor/menor.

Ejemplo: María es mayor que yo.

Está mal sin embargo decir: María es más mayor que yo.

Peor/mejor

Ejemplo: Jorge es peor que yo.

Está mal sin embargo decir: “Jorge es más peor que yo”

B)- Comparaciones de adverbios.

Como vimos en el capítulo anterior, un adverbio describe un verbo o un adjetivo. Fíjese en los siguientes ejemplos de comparaciones de adverbios.

- Juan escribe mejor que yo.
- Yo hablo más rápido que tus hermanos.
- Mis primos saltan tan alto como ellos.

Las palabras **mejor, rápido** y **alto** no describen a las personas, sino a los verbos.

Para comparar adverbios se utilizan las siguientes fórmulas:

Comparaciones de desigualdad.

Comparación de superioridad:

Más + adverbio + que Ej.: Yo hablo más **alto** que ella.

Comparación de inferioridad:

Menos + adverbio + que Ej.: Yo hablo menos **alto** que ella.

Comparaciones de igualdad.

Tan + adverbio + como Ej.: Yo hablo tan **alto** como ella.

Los adverbios poseen las siguientes comparaciones irregulares:

Mejor/peor. Por ejemplo: Ella canta mejor que Marisol.
Ella canta peor que Marisol.

C)- Comparaciones de nombres.

Como ya vimos, un nombre es una palabra con la que se designa una persona, un lugar o un objeto físico, psíquico o ideal. Veamos los siguientes ejemplos de comparaciones de nombres.

- Yo tengo más dinero que tú.
- Juan tiene tantas hermanas como yo.
- Los chicos traen tantos libros como Elena.

En las frases anteriores se observa que en cada caso es un nombre lo que se compara.

Para comparar nombres se usan las siguientes fórmulas:

Comparaciones de desigualdad.
Comparaciones de superioridad:

Más + nombre + que Ej.: Yo tengo más ropa que tú.

Comparaciones de inferioridad:

Menos + nombre + que Ej.: Juan tiene menos dinero que yo.

Cabe notar que cuando se comparan números, la fórmula cambia. En vez de utilizar la palabra **que**, se utiliza la palabra **de**. Por ejemplo:

- Yo tengo menos de $10.
- Ellos tienen más de 3 casas.

Comparaciones de igualdad.

Tanto/a/os/as... Ej.: Yo tengo tantos perros como ella.
Eva tiene tantas casas como Julio.

D)- Comparaciones de verbos.

Un verbo es una palabra que expresa acción. Fíjese en las siguientes comparaciones de verbos.

- Yo trabajo más que tú.
- Nosotros saltamos menos que ellos.
- Juan estudia tanto como su hermana.

Para comparar verbos se utilizan las siguientes fórmulas:

Comparaciones de desigualdad.

Comparación de superioridad:

Verbo + más + que Ej.: Juan cocina más que yo.

Comparación de inferioridad:

Verbo + menos + que Ej.: Pedro habla menos que ella.

Comparaciones de igualdad.

Tanto como... Ej.: Yo hablo tanto como tú.

Generalmente los estudiantes hispanohablantes saben cómo formar frases de comparación.

Sin embargo, su falta de conocimientos gramaticales les impide saber qué es lo que se está comparando.

EJERCICIOS.

1. Explique qué clase de comparación es cada una de las siguientes frases.

Ejemplo: María es más guapa que tu hermana.

Es una comparación de adjetivos de desigualdad de superioridad.

A)- Yo tengo más de cien perros. ____________________

____

B)- Roberto canta mejor que su hermano. ____________________

____

C)- Yo escribo tan rápido como mi profesora. ____________________

____

D)- Yo escribo tanto como mi vecina. ____________________

____

E)- Ellos tienen tantos primos como yo. ____________________

____

F)- Ricardo camina tanto como su perro. ____________________

____

G)- Cristina tiene tantos caballos como su compañera. ____________________

____

H)- Julia Roberts tiene tantos premios como yo. ____________________

____

I)- Pedro estudia menos que su amigo. ____________________

____

J)- Juan conduce tan mal como ella. ____________________

____

K)- Fernando trabaja menos que nadie. ____________________

____

L)- Marina come más que Pedro. ____________________

____

M)- Yolanda es más mentirosa que sus hermanas. ____________________

N)- Mariano duerme tan profundamente como yo. ______________________________

2. Forme comparaciones de igualdad y desigualdad con las siguientes palabras y después analice qué clase de comparación es cada frase.

A)-México/USA______________________________

B)- Martha Stewart/Madre Teresa ______________________________

C)- La clase de español/la clase de historia ______________________________

D)- El japonés/el italiano ______________________________

E)- El azul/el rojo ______________________________

F)- Mi prima/ escribir/ yo ______________________________

G)- Leonor/comer/rápido/ella

H)- Fausto/$25

I)- Jennifer López/ Elena

J)- Francia/ España

L)- Jorge/elegante/José

M)- Mi plato/vacío/tu plato

N)- Su casa/habitaciones/mi casa ______________________________

3. Rellene los espacios en blanco en las siguientes oraciones con la palabra que más sentido tenga. Después analice cada comparación.

A)- Mis primas escriben __________ bien como mis hermanas.

B)- Pedro corre ________ que sus amigos de Chicago.

C)- Dionisio tiene ________ de $50.

D)- Leonor y yo cantamos__________ que Barbara Straisand.

E)- Fabio es tan ________como Robert Redford.

F)- Emilia escribe mejor _______su profesor.

G)- Lola habla de su Harley Davidson ________que su esposo.

H)- Celia da masajes _________que esa muchacha.

l)- Mi cuarto está _______limpio como el tuyo.

____

____

Los superlativos.

El superlativo indica el grado máximo o mínimo de una cualidad o cantidad. Por ejemplo, la frase "Juan es más guapo que Eva" es una comparación. Sin embargo, la frase "Juan es el más guapo del barrio" es un superlativo, pues indica el grado máximo del adjetivo guapo. En la frase "Ernesto es el peor estudiante de la clase" también se observa el superlativo, pues no estamos comparando, sino que estamos expresando el grado máximo - o en este caso mínimo- de la calidad de Ernesto como estudiante.

Un superlativo absoluto se forma a partir de un adjetivo añadiendo la terminación **-ísimo.** Por ejemplo, el superlativo absoluto de la palabra "bueno" sería "buenísimo".

A la hora de formar un adjetivo absoluto, conviene tener en cuenta las siguientes consideraciones.

1. Si el adjetivo termina en consonante, simplemente se añade la terminación -ísimo. Por ejemplo:

fácil---------facilísimo

2. Si el adjetivo termina en vocal, se elimina la última vocal y se añade -ísimo. Por ejemplo:

Guapo------guapísimo

3. Si el adjetivo termina en -ble cambia a -bilísimo. Por ejemplo:

Amable-----amabilísimo

4. Si el adjetivo termina en n, entonces se añade la terminación

-císimo. Por ejemplo:

Dormilón-------dormiloncísimo.

5. Siempre conviene tener en cuenta que de cuando en cuando es necesario realizar cambios ortográficos por razones de fonética. Por ejemplo:

Feliz	felicísimo (y no felizísimo)
Rico	riquísimo (y no ricísimo)
Vago	vaguísimo (y no vagísimo)

EJERCICIOS.

1. Conteste a las siguientes preguntas utilizando un adjetivo superlativo absoluto.

A)- ¿Cómo es Jerry Sainfeld?

____

B)- ¿Cómo es Antonio Banderas?

____

C)- ¿Cómo es tu profesor/a de español?

____

D)- ¿Cómo está tu comida?

____

E)- ¿Qué tal es la película “Como Agua Para Chocolate”?

____

F)- ¿Cómo es tu coche nuevo?

____

G)- ¿Cómo son las monjas del convento?

____

H)- ¿Cómo es la situación política de USA?

____

2. Reescriba las siguientes comparaciones para formar superlativos. Por ejemplo:

En mi casa Eva es más guapa que Ana.
Eva es la chica más guapa de la casa.

A)- En mi clase, Pedro es menos inteligente que sus amigos.

____

B)- En el mundo, Argentina es más interesante que Italia.

____

C)- En su casa, Juan es más bondadoso que Pedro.

____

D)- En Hollywood, Antonio Banderas es más popular que Tony Dena.

____

E)- En mi armario, mis pantalones negros son más elegantes que los rojos.

____

F)- En la biblioteca, las biografías son más interesantes que los diccionarios.

____

3. Escriba el superlativo absoluto de los siguientes adjetivos.

Bueno............	Imbécil.............
Elegante.........	Cómico.............
Sutil.............	Grandullón..........
Lento...........	Feliz.................
Amarillo	Raro ....

4. Indique cuáles de las siguientes frases son comparativas y cuáles son superlativas. Después analice las comparativas.

A)- Fernando es más vago que sus hermanos.

____

B)- Elena es la chica más guapa del país.

____

C)- Enrique es elegantísimo.

____

D)- Yo como mucho más que tú.

E)- Ella corre mucho más rápido que sus amigos.

F)- Delia es celosísima.

ORTOGRAFÍA

El uso de la h.

Como ya vimos, la letra "h" -al contrario que en inglés- no se pronuncia. Fíjese en los siguientes ejemplos.

En español	En inglés
Hotel	Hotel
Héroe	Hero
Alcohol	Alcohol

El hecho de que la letra h sea muda, dificulta con frecuencia su uso correcto a la hora de escribir, especialmente para los hispanohablantes. De ahí la importancia del aprendizaje de las reglas de su uso.

1- Se escriben con h todas las palabras que comienzan con los diptongos, ia, ie, io, ue, ui. Por ejemplo: hiedra, hueco, hielo, huir, etc.

Conviene recordar, no obstante, que hay derivados de algunas de estas palabras que pierden la h. Por ejemplo:

huevo--------óvalo, ovario, etc.
hueco--------oquedad, etc.
huérfano-----orfandad, orfanato, etc.

2- Se escriben con h todas las formas de los verbos haber y hacer. Por ejemplo:

Hacer	Haber
hago	he
harás	habrás
hice	hube
haga	había
hará	hubieras
hizo	hemos
haré	ha

3- Se escriben con h las palabras que comienzan con el prefijo hexta- (que significa 6) y hepta- (que significa 7). Por ejemplo: heptasílabo, hexágono, etc.

4- Se escriben con h los siguientes prefijos y sus derivados: **hecto** (que significa 100), **helio** (que significa sol), **hemi** (que significa medio o mitad), **hema o hemo** (que significa sangre), **homo** (que significa igual), **hiper** (que significa exceso o superioridad), **higro** (que significa humedad), **hidr, hidra, hidro** (que significa agua). Por ejemplo:

helicóptero, hemisferio, hemorroide, hidrógeno, higrométrido, homófono, hipermercado, heliografía, hipérbola, hemoglobina, hipertensión, hemistiquio, etc.

5- Existen en español dos prefijos con h inicial que se escriben igual, pero que tienen diferente acentuación y que poseen significados diferentes: **hipó-** (que significa caballo) e **hipo** (que significa debajo o inferioridad). Por ejemplo:

Hipó-: hipódromo
Hipo-: hipocresía

6- Se escriben con h las siguientes interjecciones: ¡hola!, ¡huy!, ¡ah!, ¡hala!, ¡eh!, ¡oh!

7- Usted tendrá que aprender de memoria las otras palabras que en español puedan escribirse con h. Aquí le damos una lista de las palabras más usadas que tienen la letra h.

hola	hombre	humo	humano	hospital
habitar	hilo	hebreo	hielo	hambre
hija	herencia	hechizar	héroe	hábito
hundir	hoyo	heráldica	historia	hembra
hora	hígado	higo	humor	hoguera

8- Se escriben con h las palabras que comienzan con **herm-, hern-, holg-, hog-, hist-, hum-, horm-.** Por ejemplo: horno, historia, humo, hormiga, hogar, hermano, holgado, etc.

EJERCICIO.

A)- Busque en el diccionario y escriba el significado de las palabras que se usan como ejemplos para las reglas 3, 4 y 5.

B)- Examine el siguiente párrafo y corrija los problemas ortográficos relacionados con la letra h.

Mi ermano Juan y yo fuimos al ospital para visitar al ombre que trabajaba para nosotros y que se irió en nuestra uerta. Creo que estaba ya mucho mejor. A la ora de cenar, me dijo ola y me pidió agua con ielo. Me dijo también que quería comprarse una ectárea de terreno para comenzar sus propio uerto. Ya era viejo y su ombro le molestaba, pero no era ipocondríaco, y sus ganas de vivir eran inmensas. Yo e visto a muchos trabajadores en mi vida, pero éste a echo más que ningún otro. Cuando él vaya a su casa, le mandaré unas flores de agradecimiento. ¡A! Qué agradecidos le estamos todos.

C)- De la siguiente lista, corrija las palabras que están mal escritas:

Emisferio	horno	istórico	alcol	ola	octavo
Elado	Heva	orfandad	acer	emiciclo	ojo

D)- En las siguientes frases, corrija cualquier error relacionado con la letra h.

1. Juan a escrito a su novia.
2. Elena fue a Madrid y a dicho que es precioso.

3. ¡a! ya sé quien es tu ermano.
4. Yo he vivido en Boston mucho tiempo.
5. A las cuatro nos vamos al cine.
6. Jorge no a dicho la verdad.
7. Mi amiga Eva a estudiado inglés y ahora va a descansar.
8. Ella va ha cantar en español.
9. yo e estudiado chino.
10. Yo no he dicho la verdad.

MAS ALLÁ

JUANA I "LA LOCA" (1479-1555)

Juana La Loca nació en Toledo el día 6 de noviembre de 1479. Siendo la segunda hija de los Reyes Católicos, la entonces princesa, no estaba destinada a reinar Castilla. Su sexo, en un principio, y las circunstancias de su salud después, así lo quisieron.

Sus padres Isabel y Fernando arreglaron estratégicamente su boda, y así, en 1496, se casó en Lille con Felipe "El Hermoso", heredero de la corona de Austria.

Tras la muerte de sus hermanos, primero de Juan e Isabel, y de su sobrino Miguel de Portugal después, Juana pasó a ser la heredera del reino, cosa que Isabel había estipulado en su testamento al morir, siempre y cuando su capacidad mental se lo permitiera.

Juana tuvo siempre tendencias melancólicas (era así como se llamaba entonces a los episodios de depresión) y los constantes devaneos de su esposo hizo que los celos la llevaran al borde de la locura.

Al fallecer Felipe, Juana no se quería cambiar de ropa y su aspecto físico delató sin duda su perturbado estado mental. Desfiló la viuda con el féretro de su marido por todo el reino de Castilla con un miedo obsesivo a que le robaran el cadáver de su amado.

La locura, a veces profunda, y otras no tan marcada, hizo que su padre la recluyera en el monasterio de Tordesillas hasta que ésta falleció a los 76 años, el 12 de octubre de 1555. Si bien durante este periodo fue su padre Fernando el que reinó primero y su hijo Carlos I después, el hecho es que Juana fue siempre la reina titular de Castilla, y era su nombre el que aparecía siempre primero en emblemas y documentos de entonces.

Bibliografía

Fernández Álvarez, Manuel: Juana La Loca la cautiva de Tordesillas. Espasa Calpe, Madrid, 2001.

PARA ESCRIBIR.

Busque en la biblioteca o en el internet más detalles sobre la vida de Juana primero, averigüe cuántos hijos tuvo y qué tipo de relación tuvo con ellos, como se desarrolló la vida amorosa entre ella y Felipe el Hermoso y como transcurrieron sus últimos años en Tordesillas. Escoja después uno de los 3 aspectos anteriores de su vida y escriba una página con esta información sin olvidarse siempre de incluir sus fuentes de información.

REFRÁN.

Lea el siguiente refrán:

"CONSEJOS VENDO Y PARA MÍ NO TENGO."

Discuta el dicho anterior con sus compañeros y escriba a continuación una explicación formal detallada.

___

___

VOCABULARIO ADICIONAL.

Busque, en este capítulo, 3 palabras cuyo significado desconoce, escríbalas aquí y componga después una frase para cada término.

1.

2.

3.

Ejercicios de repaso.

1. Explique qué clase de comparación es cada una de las siguientes frases.

Por ejemplo:

Juan canta más que yo.

Es una comparación de verbos de desigualdad.

A)- Gerardo es tan guapo como su hermano.

B)- Yo escribo mejor que tú.

C)- Ella tiene más hermanas que su amiga.

D)- Paco es menor que su primo.

E)- Adela nada más que su esposo.

F)- Adela nada mejor que su esposo.

G)- Yo tengo más de cinco dólares.

H)- Ella tiene tantos perros como Fernando.

I)- Nuestra universidad es mejor que la de mis amigos.

J)- Francisco es tan listo como su padre.

____

____

2. En el siguiente párrafo, corrija las faltas ortográficas relacionadas con el uso de la “h” en español.

Mi ermana Heva es una ipocondríaca. Ella siempre a pensado que va a morir antes de recibir ella la erencia de su madre. Ella siempre está de mal humor y cuando se a sentido mal, nunca a querido que la lleve al ospital.

CAPÍTULO 5

EVITA PERÓN (1919-1952)

Cuando Evita Perón falleció el 26 de julio de 1952, las calles de Argentina se llenaron de llanto y de gozo. De llanto para todos aquellos que la amaron y extrañarían a su líder espiritual; y de gozo para los muchos -y es que sí los había- que nunca llegaron a aceptarla.

María Eva Duarte nace el 7 de mayo de 1919. Siendo la menor de 5 hermanos, sus padres eran Juana Ibarguren y Juan Duarte. Evita era hija natural de Juan Duarte, estanciero que nunca la reconoció ni a ella ni a sus hermanas. Al cumplir los 7 años, Juan fallece dejando a la madre de Evita la responsabilidad de criar a sus hijos y una pobreza que obligó a madre e hijas a trabajar limpiando en casas de familias adineradas. De hecho, la miseria en la que se encontraban obligó a la familia a vivir en una casa de un sólo cuarto.

En 1930 Doña Juana decide marcharse de Los Toldos con su familia para buscar una vida mejor en Junín. Allí los juegos creativos de Evita fueron reemplazados por audiciones en diversos escenarios. Fue precisamente en Junín donde Evita comprendió que había llegado el momento de tomar una decisión en cuanto al curso de su futuro. Para la muchacha era evidente que no quería ser maestra como su hermana Blanca, ni empleada como su hermana Elisa. Estaba pues decidido: Evita quería ser actriz, para lo cual le sería necesario abandonar el pequeño pueblo de Junín y trasladarse a Buenos Aires. Las circunstancias bajo las cuales abandonaría su hogar continúan siendo ambiguas. Hay quien afirma que Carlos Gardel -un famoso cantante de tango-, a petición de Evita, convenció a su madre para que la dejara marcharse. Otros señalan que Gardel se limitó a darle a la muchacha cartas de presentación, cartas que sin duda le serían de gran utilidad durante el transcurso de su relativamente corta carrera cinematográfica.

Argentina estaba, en aquel entonces, atravesando una crisis económica de tremendas proporciones: el desempleo y la miseria hicieron que muchos de los trabajadores de piel morena se mudaran a la capital para sobrevivir. Fue éste pues el panorama que se le presentó a Evita tras su llegada a la capital argentina.

El 28 de marzo de 1935 Eva debutó en la obra "La Señora de los Pérez", a la que siguieron "Cada Casa es un Mundo", "Mme. San Gene" y "La Dama, el Caballero y el Ladrón", siempre interpretando papeles de poca importancia.

En agosto de 1937 Evita apareció, por primera vez, en la pantalla grande al mismo tiempo que firmaba un contrato con Radio Belgrano para participar en la radio novela "Oro Blanco". A partir de entonces, durante los años que siguieron, Evita actuaría intermitentemente en el teatro, la pantalla grande y la radio. Eventualmente dejaría la radio y el escenario como actriz, pero regresaría, en todo su esplendor como líder sociopolítica.

El 4 de junio de 1943 se produjo un golpe de estado en Argentina tras el cual el general P. Ramírez asumió la presidencia del gobierno. Ramírez nombró al hasta entonces desconocido coronel Juan Perón Secretario Laboral. Perón convirtió su departamento en "La Secretaría de Labor y Ayuda Social". Con este cambio, creó los cimientos de su ideología política, ideología que cambiaría radicalmente el futuro de su país para siempre.

El 15 de enero de 1944 un terremoto sacudió el pueblo andino de San Juan. Con 7.000 muertos y más de 12.000 heridos, Perón organizó un festival con la idea de recaudar fondos para las víctimas del desastre. Muchas de las estrellas más populares del momento estuvieron presentes en el acontecimiento que tuvo lugar el 22 de enero. Fue aquí donde Eva y Perón se conocieron y donde comenzó una de las relaciones más explosivas de nuestro siglo.

Eva, que siempre se identificó con la clase trabajadora (o "los descamisados" como los llamaba ella) comenzó a participar en programas de radio de difusión sociopolítica. De ellos, el que mayor éxito tuvo fue el de las diez y media titulado "Hacia un Futuro Mejor". Su popularidad y pasión política harían que el 6 de mayo de 1944 fuera elegida presidenta de la Agrupación Radial Argentina, unión que ella había fundado en 1943.

Con el paso del tiempo, Perón ascendió en rango e importancia en el mundo político. Esto, unido al activismo de Evita creó rencor en la oposición, la cual consiguió, el 13 de octubre de 1945, que dimitiera de su puesto. Esto hizo que las masas se revelaran y demandaran su regreso, cosa que no sólo consiguieron, sino que, además, hizo que Perón se convirtiera en el nuevo candidato a la presidencia. A los pocos días, el 22 de octubre de 1945 tuvo lugar el matrimonio civil de Perón y Eva seguido por una ceremonia religiosa.

Durante la campaña electoral, Evita siempre estuvo al lado (y no detrás como muchos hubieran preferido) de su esposo. Evita fue aún más allá el 8 de febrero, cuando tuvo lugar una convocación femenina en el parque Luna para apoyar el partido laboral. Perón tuvo que cancelar su discurso al caer enfermo. Evita tomó entonces su lugar pero las presentes la rechazaron gritando que querían a Perón.

No pasaría, sin embargo, mucho tiempo antes de que Eva se convirtiera en Evita y cautivara el corazón de millones de argentinos, especialmente de la clase trabajadora.

Una vez conseguida la victoria presidencial de Perón, Evita comenzó a trabajar ayudando a resolver disputas laborales y a proteger a los más pobres. El 24 de septiembre Evita comenzó a trabajar en la Secretaría de Trabajo y Previsión, y lo hizo para poder estar cerca de aquellos a los que más deseaba ayudar. Sus días se intensificaron, y su horario apenas le dejaba un momento libre: daba audiencia a los que más la necesitaban en su casa por la mañana, después se trasladaba a la Secretaría en la que atendía a innumerables reuniones de ayuda a la clase social más baja. Si su puesto de primera dama requería que se tuviera que ausentar durante algunas horas de la Secretaría, la gente la esperaría hasta que regresara, cosa que siempre hacía pasara lo que pasara hasta que hubiera atendido a todos los asuntos pendientes.

En Junio de 1947 Evita viajó a España, donde comenzó un tur que continuaría por Italia, Portugal, Francia, Suiza, Mónaco, Brasil y Uruguay. La recepción que tuvo en los diferentes países fue muy variada: en España recibió la más alta condecoración del país (la gran cruz de Isabel la Católica); en Italia el Papa Pío XII le regaló el rosario con el que en última instancia fue enterrada. Sin embargo, fue en Italia precisamente donde muchos gritaron contra ella y su ideología; en Francia se reunió la primera dama con varias figuras políticas. Además, estuviera donde estuviera siempre encontraba tiempo para visitar barrios obreros y es que Evita nunca olvidó la clase trabajadora por la que siempre luchó.

Tras su regreso de Europa Evita continuó con su trabajo de ayuda al feminismo. Deseaba más que nada, ganar el derecho de la mujer a votar, derecho que ya otros países habían logrado y cuyo ejemplo Evita deseaba seguir. El triunfo feminista llegó por fin a Argentina el 23 de septiembre de 1947.

El logro político del sufragio femenino se conmemoraría después, en 1952, con un sello de 10 centavos en el que se representa una mujer con una carta en las manos simbólica de los nuevos derechos ganados.

El 14 de septiembre de 1947 el Partido Peronista se reorganizó para permitir que las mujeres formaran parte del proceso político. Fue así como nació el Partido Peronista Femenino (PPF). La Primera Dama argentina fue elegida presidenta del partido y su causa era la de seguir los principios delimitados por Perón.

Evita recogió por fin el fruto de su arduo trabajo: el 11 de noviembre de 1951, por primera vez en Argentina 3.816.654 mujeres votaron. El Partido Peronista (el único que incluía en aquel entonces a mujeres candidatos) ganó con un 63.9% de los votos. Evita, que había sido ya para entonces diagnosticada con cáncer, tuvo que votar desde la clínica donde convalecía tras una intervención quirúrgica.

Si bien su salud empeoró progresivamente, los honores que comenzó a recibir incrementaron paulatinamente: se nombró una provincia con su nombre; el congreso le dio el título de Jefa Espiritual de la Nación; su libro "La Razón de mi Vida" llegó a ser texto obligatorio en las escuelas argentinas.

Cuando se anunció la muerte de Evita Perón el 26 de julio de 1952, los sirvientes de la típica casa aristocrática lloraban en la cocina mientras sus patrones brindaban con champán el acontecimiento.

El correo argentino brindó homenaje a su fallecimiento con una serie de 20 sellos de varias fotografías de Eva Duarte que aparecieron en tres fechas diferentes y que contenían el lema "aniversario de su paso a la inmortalidad."

Es interesante mencionar que generalmente, a la hora de hablar de una figura política, las descripciones parecen centrarse alrededor de eventos políticos. En el caso de Evita Perón, si bien sus logros sociopolíticos son importantísimos, lo que trasciende el paso del tiempo y continúa llamando la atención, son los acontecimientos de su vida personal: su niñez, su familia, su carrera artística, su vida amorosa y su relación con Perón.

VOCABULARIO

A)- Busque en el diccionario el significado de las siguientes palabras que aparecen subrayadas en la lectura, escríbalo aquí y dé a continuación una frase con cada uno de los términos.

Estanciero. ____

____

____

____

Golpe de estado.

____

____

____

____

Recaudar.

____

____

____

____

Difusión

____

____

____

____

Rango

____

____

____

____

Dar audiencia

Sufragio

EJERCICIOS SOBRE LA LECTURA.

1.Después de hacer la lectura sobre Evita Perón, lea las siguientes frases e indique sin son ciertas o falsas. Corrija las que sean falsas.

1)- Eva Perón falleció el 30 de julio de 1952.

2)- Evita era la menor de cinco hermanos.

3)- En 1930, Doña Juana, madre de Eva Perón decide marcharse de Los Toldos para casarse.

4)- Carlos Gardel fue un famoso político argentino.

5)- El 28 de marzo de 1935 Eva debutó con su obra "Oro Blanco".

6)- El General P. Ramírez asumió la presidencia argentina tras el golpe de estado de 1943.

7)- El terremoto argentino de 1944 produjo 12.000 muertos.

8)- El programa de radio que más éxito tuvo para Eva Perón fue "Hacia un Futuro Mejor".

9)- El matrimonio civil de Juan y Eva Perón se celebró el 22 de octubre de 1945.

10)- Eva comenzó a trabajar en la secretaría de Trabajo y Previsión para poder estar cerca de su esposo.

11)- En 1947 Evita hizo un tour por Europa que comenzó en Italia.

12)- El sufragio femenino llega a Argentina el 23 de septiembre de 1947.

13)- Eva Perón falleció de tuberculosis.

14)- Argentina hizo homenaje a la muerte de Evita con una serie de sellos postales con el lema "Aniversario de su paso a la inmortalidad.

2. Escriba los hechos más relevantes en la vida de Eva Perón en las siguientes fechas:

A)- 7 de mayo de 1919

B)- 1930

C)- 28 de marzo de 1935

D)- Agosto de 1937

E)- 4 de junio de 1943

F)- 15 de enero de 1944

G)- 22 de enero de 1944

H)- 6 de mayo de 1944

I)- 13 de octubre de 1945

J)- 22 de octubre de 1945

K)- 24 de septiembre de 1946

L)- Junio de 1947

M)- 23 de septiembre de 1947

N)- 11 de noviembre de 1951

Ñ)- 26 de julio de 1952

2. Escriba un párrafo que describa los logros sociopolíticos de Evita durante su vida.

3. ¿Por qué algunos celebraron y otros lloraron la muerte de Eva Perón?

GRAMÁTICA

LOS VERBOS REFLEXIVOS.

Un verbo es una palabra que expresa una acción. Por ejemplo:

- Carina come chocolate.
- Elena mira la televisión.
- Juan pide ayuda.

En estos tres casos, el verbo aparece subrayado, pues las **palabras come, mira y pide**, expresan acción. El tema que aquí nos ocupa es el de los verbos reflexivos. Su definición oficial es la siguiente:

Un verbo reflexivo es aquél en el que el sujeto y el objeto directo son el mismo.

Lo que esto significa, es que cuando nos hallamos ante un verbo reflexivo, la persona -o personas- que realizan la acción es la misma que la persona -o personas- que la reciben. Por ejemplo:

- María se lava.

En esta frase, María es la persona que realiza la acción y es, además, la persona que recibe la acción.

Con lo dicho, cabe deducir que, en general, los verbos que indican nuestra rutina diaria, desde el momento en que nos despertamos, hasta el momento en que salimos de casa, por lo general son reflexivos, pues indican acciones que nos hacemos a nosotros mismos en preparación para el día. Por ejemplo: Despertarse, lavarse, ducharse, secarse, afeitarse, maquillarse, perfumarse, vestirse, etc.

Generalmente reconocemos un verbo reflexivo al notar que la forma infinitiva lleva el pronombre “se” al final. Es importante notar, sin embargo, que un verbo reflexivo puede conjugarse de forma no reflexiva y viceversa. Por ejemplo, es posible decir: “yo me levanto a las 8". En este caso yo hago la acción y también yo la recibo, y por regla general es así como usamos este verbo en español. Sin embargo, también es correcto decir: “Yo despierto a mi hija a las 8". En este caso continúo siendo yo la que realiza la acción, pero ahora es mi hija la que la recibe, y no yo.

Lo mismo ocurre con verbos que generalmente no se conjugan como verbos reflexivos. Por ejemplo, el verbo mirar no se usa de forma reflexiva en la mayoría de los casos. Sin embargo, si el objeto y el sujeto son el mismo, entonces se usa “mirar” como verbo reflexivo. Por ejemplo:

Forma no reflexiva...........Yo miro la casa
Forma reflexiva................Yo **me** miro en el espejo.

Hay verbos que cambian de significado al conjugarse en forma reflexiva. Por ejemplo:

Ir (to go) Irse (to leave)
Comer (to eat) comerse (to eat the whole thing)

EJERCICIO.

1. En las siguientes oraciones, indique cuáles contienen un verbo reflexivo.

A)- Juan lee el periódico. ____________________________________
B)- Pedro se seca. ____
C)- Mariano se mira en el espejo. ____________________________
D)- Jaime se casó ayer. ______________________________________

E)- Yo me maquillo siempre. ______________________________

F)- Ella se despierta a las tres. ____________________________

H)- Pilar y Juan cenan carne los sábados. ____________________

I)- Jorge encendió la luz. _________________________________

LOS PRONOMBRES REFLEXIVOS

me (myself)	nos (ourselves)
te (yourself -inform-	os*
se (yourself -form-, himself, herself)	se (yourselves plural, Themselves)

* El pronombre reflexivo "os" se utiliza para la forma plural de vosotros, forma que solamente España usa y que no aprenderemos en este manual.

El uso de los pronombres reflexivos.

En español, cuando conjugamos un verbo reflexivo en una frase, es imprescindible usar también el pronombre reflexivo.

A)- Cuando hay un verbo conjugado, el pronombre reflexivo va delante del verbo. Por ejemplo:

Yo **me** lavo.

B)- Cuando hay un verbo reflexivo en infinitivo, el pronombre reflexivo va al final del verbo y es parte del mismo. Por ejemplo:

Yo voy a casa para lavar**me**.

C)- Cuando nos hallamos ante una frase en la que hay un verbo conjugado y un verbo en infinitivo juntos, entonces tenemos dos opciones: o poner el pronombre reflexivo antes del verbo conjugado, o añadirlo al infinitivo. Sin embargo, NUNCA se podrá introducir entre los dos verbos. Por ejemplo:

Yo deseo lavar**me**.

Yo **me** deseo lavar.

D)- Cuando nos hallamos ante una frase reflexiva con un presente progresivo, tenemos dos posibilidades: o poner el pronombre reflexivo antes del verbo conjugado, o añadirlo al verbo en gerundio. Por ejemplo:

Yo **me** estoy lavando.

Yo estoy lavándo**me.**

E)- Si la frase reflexiva contiene un mandato afirmativo, entonces el pronombre reflexivo va al final del verbo y es parte del mismo. Por ejemplo:

Láva**te**.

Sin embargo, si el mandato es negativo, entonces el pronombre reflexivo va delante del verbo. Por ejemplo:

No **te** laves.

EJERCICIO

1. Escriba las siguientes frases en español utilizando un pronombre reflexivo o recíproco. Después indique cuáles son reflexivas y cuáles no. En las frases que son reflexivas, indique cuál es el pronombre reflexivo y a que regla se presta en cuanto a la posición del pronombre en dicha frase.

A)- Juana looks at her parents. ____

____

B)- I want to comb my hair.____

C)- Fernando, don't wake up!______________________

____

D)- Elena is looking at herself in the mirror.______________________

____

E)- I want to buy some shoes for me.______________________

____

F)- I go home so that I can get dressed.______________________

____

G)- I want to marry my childhood friend.______________________

____

H)- Don't get up!______________________

____

I)- I want to read this book for you.______________________

____

J)- Don't shave every day!______________________

____

Diferencias de significado entre "ir" e "irse" y "comer" y "comerse".

Ir e **irse** tienen significados muy similares. No obstante conviene notar que, **ir**, se traduce al inglés como "to go". **Irse** vendría a significar "to leave". Fíjese en los siguientes ejemplos:

Yo voy a casa a las cinco (I go home at five).
Yo me voy a casa a las cinco (I leave for home at five).

El verbo comer puede utilizarse de forma reflexiva o no reflexiva. Es importante resaltar, sin embargo, que cuando el verbo comer se utiliza de forma reflexiva, la frase debe incluir un objeto directo. Por ejemplo, es posible decir en español "yo como", pero si dijéramos "yo me como", la frase estaría incompleta. Habría que indicar que es lo que la persona come. Podríamos decir, por ejemplo, "yo me como el desayuno."

Esta regla se extiende a todos los verbos que indican acciones alimenticias, como: desayunar, cenar, beber, tomar, etc.

Ejercicio

Escriba las siguientes frases en español.

A)- Juan and I eat every day at 6pm.

____

B)- We will eat the pasta tomorrow.

____

C)- She drank the beer very fast.

____

D)- I ate the chicken for dinner.

____

E)- We drink a lot every day.

____

Los verbos recíprocos.

Si bien en el caso de los verbos reflexivos, la persona o personas que realizan la acción son las mismas personas que reciben la acción, lo que ocurre con los verbos recíprocos es un intercambio de acciones. En otras palabras: existe un intercambio mutuo. Por ejemplo:

Ana y Jorge se miran el uno al otro.

Al igual que en el caso de las frases reflexivas, las recíprocas utilizan un pronombre reflexivo (en la frase anterior, por ejemplo, aparece el pronombre "se"). La manera en que distinguimos la una de la otra, es a través de la frase de clarificación.

Las frases de clarificación de las oraciones recíprocas son: el uno al otro, el uno a la otra, la una a la otra, la una al otro, los unos a los otros, las unas a las otras.

Recuerde que no es obligatorio utilizar las frases de clarificación, pero si el contexto no es aclaratorio, se corre el riesgo de que la idea quede ambigua.

EJERCICIO.

Escriba las siguientes frases en español, después indique si son reflexivas o recíprocas.

A)- Pedro and Juan look at each other during class.

____

____

B)- Elena and I brush our teeth.

____

____

C)- I talk to Eva and Eva talks to me.

____

____

D)- We wash ourselves every day.

____

____

E)- My boyfriend and I write to each other often.

____

____

F)- We hear ourselves in the recording.

____

____

G)- Jaime and Ana help each other.

____

____

ORTOGRAFÍA.

El uso de la **v** y de la **b**.

Los estudiantes nativos, con frecuencia confunden, a la hora de escribir, la b y la v. Esto no ha de sorprendernos ya que, en la mayor parte del mundo hispanohablante, no hay diferencia en la pronunciación de ambas letras. Fíjese en los siguientes ejemplos: Vivo, bola, vamos, beso, veo, bueno, etc.

El uso de la b.

1. Se escriben con b inicial, las palabras que comienzan con el prefijo **bi**- que significa "dos veces", también las palabras que comienzan con **bis**- y **biz**-.

Por ejemplo:

bilateral	bisnieto	biznieto
binario	bisílabo	bizcocho

2. Se escribe siempre b antes de una consonante. Por ejemplo:

absolver	abdicar	absoluto
abstener	absorción	absorto

3. Se escriben con b las palabras que comienzan con **sub-, ben-, bene-, bien-, bibl-, bur-, bu-, bus-, rib-, rob-, rub-, ambi- y rab-** (excepto Rávena -nombre de una ciudad-) Por ejemplo:

subterráneo	beneficioso	bienestar	bíblico
burbuja bueno	busto	ambidiestro	robusto
benévolo	burlarse	robar	
rabia	rubí	beneficencia	

4. Se escriben con b las palabras que terminan en **-bilidad, -bir** (menos hervir, servir y vivir), **-bundo, -aber** y **-eber** (menos precaver, prever, entrever). Por ejemplo:

flexibilidad	vagabundo	caber	beber
escribir	posibilidad	saber	vagabundo
subir	moribundo	haber	recibir

5. Se escribe con b la terminación del imperfecto en los verbos de la primera conjugación (esto es, cuyo infinitivo termina en -ar). Por ejemplo:

cantaba	miraba	donaba	sentaba
escuchaba	ladraba	saltaba	bañaba

6. Se escriben con b las palabras que terminan con ese sonido. Por ejemplo: Jacob.

7. Después de la letra l se escribe b (excepto Álvaro, alveolar, álveo, alvino, alverja, alvéolo). Por ejemplo:

albañil albaricoque albedrío

8. Se escribe siempre b después de m. Por ejemplo:

embarcar embotellar temblor

9. Se escriben con b la palabra **fobia** y sus derivados. Por ejemplo:

claustrofobia hidrofobia fotofobia

10. Las palabras que terminan en -bilidad (menos civilidad y movilidad). Por ejemplo:

habilidad responsabilidad estabilidad

EJERCICIO.

1. Explique para cada palabra por qué se escribe con b y después escriba el número de regla de este texto que usted ha aplicado:

ambidiestro____

____

____

biblia____

____

____

cantaba____

____

____

burbuja____

____

____

dinofobia____

____

____

describir____

____

____

rábano____

____

____

sensible____

____

____

bronquios____

____

____

ambicioso____

____

____

submarino____

____

____

bendición____

____

____

El uso de la letra v

1. Se escribe la v después de las consonantes: b, d y n. Por ejemplo:

adverbio	envidia	obvio
advertir	envainar	envolver

2. Se escribe v después de **di** (menos dibujo, mandíbula y sus derivados) y de **le** (excepto lebrel, lebrillo, lebisa y lebruno). Por ejemplo:

divertirse	diverso	divino
levante	levadura	levita

3. Las terminaciones -viro, -ívora, -ívoro (excepto víbora) y sus derivados. Por ejemplo:

carnívoro omnívora

4. Se escriben con v las terminaciones de muchos adjetivos en -ava, -ave, -avo, -eva, -eve, -evo, -iva e -ivo. Por ejemplo:

inventivo activa suave octavo

5. Se escribe con v el prefijo vice- y sus derivados. Por ejemplo:

vicepresidente vicesecretario.

6. Se escribe con v el presente de indicativo, el imperativo y el subjuntivo del verbo ir. Por ejemplo:

voy	vas	vete	vayamos
van	vaya	vamos	vais

7. Muchas palabras que comienzan con sal-, pro-, en- o con-, si van seguidas de este sonido, se escriben con v. Por ejemplo:

envidia	envilecer	convalecencia
enviar	envolver	convertir
provocar	salvar	convivir

EJERCICIOS.

1. Escriba una b o una v en cada palabra según corresponda:

rum__o	am__icioso	sal__aje	ad__ertencia	en__ío
__us	__isiesto	__i__ir	pro__ocar	__uzo
__ravo	__ruja	__oy	cla__o	en__idiar
con__idar	con__encer	__e__er	con__enir	__ien

2. Lea el siguiente párrafo y después corrija los errores ortográficos relacionados con la b y la v.

Yo siempre bibí en Vrasil, y durante mi tiempo libre, me gustaba leer La Bivlia. Mi madre siempre me adbertía que era mi resposavilidad estar bien enterada sobre la religión, y que esto era tan importante como ser vilingüe, aunque esto no significaba, ni mucho menos, que tubiera que ir a un convento.
Mi mamá era muy vuena, y era muy vonito ber como se preocupava por mí.

MÁS ALLÁ

LAS MADRES DE LA PLAZA DE MAYO.

En marzo de 1976 tuvo lugar en Buenos Aires un golpe de estado militar que le arrebató la presidencia a María Estela Martínez -o 'Isabelita' como la llamaba el pueblo argentino-, tercera esposa y viuda de Perón. El gobierno de Isabel, que comenzó al fallecer su esposo Juan D. Perón, probó ser inepto y exageradamente corrupto.

Tras el golpe de estado, la situación empeoró imponiéndose en el país un estado de terror en el que los fusilamientos y secuestros estaban a la orden del día. Fue entonces cuando los llamados 'grupos de tareas', formados por constituyentes policiales civiles y militares, asesinaron a miles y secuestraron a otros tantos, que eran transportados clandestinamente, a uno de los 368 campos de concentración que se establecieron por toda la nación.

La fuerza militar se negó a aceptar que tales actos estuvieran ocurriendo ni la existencia de dichos campos de presos. Los periodistas que osaban a indagar acababan asesinados o en la lista de desaparecidos. Durante esta etapa, muchos se autoexiliaron por temor a los grupos de tareas, y los que permanecieron lo hicieron en un silencio absoluto por la misma razón.

De la ira y del temor del pueblo, nació la organización de las Madres de Plaza de Mayo. Un grupo de mujeres que, desesperadas, venció ese temor para reclamar información sobre el paradero de sus hijos.

Al principio las madres se dedicaban a ir de cuartel en cuartel en busca de información, pero no pasó mucho tiempo antes de que se organizaran. Así, en abril de 1977, Azucena Villaflor de Vicenti sugirió que se formara una manifestación colectiva en la plaza de Mayo. La primera protesta tuvo lugar el 30 de abril. A ésta acudieron tan sólo 14 madres. No obstante esta cifra aumentó rápidamente según incrementaba la lista de desaparecidos. Se reunían las madres en la plaza todos los jueves entre las tres y media y las cuatro de la tarde por ser ésta una hora de mucho gentío en aquel lugar.

Las Madres de Plaza de Mayo se distinguían porque llevaban un pañuelo blanco en la cabeza, muchos de ellos confeccionados, según se dice, con la tela de los pañales de los niños desaparecidos.

No pasó mucho tiempo antes de que el grupo recibiera prestigio internacional. De hecho, otros países latinoamericanos, que tenían los mismos problemas, crearon organizaciones similares. En 1980, la Asociación Holandesa de Mujeres (SAAM) donó los fondos necesarios para la construcción de una sede social, y en 1979 Amnistía Internacional patrocinó una gira por 9 países para que las madres compartieran con líderes europeos y estadounidenses la situación sociopolítica real de su país.

Hoy la lucha de las Madres de Plaza de Mayo continúa al igual que continúan las demostraciones semanales que indican que las demandas del pueblo en general, y de las madres específicamente, siguen vigentes.

PARA ESCRIBIR

El trabajo de investigación.

En la biblioteca busque información sobre la vida de Evita Perón. Después escriba una página explicando los hechos sobre ella que tuvieron lugar tras su muerte.

Recuerde que a la hora de hacer un trabajo de investigación, es siempre necesario incluir la bibliografía utilizada, y que cuando se copia una frase o párrafo de un libro, es necesario utilizar comillas ("") para indicar que está citando a otra persona.

REFRÁN.

Lea el siguiente refrán:

"AL MAL TIEMPO BUENA CARA."

Discuta el dicho anterior con sus compañeros. Escriba a continuación su significado detalladamente. Imagine que su explicación va a aparecer en una revista, por lo que su explicación deberá escribirse en el formato más formal posible.

VOCABULARIO ADICIONAL

Busque en este capítulo 5 palabras nuevas, halle su significado en el diccionario y después escriba una frase utilizando esa palabra.

1

2____

3____

4____

5____

EJERCICIOS DE REPASO.

1. Escriba las siguientes frases en español. A continuación indique cuáles son reflexivas y cuáles no.

A)- Elena waters the plants every day.

B)- Pedro shaves twice a week.

C)- She gets up at 7 a.m. every day.

D)- We want to take a shower when we get home.

E)- I like eating pasta all the time.

F)-Juan washes his hair every Tuesday.

G)- Juan and Pedro write to each other frequently.

H)- Jorge turned red because he was so ashamed.

2. Escriba las siguientes frases en español. A continuación indique si son recíprocas o reflexivas.

A)- You and I write to each other every day.

B)- Paco and Yolanda help each other often.

C)- My sisters took a shower at the house.

D)- Juan got married in September.

E)- The dogs play with each other all the time.

F)- We look at ourselves in the mirror often.

G)- You and I love each other.

3. Indique qué frases contienen verbos reflexivos y qué frases contienen verbos recíprocos.

A)- Nosotros nos miramos al espejo con frecuencia.

B)- Mi hermana y su novio nunca se abrazan.

C)- Los padres de mi amiga siempre se están gritando.

D)- Elena se peina todos los días.

E)- Mi novio y yo nos amamos.

F)- La profesora y el alumno se respetan mutuamente.

2-Lea el siguiente párrafo y después corrija los errores ortográficos relacionados con la b y la v.

Mi hijo Bíctor es vuenísimo. Los biernes él siempre biaja rumvo a la escuela muy temprano y vuelbe vien entrada la noche. Yo nunca le tengo que adbertir nada. Para él, el ser responsable es algo muy ovio.

CAPITULO 6

FIDEL CASTRO (1926-?)

Cuba es una isla de exótica belleza, de riqueza en recursos y de profundas tradiciones; sin embargo, el totalitarismo político en el que el país se halla sumergido que comenzó a principios del siglo XIX, continúa mandando constantes oleadas de refugiados a las costas estadounidenses. La historia de Fidel Castro comienza a mediados de los 20 en la comunidad rural de Birán al este de Cuba. Fidel Alejandro Castro nació el 13 de agosto de 1926. Su padre, Ángel Castro Argiz era un español que llegó a Cuba pobre y acumuló rápidamente una pequeña fortuna llegando a ser un exitoso terrateniente que se enamoró y se casó, tras el fallecimiento de su primera mujer, con una de las sirvientas que trabajaban en su granja: Lina Ruiz González.

A los 6 años de edad Fidel abandona su hogar y tras vivir con su tío por algún tiempo, va a un colegio católico interno muy exclusivo en Santiago de Cuba. De ahí se trasladó más adelante, a los 15 años, a La Habana a una estricta escuela jesuita donde fue discriminado por sus compañeros de clase aristócrata por ser el hijo de un granjero. Esto no permitió que Fidel se marginara. Si bien es sabido que el joven no hacía la tarea de las clases que no le gustaban, lo cierto es que destacó en las clases de historia y deportes. Desde el principio de su vida académica Fidel se metió en problemas, pero ya entonces insistía en que quería ser el presidente de los Estados Unidos. Así pues no había duda, ya desde el principio, de que el muchacho tenía grandes aspiraciones políticas

Durante 400 años Cuba había sido una colonia de España. Una serie de batallas organizadas por el pueblo cubano culminó en la retirada de los españoles en 1897. El hundimiento del buque naval "Maine" en 1898 -hundimiento por el que USA culpó a España- justificó la entrada de Estados Unidos en la guerra hispano-americana. Tras conseguir la independencia,

Estados Unidos le ofreció a Cuba la anexión, propuesta rotundamente rechazada. A raíz de este suceso, Estados Unidos añade una cláusula en la constitución cubana mediante la cual podría intervenir siempre que lo viera necesario. Con esta enmienda, Estados Unidos se convirtió, de un día para otro, en el protector de Cuba.

En 1945 Castro se graduó y se matriculó en la universidad de La Habana para estudiar derecho. Al joven Fidel le fascinaba la historia de Cuba y su independencia de España. Fue entonces cuando descubrió que Theodore Roosevelt ayudó a Cuba a independizarse de España y que Estados Unidos jugó un papel mucho más importante en los años que siguieron a la independencia ya que no le gustaba la idea de que Cuba fuera completamente independiente debido a lo estratégico de su localización y a los millones que había invertido en su economía. Este hecho causó el resentimiento de Cuba ya que su integridad y orgullo nacional se vieron amenazados. Castro, que era un idealista buscando una causa justa, compartió con sus compatriotas este resentimiento. Sale entonces de Cuba y se traslada a Bogotá en 1948 para formar una asociación de estudiantes antiimperialistas y tomar parte en diversas demostraciones.

En octubre de 1948 se casó con Mirta Díaz-Balart, una bella estudiante de la universidad y fue al poco tiempo, en 1949, cuando su primer hijo, Fidelito, nació. El padre de la novia pagó la luna de miel y los novios fueron a Nueva York, donde Fidel tomó cursos de inglés e incluso consideró continuar sus estudios en Columbia University.

La década de los 40 presenció en Cuba un panorama universitario en el que había un gran número de estudiantes miembros de grupos mafiosos. En 1949, Fidel denunció a sus líderes a las autoridades. Tras este acto de valor, no le quedó más remedio que marcharse con su familia y viajar de nuevo a Nueva York una temporada para evitar represalias.

Cuando Fidel y Mirta regresan a la Habana, comienzan su vida de casados en un pequeño apartamento y Castro decide continuar con sus estudios de derecho. Por fin, en septiembre de 1950, se graduó y comenzó un bufete en el que decidió, junto con dos compañeros, ayudar a los más pobres. Esto significó que, con frecuencia, se le pagaba, no con dinero, sino con enseres. Posteriormente, en 1951, Fidel se presentó como candidato al congreso.

Sus aspiraciones políticas se vieron abruptamente interrumpidas cuando, el 10 de marzo de 1952 Batista tomó Cuba mediante un golpe de estado. Fue entonces cuando Castro comenzó a obsesionarse con la idea de tomar las riendas del país, hablando a todo aquel que escuchara contra Batista y la opresión de su gobierno. Para conseguir el apoyo de las masas Fidel inicia su revolución el 26 de julio de 1953: Decide atacar el cuartel general muy temprano tras un día festivo con la esperanza de encontrar a los soldados durmiendo. Este intento de golpe de estado probó ser desastroso: la mayoría de sus hombres murieron en el proceso, y Batista capturó a 60 de sus soldados, los cuales fueron torturados y posteriormente asesinados.

Fidel, que fue uno de los prisioneros, tuvo, como muchos otros, un juicio; sin embargo Batista, que temía la publicidad negativa, decidió juzgarlo en un hospital. Castro llevó a cabo su propia defensa y dio un discurso que duró horas en el que explicaba que el pueblo tenía derecho a revelarse contra la tiranía de la dictadura de Batista. De poco le sirvió, pues fue sentenciado, por sus actividades políticas y militares, a 15 años en la prisión de Machado. Allí leyó incesantemente sobre política, historia, etc. y descubrió, muy a pesar suyo, que su mujer Mirta había aceptado un puesto en el Ministerio del Interior de Batista. Sintiéndose profundamente traicionado, decide divorciarse. Posteriormente Castro tuvo relaciones sentimentales con varias mujeres, pero nunca llegó a casarse. Gracias a la presión política de los revolucionarios, Batista libera a Castro incondicionalmente el 15 de mayo de 1955.

El 24 de junio de 1955, y temiendo las posibles represalias de Batista, Castro fue a México desde donde continuó su revolución. El 25 de noviembre de 1956, Castro, acompañado de 80 soldados se hace a la mar con rumbo a las costas cubanas, a donde llegaría el 2 de diciembre. Su ataque fue, de nuevo, un desastre. El grupo fue prácticamente aniquilado. Sólo Fidel y 29 hombres sobrevivieron y se retiraron a las montañas para reorganizarse.

Los próximos 25 días vieron guerrilla tras guerrilla. En un principio, los granjeros cubanos no apoyaban a los fidelistas, pero al ver éstos que los soldados de Castro luchaban por ellos, no tardaron en unirse a la causa. En las montañas Castro conoció a Celia Sánchez, la que pasaría a ser la mujer más importante de su vida. Celia sentía gran pasión por la causa política de Castro, y se convirtió, no sólo en la madrina de los revolucionarios, sino en la compañera, administradora, secretaria y amante de Fidel.

A mediados de los 50 Cuba era, para los estadounidenses, un paraíso turístico. Sin embargo, las cosas cambiarían rápidamente cuando USA dejó de apoyar a Batista a finales de 1958 y éste tuvo que abandonar la isla para no regresar nunca. Fidel Castro había conseguido su meta: el poder máximo de Cuba. Durante su discurso inaugural se le posó una paloma en el hombro, cosa que muchos interpretaron como símbolo de que el nuevo dictador salvaría el país de la opresión a la que Batista lo había sometido.

Poco sabía el pueblo, sin embargo, que en pocos días, a principios de 1959, comenzarían los juicios y las ejecuciones contra los colaboradores de Batista y que seguidamente se iniciaría una nueva y quizá más agresiva opresión: la de la dictadura de Fidel Castro.

Hacía ya años que Fidel había declarado abiertamente su odio contra el capitalismo estadounidense. Estos sentimientos crearon un debilitamiento paulatino de las relaciones cubano-estadounidenses y una estrecha relación entre Cuba y Rusia. Castro y los soviéticos tenían muy poco en común. Sin embargo a Castro le atraía la idea de que Rusia apoyara su rechazo de Los Estados Unidos. Un futuro enfrentamiento entre Cuba y Los Estados Unidos parecía inevitable.

Kennedy quiso invadir Cuba, pues nada más intensamente quería el presidente que deshacerse de Castro. Fue entonces cuando dio orden de que se invadiera Cuba (invasión conocida hoy como la Bahía de Cochinos), no con soldados americanos, sino con exiliados cubanos. Este ataque probó ser un desastre y muchos perdieron la vida: 114 murieron, y 1.200 cayeron presos y fueron devueltos posteriormente a Estados Unidos a cambio de comida.

Para Castro, esta victoria constituyó una inmensa fuente de propaganda política y le dio una escusa ideal para propagar el odio a los Estados Unidos. A partir de este momento, y con la idea de sentirse más unido a Rusia, Castro declaró que la suya era una revolución socialista.

Kennedy utilizó un gran número de estrategias para eliminar la dictadura fidelista: a través del tiempo intentó varias veces asesinar a Castro sin éxito, prohibió estrictamente la importación de productos cubanos y finalmente, un año y medio después de la Bahía de Cochinos, las tropas estadounidenses atacaron de nuevo Cuba. Rusia no perdió el tiempo y movilizó a 40.000 soldados y desplazó a Cuba misiles atómicos. El 14 de octubre Estados Unidos descubrió la presencia de la amenaza nuclear rusa en Cuba y Kennedy impuso una cuarentena militar en las costas de la isla para evitar la llegada de más tropas. Estados Unidos atacaría si Fidel se opusiera a esta cuarentena.

El 22 de octubre, en un discurso televisado a nivel nacional, Kennedy le advirtió a Rusia, que el lanzamiento de un misil desde Cuba a cualquier otra nación sería interpretado como un ataque a los Estados Unidos que resultaría en una represalia inmediata. Fue este, sin duda, un momento de incertidumbre en Washington. El 27 de octubre la Casa Blanca recibe un informe que especifica que los misiles de cuba estaban aparentemente en posición de lanzamiento. Durante estos días, Rusia y Estados Unidos, que habían estado intercambiando correspondencia, llegan a un acuerdo mediante el cual Rusia eliminaría los misiles de la isla y Estados Unidos prometería no volver a invadir Cuba en el futuro. Este acuerdo se realizó sin incluir de modo alguno a Castro, cosa que si bien enfureció al dictador e hizo que éste se distanciara paulatinamente de Rusia, ayudó a Fidel a permanecer en el poder.

No pasaría mucho tiempo antes de que Kennedy exhibiera deseos de normalizar relaciones con el pueblo cubano. Esta normalización nunca llegó a materializarse, pues Kennedy murió asesinado en Dallas a los pocos días.

Fidel fue, desde el principio, uno de los dictadores más brutales del continente. Siguiendo sus órdenes, muchos fueron torturados y/o asesinados por sus opiniones políticas o religiosas. Sin embargo, para ser justos, hemos de indicar que no todo en su dictadura fue negativo. En 1961 Cuba llevó a cabo un plan de erradicación del analfabetismo. Si bien un buen número de ciudadanos nunca aprendieron a leer, lo cierto es que el dictador mejoró el sistema escolar inmensamente. También Castro mejoró la sanidad del país proporcionando a todo ciudadano que la requiera, atención médica gratuita.

Todos sus programas sociales, sin embargo, requerían dinero. Cuba recibió durante bastante tiempo, 4 billones de dólares anuales de Rusia. Cuando la Unión Soviética se derrumbó en los 90, esta ayuda cesó, dejando a Cuba en un estado de miseria sin precedentes.

En 1980, Celia Sánchez, la mujer que compartió un hogar con Fidel durante más de 20 años y que le dio 5 hijos, falleció de cáncer de pulmón. La etapa que seguiría hundiría a Castro en una profunda depresión, la cual, según la opinión de muchos, llevó al dictador a permitir que se marchara de Cuba todo aquel que lo deseara. Castro, sorprendido de que más de 120.000 personas pidieran ser exiliadas, mandó junto a ellas a un gran número de prisioneros y de enfermos mentales, siempre queriendo guardar la apariencia de que se hallaba en control y de que su gente lo amaba.

No debe de ser mucho el cariño que los cubanos sienten por su dictador, pues cientos de cubanos arriesgan sus vidas anualmente para intentar llegar en balsas precarias a las costas de Florida. Por eso Fidel se ha visto obligado a liberalizar Cuba e intentar atraer el turismo. Su hermano Raúl continúa hoy el legado político de los Castro. Nadie sabe con exactitud cuándo terminará su dictadura, ni cómo será juzgado por la historia, lo que sí es cierto es que siempre será visto como el dictador de la isla que desafió con éxito a los Estados Unidos.

Obras consultadas:
Judith Bentley, Fidel Castro of Cuba. Englewood Cliffs, NJ: Julian Messner, 1991.
Warren Brown, Fidel Castro: Cuban Revolutionary. Brookfield, CT: Millbrook Press, 1994
Adam Wong, The importance of Fidel Castro. Farmington Hills, MI: Lucent Books, 2003.

VOCABULARIO

Escriba el significado de las siguientes palabras que aparecen en la lectura subrayadas. Provea después una frase que contenga cada uno de estos términos.

1.Terrateniente____

2.Aristócrata____

3.Anexión____

4.Enmienda____

5.Imperialista____

6.Bufete____

7.Enseres

8.Discurso inaugural

9.Incertidumbre

EJERCICIOS SOBRE LA LECTURA.

A). Después de hacer la lectura, lea las siguientes frases e indique sin son ciertas o falsas. Corrija las que sean falsas.

1. El totalitarismo político en el que Cuba se halla sumergido comenzó a principios del siglo veinte.

2. Fidel Castro nació el 13 de agosto de 1927.

3. El padre de Fidel era de origen italiano.

4. Fidel Castro siempre asistió a colegios públicos en Cuba durante su niñez.

5. Como estudiante, Castro sobresalió en historia y matemáticas.

6. Durante 400 años, Cuba había sido una colonia de España.

7. La entrada de Estados Unidos en la guerra hispanoamericana se justificó con el hundimiento, en 1898 del buque naval 'Maine'.

8. En 1945 Castro comenzó sus estudios de Ciencias Políticas.

9. En 1948 Castro sale de Cuba y se va a Buenos Aires para formar una organización de estudiantes antiimperialistas.

____

10. Su primer hijo, Fidelito nace ese mismo año.

____

11. En 1949 Fidel Castro tuvo que marcharse de Cuba porque temía las represalias de los estudiantes mafiosos a los que había denunciado.

____

12. En 1950 Castro comienza a ejercer derecho y lo hace dedicándose a ayudar a los más pobres.

____

13. En mayo de 1952 Batista se hace con el poder en Cuba a través de un golpe de estado.

____

14. Batista juzgó a Fidel en un hospital para evitar publicidad negativa.

____

15. Castro decidió divorciarse de su mujer Mirta porque ésta había aceptado un puesto en el Ministerio del Interior de Batista.

____

16. Después de divorciarse de Mirta, Castro se casó dos veces más.

____

17. En junio de 1955tras ser liberado, Castro se va a México para continuar desde allí su revolución.

____

18. En 1959 Castro comenzó juicios y ejecuciones contra colaboradores de Batista.

____

19. El debilitamiento paulatino de las relaciones cubano-estadounidenses provenía del odio que Castro proclamaba tener contra el capitalismo estadounidense.

____

20. La Bahía de Cochinos fue un ataque a Cuba con soldados norteamericanos.

____

21. Kennedy impuso una cuarentena militar en las costas cubanas para evitar la llegada de más tropas rusas.

____

22. Kennedy y Castro nunca llegaron a normalizar sus relaciones diplomáticas porque Kennedy fue asesinado.

23. En 1961 Cuba desarrolló un plan de eliminación del analfabetismo.

____

24. A partir de los años 90, Cuba calló en un enorme estado de miseria ya que Estados Unidos dejó de mandarle dinero.

____

25. Celia Sánchez, madre de cinco de los hijos de Fidel, murió asesinada.

____

26. Tras caer Fidel enfermo, su hermano Raúl tomó las riendas del gobierno cubano.

____

B). Escriba, según la lectura que acaba de realizar, los acontecimientos más importantes de la vida de Fidel Castro en las siguientes fechas.

1.13 de agosto de 1926____

____

2.1897____

____

3.1898____

____

4.1945____

____

5.1948____

____

6.1949____

____

7.1950____

____

8.1951____

____

9.10 de marzo de 1952____

____

10. 26 de julio de 1953____

____

11. 15 de mayo de 1955__________

12. 24 de junio de 1955__________

13. 25 de noviembre de 1956__________

14.1958__________

15.1959__________

16.1980__________

C)- Describa la relación de Fidel Castro con la Unión Soviética desde el principio de su dictadura hasta nuestros días.

D)- ¿De qué forma ayudó Estados Unidos, sin ser esa su intención, a Castro durante su dictadura?

E)- Explique lo que es la “Bahía de Cochinos.”

F)- ¿Por qué fue discriminado Fidel durante sus años escolares?

G)- ¿Qué aspectos positivos ha tenido la dictadura de Fidel en su pueblo?

GRAMÁTICA

EL COMPLEMENTO U OBJETO DIRECTO.

El complemento u objeto directo recibe la acción del verbo de forma primaria y responde siempre a la pregunta “Qué + el verbo de la frase.” Por ejemplo:

Paco come pan.

En esta frase la palabra "pan" es el objeto directo, ya que al hacer la pregunta "¿qué come Paco? es esta la respuesta.

EJERCICIO

A)- Subraye el objeto directo en las siguientes frases:

1. Elena mira la televisión.
2. Juan tira el dinero con frecuencia.
3. Ana quiere cantar alto.
4. Jorge siempre me da una información excelente.
5. Yo tomo el autobús con frecuencia.
6. Marina nunca llama a su madre.

La "a" personal

Cuando el objeto directo es una persona, éste ha de ir precedido de la preposición "a", gramaticalmente conocida como la "a" personal.
Por ejemplo en español se dice:

Yo quiero pan
Yo quiero a Juan

EL COMPLEMENTO U OBJETO INDIRECTO.

El complemento indirecto recibe la acción del verbo de forma secundaria y responde a la pregunta "a quién o para quién + el verbo de la frase." Por ejemplo:

Jorge le da dinero a Marta.

En esta frase, la palabra Marta es el objeto indirecto.

EJERCICIO.

A)-Subraye el objeto indirecto en las siguientes frases:

1. Yo le doy carne al perro.
2. María le sube la compra a su madre.
3. Fernando le fastidia a Juan
4. Nosotros le miramos la cara a Eva.

B)- Ahora, en las frases anteriores, identifique subrayándolo el objeto directo.

Pronombres de objeto directo.

En español ocurre con frecuencia que es necesario evitar una palabra dada para no repetirnos. Fíjese en el siguiente ejemplo:

María compra un cuadro y cuelga el cuadro en la pared.

Como podemos observar, la palabra **cuadro**, que en este caso es el objeto directo, aparece repetido. Para aliviar el problema, en la segunda oración utilizamos el pronombre de complemento directo:

María compra un cuadro y lo cuelga en la pared.

La palabra "lo" es un pronombre de complemento directo, ya que, como su propio nombre indica, se utiliza para reemplazar un objeto directo.

En español, los pronombres de complemento directo son los siguientes:

Me	me.
Te	you (familiar singular).
Lo	you (formal singular masculino), him, it (masculino).
La	you (formal singular femenino), her, it (femenino).
Nos	us.
Los	you (formal plural masculino), them (masculino).
Las	you (formal plural femenino), them (femenino).

EJERCICIOS.

1. En las siguientes frases subraye el objeto directo y después sustituya el objeto directo por el pronombre de complemento directo.

A)- María sacó unas fotografías preciosas.

____

B)- Carlos leyó su libro toda la noche.

____

C)- Lucía quiere ir a su casa.

____

D)- Yo miro la televisión todos los sábados.

____

2. En las siguientes frases aparece el objeto directo repetido. Subraye los objetos directos y después sustituya el segundo por un pronombre de objeto directo. Por ejemplo:

Juan pone la mesa. Ellos admiran la mesa.

Juan pone la mesa y ellos la admiran.

A)- Gregorio trae los libros. Pone los libros en la mesa.

____

____

B)- Su amiga Marta lee el primer capítulo. Ella memoriza el capítulo.

____

____

C)- Marta necesita una pluma nueva. Pide una pluma.

____

____

D)- Gregorio le ofrece un café a Marta. Trae el café.

____

____

E)- Marta quiere comer marisco. Ella come el marisco.

____

____

Posición de los pronombres de complemento directo.

Los pronombres de objeto directo siguen las siguientes reglas para determinar su posición en la frase:

1. Si nos hallamos ante un verbo conjugado, el pronombre de objeto directo irá situado siempre delante del verbo. Por ejemplo:

María trae el pan.
María lo trae.

2. Si se trata de un verbo en infinitivo (como "traer") o de un gerundio (como "trayendo"), el pronombre de objeto directo siempre se encontrará al final del infinitivo o del gerundio. Por ejemplo:

María va a casa para traer el pan.

María va a casa para traerlo.

María camina trayendo el pan

María camina trayéndolo.

3. Si nos hallamos ante dos verbos juntos, uno conjugado y otro en infinitivo, o uno conjugado y otro en gerundio, entonces tenemos dos opciones:

A)- Poner el pronombre delante del verbo conjugado.

B)- Añadir el pronombre al verbo infinitivo o gerundio.

Es importante recordar, no obstante, que no se debe poner nunca el pronombre de objeto directo entre los dos verbos. Por ejemplo está bien escribir:

María lo está comiendo.

o

María esta comiéndolo.

Por otro lado, nunca se debe escribir:

María está lo comiendo.

4. Cuando se trata de un mandato, situaremos el pronombre de objeto directo delante del verbo si el mandato es negativo, y al final de éste si es afirmativo. Por ejemplo:

Cómelo.

o

No lo comas.

EJERCICIOS

1. Fíjese en la siguiente lista de cosas. Dígale a Diana si ha de traer cada una a la clase de español o no. Hágalo utilizando un mandato formal y el pronombre de complemento directo. Por ejemplo:

papas fritas. No las traiga.

A)- Un diccionario ______________________________

B)- Un teléfono celular ______________________________

C)- Una carta de amor ______________________________

D)- Un cuaderno ______________________________

E)- Una pluma ______________________________

F)- Unas golosinas ______________________________

G)- Una cámara de fotos ______________________________

H)- Un calendario ______________________________

I)- Unas botellas de vino tinto ______________________________

2. Lea el siguiente párrafo, después reescríbalo reemplazando los objetos directos subrayados por los pronombres de objeto directo para poder evitar la repetición innecesaria. Recuerde que ésta es una buena herramienta estilística a la hora de escribir ensayos.

Ayer Marisa trajo unos chocolates deliciosos. Yo comí todos los chocolates y le di a ella cinco dólares. Marisa puso sus cinco dólares en el bolsillo y me dio las gracias. Yo no quería las gracias, sino más chocolates cada vez que viniera a mi casa.

____

____

____

____

____

____

____

Fernando tiene cinco perros en su casa. Quiere traer los perros a la fiesta esta noche, pero yo le he dicho que traiga los perros pero que deje los perros en el jardín de casa. De esta forma todos estaremos contentos.

____

____

____

____

____

____

____

Mi hermano Mariano lee el periódico todos los días. Él desea leer el periódico para poder saber lo que pasa en el mundo, pero mientras él está leyendo el periódico, yo miro las noticias en la televisión y me entero más rápido. Mariano dice, sin embargo, que él prefiere leer el periódico porque puede llevar el periódico en su maletín al trabajo y leer el periódico cuando puede.

____

____

____

____

____

____

____

____

ORTOGRAFÍA

Los barbarismos.

Si bien en capítulos anteriores hemos dedicado la sección de "ortografía" al aprendizaje de las reglas de escritura de la lengua, hacemos aquí un paréntesis en esta trayectoria para prestar atención a un importante uso, o mejor, mal uso de la lengua: los barbarismos.

Un barbarismo es un vicio del lenguaje que empuja al usuario a decir o escribir mal una palabra. Las causas de la existencia de los barbarismos son muy variadas, pero la que aquí nos interesa es el de los barbarismos que proceden de una mezcla errónea del español y del inglés, o lo que muchos hoy conocen vulgarmente como el "spanglish."

En los Estados Unidos, el uso del spanglish incrementa continuamente y amenaza la integridad del uso correcto de la lengua española, especialmente en California, Texas y Nuevo México.

Este fenómeno, que comenzó en nuestro país hace más de 100 años continúa ganando momento. Muchos latinoamericanos, con extensos conocimientos orales de la lengua española se ven expuestos constantemente a la lengua inglesa. Estos hablantes están tan acostumbrados a escuchar términos ingleses que, en ciertas y frecuentes ocasiones, acaban mezclando ambas palabras.

Como el estudiante comprenderá, es casi imposible escribir una lista completa de todos los barbarismos procedentes de este fenómeno de "injerto" lingüístico. No obstante, nos parece pertinente ofrecer una lista de los más comunes para rectificar su uso oral y ortográfico.

A continuación encontrará una lista de términos en inglés. Sin mirar en el diccionario escriba su significado en español. Después, con el resto de la clase, compruebe si escogió el término correcto.

jack ____________________ ____________________
truck ____________________ ____________________
gravy ____________________ ____________________
pump ____________________ ____________________
bill ____________________ ____________________
carpet ____________________ ____________________
ruler ____________________ ____________________
magazine____________________ ____________________
to type____________________ ____________________
watch ____________________ ____________________
bunch ____________________ ____________________

city block ____________________ ______________________________

embarrassed _________________ ______________________________

to choose _____________________ ______________________________

to park _______________________ ______________________________

another_______________________ ______________________________

brake ______________________ ______________________________

to shine______________________ ______________________________

to check _____________________ ______________________________

population____________________ ______________________________

lunch ______________________ ______________________________

to look for____________________ ______________________________

to crack _____________________ ______________________________

sheriff ______________________ ______________________________

ticket ______________________ ______________________________

to sign ______________________ ______________________________

high school ___________________ ______________________________

to inspect ____________________ ______________________________

to call back __________________ _______________________________

cracked ______________________ ______________________________

<u>Las letras omitidas</u>.

Como parte de los barbarismos, debemos prestar especial atención al problema de las letras omitidas. Problema común en muchos pueblos de latino América pero más prevalente aún entre hispano hablantes en los Estados Unidos.

A continuación encontrará una lista con las palabras más comunes que sufren el erróneo uso por letras omitidas:

<u>Uso correcto</u>	<u>Uso incorrecto</u>
soldado	soldao
ahora	horita
cuidado	cuidao
marchado	marchao
para mí	pa mí
para ti	pa ti
cohetes	cuetes
especialidad	especialidá
este	ete
Víctor	Vítor
amarillo	amaillo
pues	pes
invierno	invieno
amargado	amargao
almohada	almuada

EJERCICIO.

1. En las siguientes frases escoja la palabra correcta.

A)- Ten (cuidao/cuidado) con esa estatua.
B)- Juan se ha (marchado/marchao) a Barcelona.
C)- El mes de diciembre cae en (inverno/invierno).
D)- Mi (especialidá/especialidad) es medicina.
E)- Los (soldados/soldaos) americanos fueron a la guerra.
F)- No puedo dormir porque esta (almuada/almohada) es muy incómoda.

MÁS ALLÁ.

EL ENSAYO.

Recuerde que todo ensayo bien escribo deberá estar compuesto de tres partes principales:

1. La introducción: Generalmente la introducción comprende un párrafo de 5 ó 6 líneas aproximadamente. Su propósito principal es de indicar al lector de qué se va a hablar en el ensayo de forma muy general.

2. El cuerpo: Esta parte constará de varios párrafos dependiendo del tamaño del ensayo. Generalmente, en las clases como ésta, constará de una página aproximadamente, por lo que el cuerpo contendrá, generalmente entre cuatro y cinco párrafos. Aquí deberá desarrollar, con más detalle, el tema que presentó en la introducción.

3. La conclusión: La conclusión terminará su ensayo con uno o dos párrafos y su función es la de resumir lo dicho y llegar, como indica su nombre, a una conclusión sobre lo que se ha escrito.

Antes de comenzar cualquier ensayo, se le aconseja pensar bien lo que quiere decir y escribir un esquema o "esqueleto" preliminar de lo que va a decir. Piense el tema bien, decida en qué orden desea exponer sus ideas para obtener una fluidez lógica y escriba una lista de los puntos que desea exponer. Una vez completa esta tarea, es hora de sentarse delante del ordenador y comenzar a escribir.

En muchas de las clases de composición, el profesor permite que el estudiante escriba y edite el ensayo varias veces. Por este motivo es aconsejable que escriba por computadora y no a máquina, ya que esto le ahorrará tiempo y esfuerzo.

Es importante comenzar la composición con varios días de antelación a la fecha de entrega. Es sorprendente cuánto mejor es el producto final en un ensayo escrito sin las prisas de última hora.

Los problemas más comunes a la hora de escribir un ensayo.

1 Ortografía: Se deberá poner especial atención a la ortografía del ensayo. Procure acostumbrarse a utilizar el diccionario con frecuencia, o por lo menos siempre que tenga dudas sobre la ortografía correcta para cada palabra.

La acentuación apropiada de las palabras forma, por supuesto, una parte esencial a la hora de escribir un ensayo correctamente. Hay quien piensa que la omisión de los acentos en español no es un problema serio a la hora de escribir. Lo cierto es que la omisión o uso equivocado de un acento es tan serio como cualquier otro error ortográfico.

2 La repetición excesiva de las palabras: Este problema denota pobreza de vocabulario y falta de destreza a la hora de escribir. Una vez que usted haya terminado la primera copia de su ensayo, deberá leerla varias veces para asegurarse de que ninguna palabra se repite más de dos o tres veces en todo el ensayo. Si bien esto le llevará unos minutos más, también le garantizará una mejor nota y menos trabajo en versiones posteriores de su trabajo.

Se le aconseja que compre (si no lo tiene ya) un diccionario de sinónimos y antónimos que le ayudará a encontrar palabras con el mismo significado con el fin de evitar la repetición excesiva. De cuando en cuando será necesario cambiar una frase completamente para no tener que utilizar la palabra que no desee repetir.

3 El número excesivo de páginas: Recuerde que en general para cada clase tendrá un número limitado de páginas al que deberá limitarse. Esto es más fácil decirlo que hacerlo, pues significa que deberá pensar lo que desea decir para eliminar líneas y/o párrafos innecesarios. Es por esto muy importante que reflexione antes de comenzar su composición.

Procure eliminar expresiones como “en mi opinión”, “lo que yo creo”, “pienso”. Si está usted escribiendo el ensayo, el lector presupone que lo que dice es su opinión a no ser que usted indique lo contrario, por lo que tales vocablos son superfluos.

PARA ESCRIBIR.

La proliferación de las pandillas en la sociedad estadounidense, ha constituido un problema creciente durante los últimos años en las grandes ciudades, especialmente entre las minorías de nuestro país. Escriba un ensayo de una página (escrito a máquina o en ordenador a dos espacios) explicando las causas de este problema, sus consecuencias y lo que el gobierno y la sociedad pueden hacer para solucionarlo.

REFRÁN.

Lea el siguiente refrán:

"Más vale una vez rojo que ciento amarillo."

Discuta este dicho con sus compañeros y escriba después una explicación detallada de su significado.

____

____

____

____

____

____

____

____

____

____

____

____

VOCABULARIO ADICIONAL

Busque en este capítulo 5 palabras nuevas para usted, halle su significado en el diccionario, escríbalo aquí. Componga, a continuación, una frase que contenga cada vocablo.

1____

2____

3____

4____

5____

Ejercicios de repaso.

1. ¿Cuáles son las tres partes principales de un ensayo?

2. Rellene los espacios en blanco con la palabra correcta.

a). Un____________ en una frase recibe la acción del verbo de forma primaria y responde a la pregunta qué + _________________ de la frase.

b)- Un _____________________en una frase recibe la acción del verbo de forma secundaria y responde a la pregunta ________________ o ____________________ + el verbo de la frase.

3. En las siguientes frases subraye el objeto directo y después substituya el objeto directo por el pronombre de objeto directo.

a)- María canta muchas canciones. ____

b)- Pedro desea viajar a Madrid. ____

c)- ¡Come carne! ____

d)- Ellos están leyendo el libro. ____

e)- No hagas demasiado ejercicio. ____

f)- ¿Quieres pintarte las uñas? ____

CAPITULO 7

CRISTÓBAL COLÓN (1451-1506)

Durante siglos, filósofos, matemáticos científicos y teólogos pensaron que la tierra era plana, que ningún navegante que se aventurara a sus límites regresaría ya que, de acuerdo con los hombres de ciencia, el final del mundo no era navegable y lo único que allí se hallaba eran terribles criaturas, mitad hombre y mitad bestia, y monstruos marítimos. Cristóbal Colón, descrito por muchos como uno de los más grandes marinos de la historia refutó esta teoría.

El misterio que rodea al lugar de nacimiento de Cristóbal Colón ha sido el centro de innumerables discusiones y controversias. Hay quien lo hace corso, napolitano, francés, mallorquín y gallego (regiones, estas dos últimas, de España). También se ha explorado la posibilidad de que Colón fuera hispano-judío y que abandonara España, siendo aún muy niño, junto con su familia en busca de una vida mejor. Sea cual sea la respuesta, lo cierto es que ninguna de las teorías han sido probadas. Lo que sí se sabe, sin embargo, con relativa probabilidad, es la fecha de su nacimiento: 1451.

El primero de 5 hijos, Colón se crio con una familia modesta. Su padre fue tejedor de lana y dueño también de una taberna; tareas ambas con las que Cristóbal ayudó incansablemente durante su infancia.

No queriendo él, ya entonces de espíritu marinero, seguir la carrera de su padre, a los 14 años de edad se hizo a la mar en navíos mercantes. A los 25 años, hallándose ante las costas de Portugal, el barco en el que navegaba fue saqueado por piratas, y Colón se vio obligado a nadar 6 millas hasta la costa para salvarse. Allí conocería a Felipa Moniz de Perestrello con la que se casaría en 1478. Nuestro explorador se introduce así en la corte portuguesa. Allí conoce a Toscanelli, quien afirmaba que el Atlántico era la ruta más corta a China.

Colón había leído y escuchado ya los relatos de Marco Polo describiendo las maravillas y riquezas asiáticas. Estos conocimientos, unidos a la ingeniosa idea de Toscanelli se convertirían en los ingredientes perfectos para el sueño al que nuestro explorador dedicaría el resto de su vida. Lo único que necesitaba ahora eran fondos para costear sus expediciones.

En 1484 Colón solicitó el apoyo de Juan II de Portugal, país cuyos navegantes gozaban de una merecida fama. Sin embargo el monarca le dio la espalda ya que, según él, otro marinero de su reino había descubierto otra ruta por el sur de África. Lo cierto es que Juan II robó las ideas de Colón e intentó llevarlas a cabo por su cuenta haciendo a la mar a sus propios exploradores. Poco tiempo después éstos encontraron tormentas de tal furia que la expedición tuvo que dar media vuelta y regresar a puerto.

En 1485 Colón se traslada al monasterio de La Rábida en España, donde fallecería su esposa. Al poco tiempo las ideas del descubridor llegaron a oídos del Duque de Medinaceli, quien se entusiasmó inmediatamente y no tardó en pasar la información a la reina de Castilla. Entre tanto, la guerra de reconquista entre moros y cristianos llegaba a su apogeo, e Isabel se hallaba ya frente a los muros de Granada (el último reino que restaba por reconquistar de los moros). Pasaría un año antes de que Cristóbal consiguiera audiencia con la reina Isabel.

El 20 de enero de 1486 los reyes recibieron en Alcalá de Henares al paciente marino que tanto había esperado por esta audiencia. Colón les contó con el mayor detalle posible, su plan de navegación. Isabel escuchó con mucha atención y, dice la historia, le preguntó - siempre preocupada por la expansión del catolicismo- cuantas almas se iban a ganar.... "muchas" contestaría Colón. Toda la información presentada durante esta audiencia, se mandó a Salamanca para un estudio más detallado. Fray Diego Deza, valedor del joven marino, lo animó pero le advirtió que la corona carecía de fondos debido a la guerra de reconquista. Si bien la reina no disponía del tiempo, de la energía ni del oro para apoyar a Colón, lo cierto es que, entre tanto, le asignó un modesto sueldo. Isabel, una monarca de tremenda visión, quería mantenerlo cerca e interesado en su apoyo, pues deseaba impedir a toda costa que el proyecto fuera respaldado por el competitivo reino de Portugal.

Cuando la guerra de Granada comenzaba a llegar a su fin, Cristóbal Colón -que tenía entonces 35 años- se enamora de Beatriz de Arana, hija de un campesino. Nunca llegaron a casarse, pues Colón en aquel entonces temía la poca certeza de su futuro, pero sí que tuvo con ella un hijo: Fernando, quien sería el biógrafo de su padre y de sus viajes.

El 2 de enero de 1492, cuando Granada se rendía, Colón estaba allí para presenciar el evento. El rey de Granada salió de la ciudad a caballo seguido por sus soldados a pie (según había sido estipulado en las capitulaciones). Cuando llegó ante sus majestades los Reyes de Castilla y Aragón, desmontó para besarles las manos, pero Fernando no se lo permitió, y en su lugar le dio un abrazo.

Si bien la conclusión de la guerra con Granada eliminaba un obstáculo para Colón, lo cierto es que las arcas reales habían quedado completamente vacías. Fue entonces cuando el tesorero de la reina, Fernando Luis de Santangel, le comunicó a ésta que para la expedición sólo se necesitarían un millón trescientos mil maravedíes y que la corona sí que contaba con los fondos necesarios para conceder a Colón lo que pedía. De ahí nació la leyenda de que Isabel había vendido sus joyas para subvencionar el viaje de Colón. Éste pidió a la reina -y ella se lo concedió- que se le otorgara el título de almirante y que se le diera el 10% de las ganancias resultantes de sus expediciones.

Así, el 3 de agosto de 1492, Colón partía, junto con los hermanos Pinzón y 90 hombres, del puerto de Palos para llegar el 12 de ese mismo mes a las Islas Canarias, donde tuvieron que hacer algunas reparaciones y abastecerse de enseres. Partirían a continuación, el 3 de septiembre, de la isla de Gomera.

Durante casi un mes y medio, las tres carabelas de la expedición: la Pinta, la Niña y la Santa María, navegaron sin encontrar más que un vasto océano. La tripulación comenzaba ya a desmoralizarse y a cuestionar las ideas de su comandante cuando, el 12 de octubre, Rodrigo de Triana, desde la Pinta, dio la inesperada noticia: ¡"Tierra"!. Eran casi las dos de la madrugada, y si bien los hombres se impacientaban por desembarcar, Colón decidió esperar hasta el amanecer. Fue entonces cuando pondrían pie en la isla que acabaría llamándose San Salvador y de la que tomó posesión en nombre de sus majestades los Reyes de Castilla y Aragón. A esta isla siguieron otras, y a este viaje siguieron otros 3, pero si bien Colón pensó que había hallado una nueva ruta al oriente, lo cierto es que nunca llegó a saber que se encontraba en el nuevo mundo.

Al desembarcar en San Salvador, vio que los indígenas (que creían que los hombres de la tripulación eran seres divinos) llevaban oro, y demandaron que los llevaran hasta las minas. En lo que más adelante se llamaría La Española, hallaron oro, aunque no tanto como hubieran deseado.

Colón dejó a 39 hombres en La Española para continuar en las minas y regresó a Castilla con muestras de oro, especias, animales y plantas hasta entonces desconocidos. La reina, que lo recibió en Barcelona con los brazos abiertos y tremenda gratitud, no tardó en subvencionarle una segunda expedición, pero esta vez contaría el almirante con 70 navíos y 1.500 hombres. A su llegada, el panorama no podía haber sido peor. Los indígenas se habían rebelado contra los colonizadores españoles y los mataron a todos. Colón, enfurecido esclavizó a todo indígena mayor de 14 años, haciéndoles trabajar constantemente en las minas.

Dos cosas ocurrieron, sin embargo, que desanimaron a muchos españoles e hicieron que regresaran a la madre patria: en primer lugar, las cantidades de oro que Cristóbal Colón les había prometido, resultaron ser mucho menos substanciosas de lo previsto. Además, tanto colonizadores como indígenas estaban muriendo en grandes cantidades, ya que los dos grupos se estaban intercambiando enfermedades a las que nunca antes habían estado expuestos.

En 1496 Colón regresa a España, pero en esta ocasión, la reina no le dio la misma recepción. Colón todavía no había hallado una nueva ruta, las cantidades de oro parecían ser insuficientes y habían llegado informes al reino de que los indígenas estaban siendo maltratados.

A pesar de todo, Isabel permitió al incansable marino que realizara un tercer viaje. Esta vez, sin embargo, tanto le costó a Colón conseguir tripulación, que tardó 2 años en zarpar y llevaba en su barco 10 criminales convictos a los que la reina había ofrecido amnistía a cambio de su servicio a Colón. Durante esta excursión llegó a lo que es hoy Venezuela, donde, si bien disfrutó su belleza inmensa, no permaneció mucho tiempo. Regresó en su lugar a La Española, donde los colonos se revolucionaron y robaron el oro que le pertenecía, según les insistía Colón, a la corona de Castilla y Aragón.

Isabel la Católica, tras escuchar los informes de lo que estaba pasando en el nuevo mundo, mandó a Francisco de Bobadilla, quien al ver que colón había ahorcado a muchos colonizadores españoles, mandó encadenar al almirante y lo llevó a Castilla. Allí la reina lo dejó en libertad y Colón se retira a un convento completamente entristecido por los acontecimientos. No obstante no desanimó esta humillación al explorador, quien a sus 50 años, pidió que la reina le pagara un cuarto viaje.

En 1502 Colón zarpó rumbo al nuevo mundo y desembarcó en Jamaica, donde dependió de los indígenas para su sustento. Cuando éstos dejaron de ayudarlo Colón pidió auxilio a la isla la Española, pero el gobernador le dio la espalda. Finalmente Isabel mandó un barco de rescate en el que Colón, ya enfermo, haría su último viaje a España

Tras su regreso, unos meses más tarde, falleció Isabel la católica, la protectora de Cristóbal. Fernando de Aragón pagó a Colón sus servicios, pero le retiró, al mismo tiempo, todos los títulos que la soberana le había concedido.

Todos reconocen hoy que muchos otros habían llegado a América antes que Cristóbal Colón: Los asiáticos que acabaron convirtiéndose en los indios nativos hace miles de años, seguidos de Bjarni Herjolfsson en 986 y posteriormente de chinos, japoneses y hasta cartagineses, aunque estos tres últimos no han sido satisfactoriamente probados. El descubrimiento de Cristóbal Colón, sin embargo, se considera el más importante de todos, ya que su expedición creó una vía permanente de comunicación y negocio entre el nuevo mundo y el viejo. Fue Colón y no otros exploradores, el que cambió el curso de la historia.

De especial atención son también los eventos que circundan la muerte y el entierro de nuestro descubridor. Colón falleció, a la edad de 55 años, el 20 de mayo de 1506. Si bien, de acuerdo con los documentos que su hijo Fernando escribió, Colón murió de gota, lo cierto es que, en aquel entonces, muchas muertes se le atribuían a esta enfermedad por desconocerse otras causas posteriormente descubiertas. Recientes investigaciones han indicado que Cristóbal murió de síndrome Réiter, una enfermedad tropical de la que comenzó a mostrar síntomas en su tercera expedición.

Inicialmente fue enterrado en Valladolid, pero al poco tiempo su cadáver se trasladó a Sevilla donde se le dio sepultura también al hijo legítimo de Colón: Diego. La viuda de

Colón solicitó, y le fue concedido, que el cuerpo fuera trasladado a Santo Domingo en la isla de Española para ser enterrado bajo el lado derecho del altar tal y como había sido estipulado en el testamento del almirante.

En 1795 Francia capturó la isla y los españoles, intentando proteger los restos de nuestro héroe marítimo, lo exhumaron y lo mandaron a Habana (en Cuba) para protegerlo. Un siglo después, cuando Cuba se independizó de España, los restos de Colón regresaron a Sevilla, donde hoy se puede observar su tumba en la grandiosa catedral de esta ciudad.

Entre tanto, en 1877, durante la restauración de la catedral de Santo Domingo, bajo el lado izquierdo del altar, los trabajadores encontraron una caja con el nombre de Cristóbal Colón. Cabe pues cuestionarse la posibilidad de que los restos que se exhumaron durante la ocupación francesa fueran los de Diego y no los de su padre, con lo que existe hoy una tumba de Colón en Sevilla y otra en Santo Domingo. Hay algunos que indican, por otra parte, que los restos de Colón nunca abandonaron Cuba, y otros que nunca abandonaron Valladolid.

El gobierno español continúa manteniendo que la tumba de Sevilla es la que contiene los restos del explorador. De hecho, durante las celebraciones del cuarto centenario del descubrimiento de América, España donó a la ciudad de Génova, parte de los restos de Cristóbal Colón.

Bibliografía

Chrisp, Peter. “Cristóbal Colón, el descubridor del nuevo mundo”. Ediciones Cesma S.A. Madrid, 2001.

Kazantzakis, Nikos. “Cristóbal Colón”. Editorial Athos-Pergamos. Granada, 1997.

Varela, Consuelo. “Cristóbal Colón: Retrato de un hombre. Alianza Editorial. Madrid, 1992.

DESPUÉS DE LEER.

Indique si las siguientes frases sobre la lectura anterior son ciertas o falsas y corrija las que sean falsas.

1. Durante la época de Cristóbal Colón los teólogos, matemáticos y científicos pensaban que la tierra no tenía límites.

____

2. Ha sido probado que Colón era de descendencia hispanojudía.

____

3. El padre de Cristóbal Colón era capitán de la marina española.

____

4. A los 25 años, el barco mercante de Colón atracó en las costas portuguesas.

____

5. Felipa Moniz de Perestrello era la prima de Cristóbal Colón.

____

6. En 1484 Cristóbal Colón solicitó el apoyo financiero de Juan II de Portugal para realizar su primer viaje a las indias.

____

7. El monarca portugués concedió a Colón la suma de 20.000 coronas para costear su primer viaje.

____

8. En 1485 Fallece la esposa de Colón en el monasterio de la Rábida.

____

9. En 1486 los Reyes Católicos le dieron su primera audiencia a Colón en Alcalá de Henares.

____

10. La reina Isabel puso a Colón inmediatamente a sueldo mientras reunía los fondos para costear el primer viaje.

____

11. Cuando la guerra de Granada comenzaba a llegar a su fin, Cristóbal Colón tenía ya más de 40 años.

____

12. Beatriz de Arana fue la segunda esposa de Colón.

____

13. Con Beatriz Colón tuvo a su hijo Fernando.

14. Cuando los Reyes Católicos conquistaron Granada el rey de Granada les besó las manos.

15. Fernando Luis de Santangel era el confesor de la Reina en asuntos espirituales.

16. Colón partió en su primera expedición el 3 de agosto de 1492.

17. En la primera expedición Colón iba con 40 hombres, dos carabelas y los hermanos Pinzón.

18. Rodrigo de Triana fuel el primero en divisar tierra desde la Pinta.

19. Cuba fue la primera isla en la que pusieron pie Colón y su tripulación.

20. Colón realizó un total de seis viajes al nuevo mundo.

21. En su segunda expedición Colón contaba con 70 barcos y 1.500 hombres.

22. Cuando Colón llegó al Nuevo Mundo en su segunda expedición lo recibieron como a un dios indígena.

23. De la segunda expedición muchos navegantes decidieron regresar a España porque no podían encontrar suficientes alimentos y porque las mujeres nativas despreciaron desde el principio a los navegantes españoles.

24. A su regreso de la segunda expedición, la Reina recibió a Cristóbal Colón con el mismo entusiasmo que tras la primera.

25. La reina mandó a Francisco de Bobadilla a investigar las acciones de Colón en el Nuevo Mundo.

26. En 1502 Colón salió hacia el Nuevo Mundo y desembarcó en Jamaica.

27. Tras la muerte de Isabel la Católica, Fernando dejó de pagarle un sueldo a Cristóbal Colón, pero le permitió retener todos los títulos que había ganado durante sus expediciones.

____

28. No cabe duda de que Colón murió a los 55 años de gota.

____

VOCABULARIO.

Escriba el significado de las siguientes palabras que hallará subrayadas en la lectura en los espacios a continuación. Invente después una frase que contenga cada uno de los términos.

A)- Refutar ____

____

____

____

B)- Tejedor ____

____

____

____

C)- Relatos ____

____

____

____

D)- Acontecimientos ____

____

____

____

E)- Zarpar ____

____

____

____

F)- Sepultura____

____

____

____

G)- Exhumar ____

____

____

____

EJERCICIOS

1)- Describa los acontecimientos más importantes en la vida de Cristóbal Colón para cada una de las siguientes fechas:

A)- 1451____

B)- 1465____

C)- 1476____

D)- 1478____

E)- 1484____

F)- 1485____

G)- 1486____

H)- 2 de enero de 1492____

I)- 3 de agosto de 1492____

J)- 12 de octubre de 1492____

K)- 1496____

L)- 1502____

M)- 20 de mayo de 1506____

N)- 1795____

Ñ)- 1877____

2. Explique las distintas teorías sobre el lugar de nacimiento de Cristóbal Colón.

____

____

____

____

____

____

____

____

3. Explique quien era Toscanelli.

____
____
____
____
____
____

4. ¿Quién era Beatriz de Arana?

____
____
____
____

5. ¿De qué tamaño fue la primera expedición de Cristóbal Colón? ¿Y la segunda? Según la lectura ¿a qué se debió esta diferencia?

____
____
____
____
____
____
____
____

6. Compare la recepción que Isabel de Castilla le ofreció a Colón tras su regreso de la primera y de la segunda expedición al nuevo mundo. Explique también las causas de estas diferencias.

____
____
____
____
____
____

7. Muchos de los colonizadores españoles que acompañaron a Colón en su segunda expedición decidieron, tras una breve estancia en la Española, regresar a su madre patria. Enumere y explique la causa de este regreso repentino.

8. ¿Quién era Francisco de Bobadilla?

9. ¿Cuándo y cómo falleció Colón? ¿Dónde se encuentran hoy los restos del descubridor? Explique las distintas teorías al respecto.

GRAMÁTICA

El objeto (o complemento) indirecto.

El objeto indirecto recibe la acción del verbo de forma secundaria y responde a la pregunta "a quién" o "para quien" + el verbo. Por ejemplo:

Juan le da dinero a Elena.

En esta frase, dinero es el objeto directo y Elena el objeto indirecto, ya que al hacer la pregunta "¿a quién le da dinero Juan?" la respuesta es Elena.

Hay lingüistas que opinan que, por ejemplo, en la frase "este libro es para estudiar." Cuando un infinitivo sigue a la palabra para, ese infinitivo es el objeto indirecto. No sólo descartamos aquí esa idea, sino que su mera consideración confundiría al estudiante.

EJERCICIO

A)- Subraye el objeto indirecto en las siguientes frases:

1. Jorge le dio un libro a su madre.
2. Fernando le dice a Carlos la verdad.
3. Los padrinos le compran una sortija a su ahijada.
4. Los soldados les mandan cartas a sus esposas.
5. María nos canta canciones a nosotros.

B)- ¿Puede ahora indicar, para las frases anteriores, cuál es el objeto directo?

1.____

2.____

3.____

4.____

5.____

Los pronombres de objeto indirecto.

En español, los pronombres de objeto indirecto son los siguientes:

Me	**to/for me**
Te	**to/for you (familiar singular)**
Le	**to/for you (formal singular)**
	to/for him/her/it
Nos	**to/for us**
Les	**to/for you (plural)**
	to/for them

Fíjese en el ejercicio A anterior y notará que todas las frases que tienen objeto indirecto han de tener también un pronombre de objeto indirecto. Está mal, por ejemplo, decir:

"yo doy pan a los pobres."

La forma correcta es:

"Yo <u>le</u>s doy pan a los pobres."

Por otro lado, conviene notar que es gramaticalmente correcto utilizar en una frase únicamente el pronombre de objeto indirecto pero no la frase de clarificación. Por ejemplo, es correcto decir:

"Yo les doy pan."

La frase de clarificación se utiliza, como su propio nombre indica, cuando el uso del pronombre únicamente no deja claro de quien estamos hablando, por lo tanto su uso es opcional. La persona que habla o escribe debe decidir si es necesario o no.

Cuando en una frase aparece el pronombre de objeto indirecto con su correspondiente frase de clarificación, es importante notar que, en este caso, el objeto indirecto está compuesto de dos partes. Por ejemplo, en la frase:

"Fernando nos trae comida a nosotros."

El objeto indirecto es "nos" y "a nosotros".

EJERCICIOS

C)- Vuelva ahora al ejercicio A y compruebe que ha notado bien cuál es el objeto indirecto.

D)- En las siguientes frases indique cuál es el objeto directo y cuál es el objeto indirecto:

1. El cura les da la comunión a los feligreses.

____

2. El presidente nos dio una beca.

____

3. Yo te traje regalos de Francia.

____

4. Ellos nos sirven vino a Juan y a mí.

____

5. Leonor le leyó la novela a su hijo.

____

6. Paula nos dio el premio a nosotros.

____

7. Ana le devolvió el anillo a su prometido.

____

8. Elena hizo la comida para almorzar.

____

Los pronombres de objeto indirecto siguen las mismas reglas para su localización en la frase, que los pronombres de objeto indirecto. Fíjese en los siguientes ejemplos:

María <u>le</u> está dando pan al pobre.
María está dándo<u>le</u> pan al pobre.
María <u>le</u> desea dar pan al pobre.
María desea dar<u>le</u> pan al pobre.
Voy a casa para dar<u>le</u> pan al pobre.
Yo <u>le</u> doy pan al pobre.

E)- Reescriba estas frases en español substituyendo el objeto indirecto por el pronombre de objeto indirecto. No incluya, en su traducción, las frases de clarificación.

1. I am giving her the letter. ______________________________
2. I give Ana a book. ______________________________
3. I tell Juan the truth.______________________________
4. We serve the water to Juan. ______________________________
5. I will give Elena my phone number. ______________________________

Uso de los pronombres de objeto directo e indirecto en la misma frase.

PRONOMBRES DE OBJETO DIRECTO	PRONOMBRES DE OBJETO INDIRECTO
me	me
te	te
lo	le
la	le
nos	nos
los	les
las	les

En esta sección estudiaremos el uso de ambos complementos pronominales (o pronombres de objeto directo e indirecto) en la misma frase. Es importante notar que cuando ambos complementos pronominales aparecen en la misma frase, el pronombre de objeto indirecto va siempre primero, seguido del pronombre de objeto directo (ID). Fíjese, por ejemplo, en la siguiente frase:

Francisco nos lo trae a nosotros.
D

La regla más importante, y con frecuencia utilizada erróneamente, es la que nos indica que, en el caso de que ambos complementos pronominales comiencen con la letra "l", entonces el pronombre de objeto indirecto cambiará a la palabra "se". Por ejemplo:

Yo se lo doy a Paco (estaría mal usar "le lo").

EJERCICIO.

F)- Traduzca las siguientes frases al español.

1. She reads a book to her baby.

____

2. I am going to give the book to Eva.

____

3. Pepe gives the dollars to Julia.

____

4. Ernesto buys a house for his girlfriend.

____

5. The teacher is giving a test to the students.

____

6. Manuel is giving a box to the mailman.

____

7. Víctor, ¡give the money to the poor man!

____

G)- Ahora reescriba las frases del ejercicio F utilizando ambos complementos pronominales.

1____

2____

3____

4____

5____

6____

7____

H. Conteste a las siguientes preguntas utilizando los complementos pronominales.

1. ¿Quién le da la manzana a Blanca Nieves?

____

2. ¿Quién te manda poemas de amor?

____

3. ¿Quién me daba mimos cuando era un bebé?

____

4. ¿A quién le pediste el número de teléfono?

____

5. ¿Le dio usted permiso a su hijo?

____

6. ¿Me das la perla?

____

7. ¿A quién le donaste los juguetes?

____

8. ¿Quién le hizo la cena a usted?

____

9. ¿A quién le diste el manuscrito?

____

I)- Rellene los espacios en blanco con el complemento pronominal adecuado.

1. Pedro______da la enhorabuena a los empleados y los empleados _______la dan también a su jefe.
2. Juan _________ da una carta a su novia Celia y Celia _______la escribe también a Juan.
3. Hernán _________manda buenos artículos a su hijo Alfonso y Alfonso __________manda después a un amigo.
4. Mi amiga________da clases de inglés a mí por la mañana y también_______las da por la tarde.

J)- Diga lo que hicieron o lo que van a hacer las siguientes personas utilizando el verbo entre paréntesis y los pronombres pronominales adecuados.

1. Ustedes piden dinero (yo/regalar).

___

2. Yo quiero la cena (mi madre/preparar).

___

3. Ella quiere los planos de la casa (yo/dar).

___

4. Eva necesita las notas de la clase de español (yo/prestar).

___

5. Miguel quiere escuchar la música española (ella/poner).

___

6. Mis hijos miran demasiada televisión (yo/apagar).

___

7. La sirvienta me trae el desayuno a la cama. (Yo/agradecer).

___

8. El profesor les grita a los estudiantes. (Los padres/reprochar).

___

9. El carnicero me vendió unas buenas chuletas (yo/pagar).

___

ORTOGRAFÍA

El uso de la letra s.

Uno de los problemas más comunes con los que se encuentran los hispanoparlantes de hoy es del uso ortográfico correcto de la letra z y de la s. A la pronunciación de la letra z como una s se le llama **seseo**. A la pronunciación de la letra s como una c o z se le llama **ceceo**. Con esto en mente, cabría indicar que la mayoría de los hispanoparlantes de latino América hablan con seseo, ya que, para este grupo, no hay diferencia en la pronunciación de la z y de la s, ambas se pronuncian como ésta última.

Existen hoy muchos rumores erróneos sobre la procedencia del seseo en latino América. Por ejemplo, se escucha la idea de que como el rey Carlos III de España era zarabeto (esto es: pronunciaba las palabras con ceceo), los miembros de la corte lo imitaron como prueba de respeto y así se esparció por el resto del país.

La procedencia del seseo latino americano se remonta a los primeros viajes colonizadores que tuvieron lugar tras el descubrimiento del nuevo mundo por Cristóbal Colón. La mayoría de los barcos que hicieron esta trayectoria, zarparon de Andalucía, la costa sureña de España. En esta parte del país, por motivos etimológicos, los españoles hablan con el seseo, fenómeno que, al llegar al nuevo mundo y al enseñar a los indígenas a hablar el castellano, creo la fomentación de la indiferencia entre la pronunciación de ambas letras.

Si bien es de especial atención cultural para el estudiante aprender las causas históricas del español (o etimología), lo cierto es que el seseo presenta un problema ortográfico para los hispano hablantes de latino América, ya que al no distinguir la diferencia en la pronunciación de la z y de la s, se tiende a no distinguir la ortografía entre ambas letras creando así continuos errores ortográficos. Por este motivo estudiaremos aquí las reglas del uso correcto de la letra s en español.

1. En los adjetivos, las terminaciones **-ísimo/a/os/as** superlativa se escribe siempre con s. Por ejemplo:

larguísimo	monísimo	delgadísimos
feísimo	buenísimas	malísima

2. Los verbos que terminan con **-servar** se escriben con s. Por ejemplo:

conservar	reservar	preservar

3. Las palabras terminadas en **-ulsión** se escriben con s. Por ejemplo:

compulsión	emulsión	prepulsión

4. Las palabras que terminan en **-ense** (a excepción de vascuence) se escriben con s. Por ejemplo:

canadiense	estadounidense	portorricense

5. Se escriben con s las terminaciones del imperfecto del subjuntivo de los verbos. Por ejemplo:

comiese	pintase	bebiese
mirase	escuchase	cantase

6. Muchas de las palabras que comienzan con **seg-** o **sig-** se escriben con s. La excepción a esta regla son las palabras cigarro, cigarra, ciguato, cigüeña, cegato y ceguedad. Por ejemplo:

Segovia	sigo	significa
segmento	siglo	seguro

7. La terminación **-sivo** de las palabras se escribe con s. Se exceptúan las palabras lascivo y nocivo. Por ejemplo:

masivo	pasivo	comprensivo
explosivo	corrosivo	repulsivo

8. Las terminaciones **-osis, -sia** y **-asis** que denotan enfermedad se escriben con s. Por ejemplo:

Escoliosis	soriasis	catalepsia
neurosis	leprosía	tuberculosis

9. Muchos verbos cuyo infinitivo termina en **-ter, -tir, -der, -dir** tienen el nombre derivado que se escribe con s. Por ejemplo:

aludir..........alusión	entrometer.......intromisión
pretender....pretensión	convertir..........conversión

10. Las palabras que comienzan con **sab-, seb-, sib-, sob-** y **sub-** se escriben con s. Por ejemplo:

subterráneo	sabio	soberano
sebáceo	subir	soberbia

EJERCICIOS.

A)-Explique lo que es el seseo y el ceceo.

____

____

____

____

____

B)- Forme los superlativos de las siguientes palabras.

vago	intenso	gracioso
tímido	morena	pecosa
blanco	pequeño	ligero
grande	rojo	elegante
sucio	pegado	dormido

C)- Escriba 9 ejemplos (no presentados ya en el libro) de palabras que empiezan con seg- o sig-.

1__________________ 2__________________

3__________________ 4__________________

5__________________ 6__________________

7__________________ 8__________________

9__________________

D)- Escriba 12 ejemplos de palabras (no presentadas ya en este capítulo) que comienzan con sab-, seb-, sib-, sob- o sub-.

1__________________ 2__________________

3__________________ 4__________________

5__________________ 6__________________

7__________________ 8__________________

9__________________ 10__________________

11__________________ 12__________________

E) En español hay palabras casi idénticas cuya diferencia es sólo la letra c o s pero que se pronuncian igual aunque tienen distinto significado. Fíjese bien en la ortografía de las siguientes palabras, después búsquelas en el diccionario y escriba su significado.

Siervo____
Ciervo____
Ciento____
Siento____
Cierro____
Sierro____
Ceso____
Seso____
Cocer____
Coser____
Reciente____
Resiente____

MÁS ALLÁ

El 12 de octubre.

El 12 de octubre se celebra el día de Cristóbal Colón en el mundo entero. Esta fecha representa el día en que la expedición de la Pinta, la Niña y la Santa María divisó tierra (lo que vendría después a conocerse como el nuevo mundo). En España, por ejemplo, el 12 de octubre es una fiesta nacional. En muchos países de latino América, sin embargo esta fiesta no se celebra y ha sido substituida por el "Día De La Raza".

PARA ESCRIBIR

Busque en la biblioteca o en el internet más información sobre la festividad del 12 de octubre y lo que representa. Explique, en un ensayo de una página aproximadamente, por qué o por qué no cree usted que esta fiesta debería celebrarse en latino América.

REFRÁN

"Dime con quién andas y te diré quién eres."

Discuta el refrán anterior con sus compañeros y escriba después una explicación formal detallada de su significado.

VOCABULARIO ADICIONAL

Busque 5 palabras nuevas en este capítulo, escriba aquí su significado y a continuación componga una frase que contenga dicho vocablo.

1

2

3____

4____

5____

EJERCICIOS DE REPASO

A. Subraye el objeto directo en las siguientes frases.

1. Mi tío tiene mucho dinero.
2. Ellos no ganaron el premio.
3. María pasó un miedo terrible.
4. Esperanza quiere comer pan.

B. Subraye el objeto indirecto en las siguientes frases.

1. Mis padres nos mandan dinero a mi hermano y a mí todos los meses.
2. Yo les escribo cartas a ellos.
3. Juan le cuenta historias a sus primos.
4. Fernando les enseña trucos a sus perros.
5. Mi madre siempre me da muchos ánimos.
6. Eva le dio el anillo a su esposo.
7. Yo le pinto las uñas a mi hija con frecuencia.

C. Indique cuál es el objeto directo en las frases del ejercicio B.

1. ___________________________
2. ___________________________
3. ___________________________
4. ___________________________
5. ___________________________
6. ___________________________
7. ___________________________

D. Reescriba las frases del ejercicio B utilizando los complementos pronominales.

1. ____
2. ____
3. ____
4. ____
5. ____
6. ____
7. ____

E. Rellene los espacios en blanco con la palabra que corresponda.

El objeto directo de la frase recibe la acción del verbo de forma ____________________ y responde a la pregunta ¿ _____________ +_______________ de la frase.

El objeto indirecto de la frase recibe la acción del ______________ de forma ______________ y contesta a la pregunta ¿ __________________ o ______________ + _____________________ de la frase.

F. Traduzca las siguientes frases al español.

1. The teacher gives books to her students.

____

2. My mother gives me milk every day.

____

3. I fixed the zipper for my friend.

____

4. The musician played a symphony for us.

____

5. Juan and I gave chocolates to the teacher.

____

G. Reescriba las frases anteriores utilizando los complementos pronominales.

1. ______________________________________
2. ______________________________________
3. ______________________________________
4. ______________________________________
5. ______________________________________

H. Conteste a las siguientes preguntas utilizando los complementos pronominales.

1. ¿Le mandaste una carta a tu novia?

____

2. ¿Nos dio la profesora mucha tarea?

____

3. ¿Quieres darle la ropa vieja a los pobres?

____

4. ¿Les estás dando agua a los perros?

____

CAPÍTULO 8

Rigoberta Menchú Tum (1959-?)

Rigoberta Menchú es una líder guatemalteca conocida internacionalmente por sus esfuerzos en la promoción de los derechos humanos de la gente indígena de su país. Nació el 9 de enero de 1959 en Chimel, una provincia al noroeste de Guatemala. Su padre era campesino y, desde muy joven, un líder en su comunidad. Ambos padres pertenecían al grupo indígena Quiché Maya , uno de los muchos grupos existentes en el país, que cuenta hoy con más de mil años de historia. Rigoberta, hasta ya pasados los 19 años, habló solamente el quiché, una de las 25 lenguas existentes en Guatemala.

Su niñez, al igual que la de millares de habitantes de su país, transcurrió en un mundo pobre, lleno de injusticias y con enormes aprietos económicos. En vez de pasar sus días jugando y disfrutando de la escuela y de sus amigos, la joven Rigoberta dedicó mucho tiempo, a partir de los ocho años, junto con su familia, a la recolección de café y de algodón en las plantaciones sureñas de la costa, donde todos los años pasaba meses con su familia. En su pueblo, los Menchú se dedicaban también a la plantación de judías y patatas para suplementar su manutención. En la finca, trabajaban para un patrón que no hablaba la lengua indígena, por lo tanto su comunicación con ellos era prácticamente nula. De hecho, tampoco los trabajadores podían comunicarse entre sí, pues hablaban dialectos distintos. Se les obligaba, además, a comprar enseres del terrateniente a precios escandalosos

La dureza de la vida del campo reclamó la vida de dos de sus hermanos: uno falleció extenuado en las plantaciones envenenado con los pesticidas que los terratenientes esparcían con aviones, y el otro pereció de malnutrición. Cuando la madre de Rigoberta tomó el día libre para enterrar a su hijo fallecido, el terrateniente la despidió negándose a pagarle el sueldo que se le debía.

A los 13 años Rigoberta se marchó a la ciudad para trabajar de sirvienta en la casa de una familia de bien donde fue tratada peor que un perro. Durante su estancia en la ciudad, Rigoberta hizo todo lo que pudo por aprender español, ya que veía el conocimiento de esta lengua como herramienta indispensable para su lucha contra las injusticias a las que su gente se había visto sometida. Fue entonces, durante esta etapa, cuando encarcelaron a su padre por sus esfuerzos políticos de salvoguardar los derechos de los campesinos con los que trabajaba para combatir los abusos de los terratenientes.

Desde un punto de vista humano, la fuerza motriz que empujó a Rigoberta a luchar en pro de sus hermanos sometidos, fue una profunda fe católica. La joven creía que la Biblia debía de ser leída a través de los ojos de los menos afortunados. También Vicente Menchú, el padre de Rigoberta, influenció su carrera activista. Al igual que su padre, la muchacha se hizo miembro del Comité Unitario de campesinos, en 1979.

La situación política de Guatemala durante los 20 años que precedieron, motivaron a Rigoberta a asumir un puesto de liderazgo entre los indígenas de su país. En 1954 la C.I.A. eliminó la presidencia izquierdista guatemalteca apoyando un golpe de estado. A consecuencia se creó un movimiento guerrillero con abusos, torturas y sentencias, no sólo de los guerrilleros, sino también de los campesinos que los apoyaban.

En 1977 el entonces presidente de los Estados Unidos, Jimmy Carter, como castigo a las interminables violaciones de los derechos humanos, suspendió toda ayuda económica a Guatemala. Los indígenas sufrieron, en última instancia, las consecuencias de la tensión entre U.S. y su país.

En medio de este caos comenzó el movimiento reivindicativo con el que luchó Rigoberta Menchú. Durante los 80, un promedio de 1.000 indígenas perdían la vida en manos de soldados carniceros todos los meses. Su hermano Petrocinio, a los 16 años de edad, fue secuestrado. 2 semanas más tarde, las fuerzas armadas convocaron una reunión del pueblo en la que los indígenas que habían sido secuestrados (entre ellos Petrocinio) aparecieron expuestos mostrando la tortura a la que habían sido sometidos. El hermano de Rigoberta tenía la cabeza afeitada y cortada, carecía de uñas y le habían cortado las suelas de los pies. Tras dar un discurso al público sobre 'comportamiento cívico', los soldados derramaron gasolina por los cuerpos de los prisioneros y los quemaron vivos. Meses más tarde, su padre Vicente moriría en un ataque a la embajada española en la que 39 personas perecieron también quemadas.

El sufrimiento personal de Rigoberta no terminó aquí. Al poco tiempo, los soldados guatemaltecos secuestraron, torturaron, violaron y asesinaron a su madre. Fue entonces cuando nuestra heroína llegó a la conclusión de que Guatemala había probado ser un país demasiado peligroso para ella. Por eso, en 1981, Rigoberta huye a México donde comienza una nueva etapa de su vida en la que luchó por abrir los ojos del mundo al sufrimiento de su gente.

En 1983 viaja a París donde, en colaboración con la antropóloga Elisabeth Burgos publica su autobiografía. Su libro "Me llamo Rigoberta Menchú y así me nació la conciencia." tuvo éxito inmediato. La comunidad internacional decidió entonces que había llegado el momento de prestar atención.

En 1992 Rigoberta recibió el Premio Nobel de la paz por sus esfuerzos para conseguir la justicia social y la reconciliación etno-cultural defendiendo los derechos del pueblo indígena guatemalteco.

Rigoberta recibió, con este premio, 1.2 millones de dólares con los que la joven creó una fundación en memoria de su padre.

En 1993 Menchú jugó un papel importantísimo en la elección del presidente Ramiro de León Carpio en su país, quien había sido, desde hacía años, un profuso advocador de los derechos humanos.

En 1996 la UNESCO nombró a Rigoberta embajadora de buena voluntad de cultura y paz y ese mismo año, triunfalmente, estuvo presente en la firma del acuerdo que concluía el conflicto militar más largo de latino América, conflicto que había ahogado su país durante los últimos 42 años.

En 1994 tuve la oportunidad de escuchar a Rigoberta en un discurso que dio en Los Ángeles a estudiantes universitarios de U.C.L.A. Observando a esta sencilla y sonriente mujer, parece difícil imaginarse los sufrimientos y trágicas pérdidas personales que experimentó, ni concebir los increíbles logros en su vida: aprendió a hablar el español sin enseñanza formal, publicó su biografía sin saber escribir (Elisabeth Burgos escribió las páginas que Rigoberta le había dictado), le fueron concedidos varios doctorados honorarios y, en 1992, se convirtió en la ganadora del premio Nobel de la paz más joven de la historia siendo, además, la primera mujer de raza indígena en recibir este honor.

Bibliografía

Debray-Burbos, Elizabeth. "Me llamo Rigoberta Menchú y así me nació la conciencia." Siglo XXI ediciones. México, 1998.

Stoll, David. "Rigoberta Menchú and the story of all poor Guatemalans." Westview Press. Colorado, 1999.

VOCABULARIO

Busque en el diccionario las siguientes palabras de la lectura y escriba su significado. A continuación componga una frase con cada uno de dichos términos.

1. Apritos ______________________________

____

____

2. Recolección ______________________________

____

____

3. Manutención ______________________________

____

____

4. Extenuado ______________________________

____

____

5. Salvoguardar ______________________________

____

____

6. Sometidos ______________________________

____

____

EJERCICIOS

A)- Indique si las siguientes frases sobre la lectura anterior son ciertas o falsas y corrija las que sean falsas.

1- Rigoberta Menchú nació en Gualadajara, México el 10 de noviembre de 1959.

____

2. Los padres de Rigoberta eran indios aztecas.

____

3. Rigoberta se crió hablando el quiché y el español.

____

4. A partir de los ocho años Rigoberta dedicó mucho tiempo a la recolección de café y de algodón.

____

5. Dos de los hermanos de Rigoberta murieron trabajando el campo.

____

6. Cuando Rigoberta cumplió trece años se fue a trabajar de sirvienta a la ciudad donde la trataron mucho mejor.

____

7. Rigoberta, al igual que su padre, se hizo miembro del Comité Unitario de Campesinos, en 1979.

____

8. Gracias a la C.I.A. la presidencia derechista guatemalteca fue derrocada en 1965.

____

9. En 1977 el presidente estadounidense, Jimmy Carter, suspendió todo su apoyo a Guatemala como castigo por abusos a los derechos humanos.

____

10. Durante la década de los 80, un promedio de 100 indígenas perdían la vida cada semana.

____

11. Patrocinio, el hermano de Rigoberta fue uno de los muchos que murieron cultivando la tierra.

____

12. Los soldados guatemaltecos secuestraron a la madre de Rigoberta.

____

13. En 1983, Rigoberta viaja a Madrid donde publica su auto-biografía.

____

14. En 1989, Rigoberta Menchú recibió el premio Nóbel de la paz.

____

15. De la fundación Nobel, Rigoberta recibió un millón de dólares que utilizó para comprarse una casa en Guatemala y otra en Nueva York a donde viajaba con frecuencia.

____

16. Rigoberta Menchú escribió su propia autobiografía. Elizabeth Mcmillan la editó y la publicó.

____

B)- Describa los acontecimientos más importantes en la vida de Rigoberta Menchú en las siguientes fechas:

1954__________
1959__________
1972__________
1977__________
1979__________
1981__________
1983__________
1992__________
1993__________
1996__________

C)- ¿Qué lengua hablaba Rigoberta Menchú y cómo aprendió a hablar español?

D)- ¿Cómo perecieron los diferentes miembros de la familia de Rigoberta Menchú en Guatemala?

E)- ¿Cuáles son los logros políticos, sociales e intelectuales más destacados de Rigoberta Menchú?

GRAMÁTICA

EL VERBO (I).

El verbo expresa una acción realizada por un sujeto y que ocurre en un lugar y en un tiempo determinados. Por ejemplo:

María come carne.

A). Los pronombres personales.

Los pronombres personales nos indican quien realiza la acción y van, como su propio nombre indica, en lugar de un sustantivo (recuerde que **pro** significa 'en lugar de'). Por ejemplo, en español podemos decir:

Juan mira la televisión.
o
Él mira la televisión.

Los pronombres personales se dividen en tres grupos según su persona (primera, segunda o tercera) y en dos grupos dependiendo de su número (singular o plural).

PRONOMBRES PERSONALES

personas	**singulares**	**plurales**
primera	yo	nosotros/as
segunda	tú	vosotros/as*
tercera	usted (Ud.)	ustedes (Uds.)
tercera	él, ella	ellos, ellas

*La forma de vosotros se utiliza únicamente en España. Raramente verá escrita o escuchará esta forma en Estados Unidos o latino América.

Si bien en inglés siempre se utiliza o un nombre sujeto o un pronombre personal, en español el pronombre es solamente necesario cuando no está claro quien realiza la acción. Por ejemplo, se puede decir:

Juan mira la televisión.

o

Él mira la televisión.

o

Mira la televisión.

EJERCICIO.

A)- Indique que tipo de pronombre o nombre sujeto tienen las siguientes frases. Por ejemplo:

Pedro y Ana hablan alto: tercera persona del plural.

1. Yo estudio por las noches.______________________________
2. Tú escribes muy bien. ______________________________
3. Nosotros nos mudamos ayer.______________________________
4. Pedro me mira cuando canto. ______________________________
5. Ustedes son muy amables.______________________________
6. Estela y Víctor hacen la cena.______________________________

B)- Modo.

En español existen tres modos verbales: el subjuntivo, el indicativo y el imperativo. Si bien hablaremos más en detalle sobre el subjuntivo en el siguiente capítulo, de momento indiquemos que el modo indicativo sirve para expresar acciones reales, y el modo subjuntivo sirve para expresar acciones 'irreales' o que son el resultado de un deseo. Por ejemplo, fíjese en las siguientes frases:

- María come carne.
- María quiere que yo coma carne.

En la primera frase, el hecho de que María come carne es una realidad, por ende pertenece al modo indicativo, sin embargo, en la segunda frase, si bien el verbo querer es indicativo, ya que es una realidad que María tiene un deseo, el verbo comer no es real, es decir: yo no estoy comiendo carne. Este segundo verbo pertenece al modo subjuntivo.

El modo imperativo sirve para dar órdenes y puede ser formal o informal. Por ejemplo:

¡Come carne! (Informal).
¡Coma carne! (Formal).

C)- Los tiempos verbales.

A continuación mostramos todos los tiempos del sistema verbal español. Al lado de cada tiempo se incluye la primera persona singular del verbo hablar a modo de referencia.

El modo **indicativo** tiene los siguientes tiempos:

Tiempos simples	Tiempos compuestos
presente (yo hablo)	**presente perfecto (yo he hablado)**
imperfecto (yo hablaba)	**pluscuamperfecto(yo había hablado)**
pretérito (yo hablé)	**pretérito perfecto (yo hube hablado)**
futuro (yo hablaré)	**futuro perfecto (yo habré hablado)**
condicional (yo hablaría)	**condicional perfecto (yo habría hablado)**

El modo **subjuntivo** tiene los siguientes tiempos:

Tiempos simples	Tiempos compuestos
presente (yo hable)	**presente perfecto (yo haya hablado)***
imperfecto (yo hablara)	**Pluscuamperfecto (yo hubiera hablado)**
futuro (yo hablare)	**futuro perfecto (yo hubiere hablado)**

*Nótese que la palabra 'halla' se escribe con ll y significa 'encuentra'. Por ejemplo: María halla a sus amigos en la clase. La palabra 'haya' se escribe con y es del verbo haber.

Las formas del modo **imperativo** no se conjugan en todas las formas como es el caso en el indicativo y en el subjuntivo. El imperativo sólo tiene las formas de tú y usted y sus plurales.

Tiempos formales	Tiempos informales
usted (¡hable!) (¡no hable!)	**tú (¡habla!) (¡no hables!)**
Ustedes (¡hablen!) (¡no hablen)	**Vosotros (¡hablad!) (¡no habléis!)**

El indicativo, el subjuntivo y el imperativo son todas formas personales. Esto es, se conjugan con sus correspondientes nombres o pronombres personales (aunque la conjugación del imperativo sea más reducida). Existen también las formas no personales. Esto es: no

Formas no personales

infinitivo (hablar)
gerundio (hablando)
participio (hablado)

TIEMPOS DEL MODO INDICATIVO

A)- Tiempos simples.

El presente.

El presente de indicativo se utiliza para hablar de una acción (como su nombre indica) en el presente -por ejemplo: "Ahora como"-, para describir una rutina -por ejemplo: "María come a las 12 todos los días"- o para indicar una acción que ocurrirá en un futuro muy próximo -por ejemplo: "Hoy te recojo a las ocho".

PRESENTE DE INDICATIVO DEL VERBO HABLAR

yo	hablo	nosotros/as	hablamos
tú	hablas	vosotros/as	habláis
usted	habla	ustedes	hablan
él	habla	ellos	hablan
ella	habla	ellas	hablan

El imperfecto.

Este verbo sirve para expresar una acción habitual en el pasado -por ejemplo: "todos los días cerrábamos la ventana", para describir una acción en progreso en el pasado -por ejemplo: "Manolo roncaba cuando yo llegué", para describir dos acciones simultáneas en el pasado. Por ejemplo: Yo hacía la cena mientras Juan limpiaba los baños", para dar la hora en el pasado -por ejemplo: "Eran las cuatro de la tarde", para formar un pasado progresivo -por ejemplo: María estaba cenando-, para realizar descripciones en el pasado. Por ejemplo: "Hacía un día maravilloso y Eva se veía muy bonita".

IMPERFECTO DE INDICATIVO DEL VERBO HABLAR

yo	hablaba	nosotros/as	hablábamos
tú	hablabas	vosotros/as	hablabais
usted	hablaba	ustedes	hablaban
él	hablaba	ellos	hablaban
ella	hablaba	ellas	hablaban

El pretérito

El pretérito es un tiempo pasado que se utiliza para hablar de acciones o estados físicos o mentales que comenzaron y, definitivamente, terminaron en el pasado (sea cual sea la cantidad de tiempo que llevó terminarla). Fíjese en los siguientes ejemplos:

La semana pasada estuve enferma.
A las cuatro terminó la clase.
Ella terminó su casa en 5 años.

Cabe notar, que los verbos **ir** y **ser** tienen conjugaciones idénticas en el pretérito. Fíjese en los siguientes ejemplos:

Ayer fui al médico por la tarde.

Yo fui profesora durante cinco años.

Un problema común entre los hispanohablantes en Estados Unidos, es el uso erróneo de la forma de tú en el pretérito. Recuerde que esta forma nunca termina en **s**. Se dice, por ejemplo, tú comiste, tú hablaste o tú viniste. Está mal sin embargo decir tú comistes, tú hablastes o tú vinistes.

PRETÉRITO DE INDICATIVO DEL VERBO HABLAR

yo	hablé	nosotros/as	hablamos
tú	hablaste	vosotros/as	hablasteis
usted	habló	ustedes	hablaron
él	habló	ellos	hablaron
ella	habló	ellas	hablaron

El futuro.

Este tiempo se utiliza para expresar, como su propio nombre indica, acciones que ocurrirán en el futuro o para hacer algunas preguntas (ya sean futuras o presentes). Fíjese en los siguientes ejemplos:

En enero yo tendré 3 perros.

¿Tendrá Ana hambre?

FUTURO DE INDICATIVO DEL VERBO HABLAR

yo	hablaré	nosotros/as	hablaremos
tú	hablarás	vosotros/as	hablareis
usted	hablará	ustedes	hablarán
él	hablará	ellos	hablarán
ella	hablará	ellas	hablarán

El condicional.

Este tiempo verbal se utiliza, como su nombre indica, para expresar una condición. Es decir: una acción tendrá o no lugar a condición de que otra se cumpla. Por ejemplo:

Yo comería si tú estuvieras aquí
Yo te invitaría si tu aceptaras.

CONDICIONAL DE INDICATIVO DEL VERBO HABLAR

yo	hablaría	nosotros/as	hablaríamos
tú	hablarías	vosotros/as	hablaríais
usted	hablaría	ustedes	hablarían
él	hablaría	ellos	hablarían
ella	hablaría	ellas	hablarían

Los tiempos compuestos

Los verbos compuestos están formados de un verbo auxiliar 'haber' mas el participio pasado del verbo que se conjuga.

Presente perfecto de indicativo.

El nombre del tiempo verbal nos da, en sí, mucha información sobre su conjugación. Por ejemplo, en el presente perfecto de indicativo, la palabra perfecto nos indica que:

- Nos hallamos ante un verbo compuesto.
- Se trata de un tiempo pasado
- Es una acción completa.

La primera palabra, en este caso 'presente', nos indica:

- Que el verbo auxiliar 'haber' debe ser conjugado en el presente.
- Que la acción es un pasado en relación con el presente.

PRESENTE PERFECTO DE INDICATIVO DEL VERBO HABLAR

yo	he hablado	nosotros	hemos hablado
tú	has hablado	vosotros	habéis hablado
usted	ha hablado	ustedes	han hablado
él	ha hablado	ellos	han hablado
ella	ha hablado	ellas	han hablado

Si yo digo, por ejemplo: Hoy él ha comido, sabemos que la acción comenzó en el pasado y terminó en el presente. Es, por lo tanto, una acción en pasado en relación al presente.

Pluscuamperfecto.

La palabra 'plus', en latín significa 'más allá". Esto significa que nos hallamos ante un verbo pasado en relación a otro pasado.

PLUSCUAMPERFECTO DE INDICATIVO DEL VERBO HABLAR

yo	había hablado	nosotros	habíamos hablado
tú	habías hablado	vosotros	habíais hablado
usted	había hablado	ustedes	habían hablado
él	había hablado	ellos	habían hablado
ella	había hablado	ellas	habían hablado

Si decimos en español, por ejemplo: "Cuando fui a casa él ya había comido". Vemos que hay dos verbos en el pasado: fui y había comido. De los dos fui es el más cercano al presente, ya que había comido ocurrió antes de fui y por ende está más alejado.

Pretérito perfecto de indicativo.

El pretérito perfecto de indicativo, si bien continúa apareciendo en los manuales de gramática, es un verbo obsoleto. Esto es: es un verbo que hoy ya no se utiliza. Damos aquí su conjugación de todos modos para información del estudiante.

PRETÉRITO PERFECTO DE INDICATIVO DEL VERBO HABLAR

yo	hube hablado	nosotros	hubimos hablado
tú	hubiste hablado	vosotros	hubisteis hablado
usted	hubo hablado	ustedes	hubieron hablado
él	hubo hablado	ellos	hubieron hablado
ella	hubo hablado	ellas	hubieron hablado

Futuro perfecto.

El futuro perfecto es un tiempo pasado pero en relación a un futuro. Por ejemplo, en la frase: mañana yo ya habré terminado. Vemos que en relación a 'mañana', el futuro perfecto es, en realidad un pasado (aunque en relación al presente sea un futuro).

FUTURO PERFECTO DE INDICATIVO DEL VERBO HABLAR

yo	habré hablado	nosotros	habremos hablado
tú	habrás hablado	vosotros	habréis hablado
usted	habrá hablado	ustedes	habrán hablado
él	habrá hablado	ellos	habrán hablado
ella	habrá hablado	ellas	habrán hablado

Condicional perfecto.

El condicional perfecto es un tiempo pasado que ocurre a condición de otro pasado. Sin embargo, esta condición aparece siempre en subjuntivo (el subjuntivo se explicará en el próximo capítulo). Por ejemplo: Si Marta hubiera venido, yo habría hablado con ella.

CONDICIONAL PERFECTO DE INDICATIVO DEL VERBO HABLAR

yo	habría hablado	nosotros	habríamos hablado
tú	habrías hablado	vosotros	habríais hablado
usted	habría hablado	ustedes	habrían hablado
él	habría hablado	ellos	habrían hablado
ella	habría hablado	ellas	habrían hablado

EL ANÁLISIS VERBAL

A la hora de analizar un verbo en español, los siguientes aspectos han de tenerse en cuenta: persona (primera, segunda...etc.), número (singular o plural), tiempo (presente, futuro, etc.), modo (indicativo, subjuntivo o imperativo), nombre del verbo.

Miremos los siguientes ejemplos:

Yo comeré: Primera persona del singular del futuro de indicativo del verbo comer.

Ellos comen: tercera persona del plural del presente de indicativo del verbo comer.

EJERCICIO.

A)- Analice los siguientes verbos:

1. Nosotros estudiaremos ______________________________

____

2. Yo mire______________________________

____

3. Vosotros cantáis____

____

4. Tú trabajabas ____

____

5. Ustedes comerían ____

____

6. Elena habrá comido ____

____

7. Pedro y Juan habían estudiado _____________________________________

____

8. Jorge y yo hemos escapado _______________________________________

____

B)- Escriba los verbos que corresponden a los siguientes análisis:

---

1. Primera persona del plural del futuro de indicativo del verbo cantar.

____

____

2. Segunda persona del singular del presente perfecto de indicativo del verbo ser.

____

____

3. Primera persona del singular del pluscuamplerfecto de indicativo del verbo mirar.

____

____

4. Tercera persona del singular del pretérito de indicativo del verbo colaborar.

____

____

5. Tercera persona del plural del condicional perfecto de indicativo del verbo escribir.

____

____

C)- Escriba la primera persona del singular de los siguientes tiempos de indicativo del verbo estudiar.

Presente:	Presente perfecto:
Imperfecto:	Pluscuamplerfecto:
pretérito:	Pretérito perfecto:
Futuro:	Futuro perfecto:
Condicional:	Condicional perfecto:

ORTOGRAFÍA

Entre los hispanohablantes de los Estados Unidos es muy común utilizar el verbo haber excesivamente. Su continuo uso denota pobreza de vocabulario y ha de evitarse.

EJERCICIO.

D)- Substituya, en las siguientes oraciones, el verbo haber por otro verbo de manera que no se repita ninguno de los verbos.

1. En mi casa hay opiniones políticas muy diversas.

___

2. ¿Habrá mucho viento en la playa?

___

3. En el estreno de la película hubo mucho público.

___

4. En el campus hay tres edificios nuevos.

___

5. Sobre el agua había muchas hojas secas.

___

6. En las mesas del restaurante había unas velas muy románticas.

___

7. En la lista hay personas con apellidos hispanos.

___

8. Durante la ceremonia, hubo mucho sol.

9. En el mástil del barco hay una bandera.

10. No sé si hay contables en esta empresa.

11. En mi jardín hay muchas flores.

12. En mi anillo hay tres zafiros muy caros.

E)- Las expresiones 'Va a ver' y 'va a haber'

Es muy común, entre los hispanohablantes en los Estados Unidos, cometer errores ortográficos al usar estas dos expresiones. 'Va a ver' significa en inglés 'he is going to see'. 'Va a haber' significa 'there is going to be'. Para practicar su uso y escritura correctos, traduzca al español las siguientes frases.

1. Fernando is going to see his favorite movie.

2. There is going to be music in the house.

3. Today there is going to be a party.

4. She is going to see my friend.

5. There is going to be food for us.

6. Manuel is going to see the baby.

7. We are going to see the answer.

8. There are going to be many guests.

9. She is going to see the ocean.

---

10. There are going to be many teachers.

MÁS ALLÁ

LA FUNDACIÓN PRÍNCIPE DE ASTURIAS

En septiembre de 1980 se formó, en la ciudad de Oviedo -España-, la Fundación Príncipe de Asturias cuyo objetivo es, entre otros, el de contribuir a la promoción de valores científicos, culturales y humanísticos.

Con este fin, la fundación convoca anualmente galardones -que según se dice son casi tan prestigiosos como los premios Nóbel- a personas, equipos o instituciones internacionales, preferentemente de naciones pertenecientes a la comunidad Iberoamericana.

Su Alteza Real el Príncipe de Asturias preside anualmente el acto solemne en el que entrega personalmente los galardones en la capital del principado.

En 1997, la Fundación contaba con 22 aspirantes al premio Asturias de la concordancia. El galardón de esta categoría se reserva para aquella persona o grupo que haya demostrado una importante contribución a la trascendencia de las fronteras nacionales.

Rigoberta Menchú se convirtió, ese año, en la séptima aspirante internacional en ser premiada por S.A.R. el Príncipe de Asturias gracias a los méritos laborales y humanitarios hacia sus compatriotas y otros grupos iberoamericanos.

PARA ESCRIBIR

Piense en una persona latinoamericana de su familia o de su comunidad que se haya destacado por la ayuda que presta -o ha prestado- a otros latinos. Escriba un ensayo a máquina de una página describiendo a esta persona y sus logros.

REFRÁN.

"Más vale pájaro en mano que ciento volando."

¿Qué significa este refrán? Discútalo con su grupo y escriba una explicación formal factible.

____
____
____
____
____
____
____
____
____
____
____
____
____

VOCABULARIO

Busque 5 palabras de este capítulo cuyo significado desconoce, escríbalas aquí y encuentre su significado en el diccionario. Después componga una frase utilizando cada uno de estos vocablos.

1.____
____
____
____
____

2. ___

3 ___

4 ___

5 ___

EJERCICIOS DE REPASO

A. Indique qué tipo de pronombre o nombre sujeto tienen las siguientes frases.

Por ejemplo: Yo como.

Primera persona del singular.

1. Ellos dicen la verdad. ___
2. Nosotros no hablamos inglés. ___
3. Melisa quiere rezar. ___
4. Él es guapísimo. ___

5. Yo vivo en Madrid. ____

6. Ella es mi maestra. ____

B. Analice los verbos de las siguientes frases.

Por ejemplo: Nosotros hablamos.

Primera persona del plural del presente de indicativo del verbo hablar.

1. María canta con su novio.

____

____

2. Yo le digo la verdad a mis padres.

____

____

3. Nosotros nunca esquiamos.

____

____

4. Eliot nunca me llama.

____

____

5. Tú hablas muy bien el chino.

____

____

C. Escriba la segunda persona del singular del verbo estudiar en los siguientes tiempos del modo indicativo:

Presente: ____

Imperfecto: ____

Pretérito: ____

Futuro: ____

Condicional: ____

Presente perfecto: ____

Pluscuamperfecto: ____

Pretérito perfecto: ____

Futuro perfecto: ____

Condicional perfecto: ____

D. Escriba los verbos que corresponden a los siguientes análisis

1. Primera persona del singular del futuro perfecto de indicativo del verbo escribir.

____

2. Primera persona del plural del pluscuamperfecto de indicativo del verbo limpiar.

____

3. Segunda persona del singular del imperfecto de indicativo del verbo caminar.

____

4. Tercera persona del plural del condicional de indicativo del verbo romper.

____

5. Segunda persona del plural del pretérito de indicativo del verbo almorzar.

____

CAPÍTULO 9

CÉSAR CHÁVEZ (1927-1993)

César Chávez nació en Yuma (Arizona) el 31 de marzo de 1927. Su abuelo había llegado a los Estados Unidos casi 100 años antes y a él se le sumaron su abuela, su padre Librado y sus 13 tíos y tías en 1888.

La familia Chávez trabajó en el rancho de más de 100 acres que el gobierno americano le había concedido a cambio de que lo trabajaran. Cuando en 1912 Arizona pasó a formar el 48 estado de la nación, la familia Chávez estaba ya bien establecida viviendo en Yuma.

En 1924 Librado Chávez se casó con Juana -la madre de César- y compró una tienda de enseres en el mismo pueblo donde había crecido. De hecho, fue precisamente en el apartamento que se hallaba encima de la tienda dónde César nació. En aquel entonces, Estados Unidos estaba atravesando problemas económicos sin precedentes, eran los años de la gran depresión. Esto, unido a la inclemente sequía por la que pasó el país hicieron que Librado y Juana perdieran la tienda y la granja que durante tantos años la familia había cultivado con tesón y orgullo.

Los padres de César eran personas de gran fe religiosa, y siempre enseñaron a sus hijos a ayudar a los menos afortunados y a no meterse en problemas. Esta doctrina le resultó siempre difícil de seguir al joven César. Ya, desde muy temprana edad, se le presentaron problemas en la escuela, donde hablar su lengua nativa del español estaba prohibido y penalizado por los maestros, quienes advertían a los estudiantes que si querían hablar español, deberían de regresar a México.

Tras cerrar la tienda en 1939 y perder la granja, César vino a California a los 12 años con su familia, al igual que muchos otros inmigrantes, en busca de trabajo en las granjas. Viajaron de granja en granja buscando trabajo para subsistir. A la edad de 14 años, César había asistido a 37 escuelas diferentes. Tampoco en éstas se sintió el joven César a salvo, pues con los más de 300.000 inmigrantes que deambulaban buscando empleo y, como él, cambiando con frecuencia de colegio, sus profesores siempre evitaron a toda costa acomodar a los estudiantes hispanos.

En cierta ocasión, se asoció la familia con un agente que se dedicaba a buscar trabajadores para los terratenientes. Después de trabajar para él durante muchas jornadas, éste desapareció sin pagarles un centavo y dejando a la familia Chávez y a otros en la miseria más absoluta.

No teniendo dinero para alquilar una habitación, Librado tuvo que alojar a su familia durante el invierno en una humilde tienda de campaña. César, su hermano Richard y su primo Manuel tuvieron que dormir a la intemperie, ya que la tienda no abarcaba a resguardar a toda la familia.

César nunca terminó sus estudios secundarios y en 1944 se enlistó en la marina, donde sirvió hasta 1946. También allí fue mal recibido por los muchos soldados y superiores que lo discriminaron por el color de su piel y su frecuente uso del español.

Estados Unidos se hallaba en aquel entonces en un momento histórico-social de racismo y separatismo. Cabe notar que los afroamericanos y los latinos fueron los más perjudicados durante estos años de odio e ignorancia. En los autobuses había una sección para blancos y otra para gente de color. Lo mismo ocurría en los cines. De hecho, en cierta ocasión, César ocupó un asiento reservado para blancos y lo arrestaron instantáneamente. En California, específicamente, los inmigrantes mexicanos sufrieron más que nadie. La generación de nuestros abuelos recuerda todavía los carteles que colgaban a la entrada de muchos restaurantes que decía: "no se permiten los perros ni los mexicanos."

En 1948 César se casó con Helen Fabela, y con ella continuó una vida de constante cambio y de miseria trabajando la tierra en diversas granjas. Tras su boda se mudaron a San José donde Chávez conocería a dos hombres que cambiarían para siempre el rumbo de su vida: El Padre McDonnell y Fred Ross.

McDonnell era un cura dedicado a ayudar a los pobres, sin embargo, lo que atrajo a Chávez fueron sus charlas sobre personajes históricos y religiosos que utilizaron métodos pacíficos para ayudar a su gente. Esto era importante para él, pues ya desde muy niño su madre había inculcado en él principios ajenos a la violencia y ahora había encontrado la forma de compaginar su afán de ayudar con sus principios.

Fue el Padre McDonnell el que le habló a Fred Ross sobre César. Ross, al igual que su cura amigo, ayudaba a los más pobres, pero éste último les daba esperanza desde el punto de vista práctico, ya que les enseñaba a trabajar juntos para mejorar sus vidas.

Fred Ross tardó bastante tiempo en conseguir que Chávez -que no confiaba en la gente blanca- hablara con él, pero su perseverancia dio fruto y ambos comenzaron a trabajar juntos. Ross le enseñó a César que los hispanos podían luchar con esperanzas de triunfo si trabajaban juntos, y la comunidad hispana, por otro lado, confiaba en César ya que era uno de ellos.

Chávez y Ross lucharon por el bien de los méxicoamericanos bajo el auspicio del C.S.O (Community Sevice Organization). Después de algunas victorias laborales de importancia en Oxnard, California, Chávez quiso formar una unión de trabajadores, pero la C.S.O. no se lo permitió y la organización lo mandó a Los Ángeles en 1958 para trabajar como director nacional. Si bien esto significaba un considerable aumento de ingresos para César, Helen y sus 8 hijos, lo cierto es que nunca dejó de consumirle el deseo de crear una unión de trabajadores. En 1962 César dejó su trabajo de granjero y la C.S.O. para dedicarse por entero a la formación de la N.F.W.A. (National Farm Workers Association) y la familia tuvo que depender, para su manutención, del modesto salario de su mujer Helen. Su meta era la de organizar una unión lo suficientemente fuerte como para ganar disputas laborales en pro de sus hermanos.

César habló sin descanso con todo aquel que deseara escucharlo, y con la ayuda de su hermano Richard y de su primo Manuel, consiguió formar, en 1965, la N.F.W.A. con más de 1.200 familias pertenecientes.

Por aquel entonces, un gran número de recolectores de uvas filipinos querían hacer huelga para incrementar su sueldo. En 1965 Chávez decidió, con todos los miembros de la N.F.W.A., añadirse a la huelga. Ésta acabó durando casi cinco años. Entre tanto, los trabajadores organizaron, además, un boicot contra las uvas y marcharon, en 1966, 300 millas al Capitolio de Sacramento para protestar lo injusto de las condiciones laborales de los trabajadores agrícolas. Continuando su metodología de no violencia, en 1968 Chávez hizo una huelga de hambre que duró 25 días. La huelga, el boicot y su abstinencia dieron resultado y cuando los trabajadores regresaron a las viñas, el 85% de las uvas en el estado de California, las cosechaban trabajadores de la U.F.W (United Farm Workers) de la que formaban ahora parte trabajadores méxicoamericanos y filipinos.

Con el tiempo César ayudó a otros trabajadores agrícolas con éxito, y gracias en gran medida, a sus esfuerzos, se aprobó, en California, en 1975 el A.L.R.A (Agricultural Labor Relations Act), protegiendo el derecho de los trabajadores a organizarse en uniones.

En 1988 recurrió de nuevo a una huelga de hambre para protestar el uso de pesticidas en los campos agrícolas mientras los trabajadores se hallaban en plena faena. Esta vez pasaron 36 días sin que César comiera.

El 23 de abril de 1993 falleció el líder laboral mientras dormía. Su legado, sin embargo continúa hoy. Chávez consiguió que se tratara a los trabajadores agrícolas más humanamente, les ayudó a incrementar sus salarios, a conseguir asistencia médica y a eliminar el uso de pesticidas aéreos mientras los empleados trabajaban en las tierras.

Hoy su visión y su sueño continúan inspirándonos a todos, pero muy especialmente a la comunidad méxicoamericana. Su cumpleaños, el 31 de marzo, se celebra hoy en innumerables comunidades estadounidenses, especialmente en el estado californiano, escenario principal de tantas de sus luchas laborales.

Bibliografía

Rodríguez, Consuelo. "César Chávez." Chelsea House Publishers. Philadelphia, 1991.
Zannos, Susan. "César Chávez, real-life reader." Mitchell Lane Publishers, Inc. Maryland, 1998.

VOCABULARIO.

Busque en el diccionario las siguientes palabras sobre la lectura y escriba a continuación su significado. Después invente una oración con cada uno de estos términos.

A)- Intemperie ____

____

____

____

B)- Manutención ____

____

____

____

C)- Faena ____

____

____

____

EJERCICIOS

1. Escriba los eventos más importantes en la vida de César Chávez en las siguientes fechas.

31 de marzo de 1927______________________________________

1888 ____

1912 ____

1924 ____

1939 ____

1944 ____

1948____

1958 ____

1962 ____

1965 ____

1966 ____

1968 ____

1975 ____

1988 ____

23 de abril de 1993 ______________________________________

2. ¿Qué es el A.L.R.A y cuando se originó?

3. ¿Qué filosofía fundamental siguió César Chávez mientras luchaba por los derechos de los campesinos?

4. ¿Cuáles son los logros principales de César Chávez?

5. ¿Cuáles fueron, según la lectura, las dos personas que más inspiraron a Chávez a luchar por los granjeros méxico-americanos?

___

___

GRAMÁTICA

EL VERBO (II)

El imperativo.

Como ya explicamos en el capítulo anterior, el sistema verbal español cuenta con tres modos: el indicativo, el subjuntivo y el imperativo. Como su propio nombre indica, el modo imperativo sirve para dar órdenes. Éstas pueden ocurrir en un ámbito formal o informal. Es imposible darnos una orden a nosotros mismos o a la tercera persona, por lo tanto, el imperativo está compuesto, solamente de dos formas: la segunda persona del singular y del plural.

IMPERATIVO DEL VERBO HABLAR.

		SINGULAR	PLURAL
AFIRMATIVO			
	Informal	habla tú	hablad vosotros*
	Formal	hable usted	hablen ustedes
NEGATIVO			
	Informal	no hables tú	no habléis vosotros
	Formal	no hable usted	no hablen ustedes

* Recuerde que la forma de 'vosotros' raramente se utiliza en Estados Unidos o latino América, ya que procede de España y es allí donde esta forma se escucha a menudo.

El análisis de un verbo imperativo tendrá que diferir ligeramente de la de un verbo subjuntivo o indicativo. Fíjese en el siguiente ejemplo:

Coma usted: Imperativo singular formal afirmativo del verbo comer.

EJERCICIO.

A)- Analice los siguientes verbos.

1. Yo habré dicho ____

____

____

2. Escribe tú____

____

____

3. Elena comería____

____

____

4. Corten ustedes____

____

____

5. Fernando y Eva viajarán______________________________________

____

____

6. Amad vosotros____

____

____

7. Ella y yo habíamos mirado____________________________________

____

____

8. Fotografíe usted ____

____

____

9. Yo canto ____

____

____

10. Cambie el canal usted______________________________________

____

____

B)- Dé ordenes para las frases siguientes en singular. Primero formalmente y después utilizando 'tú'

	FORMAL	INFORMAL
1. Comer carne	________________	________________
2. Estudiar mucho	________________	________________
3. Tirar la basura	________________	________________
4. Mirar la tele	________________	________________
5. Escuchar música	________________	________________

C)- Ahora analice los verbos anteriores.

1. A)-____

____

B)-____

____

2. A)-____

____

B)-____

____

3. A)-____

____

B)- ____

____

4. A)- ____

____

B)- ____

____

5. A)-____

____

B)-____

____

C)- Imagínese que usted le está dando consejos a un/a amigo/a de como cocinar paella valenciana. Rellene los espacios en blanco con la forma correcta de los verbos en imperativo.

Primero (freír) __________ un pimiento verde y un tomate grande picados.

Después (añadir) ___________trozos de pollo cortados menudos. (Rehogar)_____________ toda la mezcla en la tartera durante 10 minutos dándole vueltas con frecuencia. (añadir)_________ chorizo si lo tiene. (Machacar)____________ajo y perejil y (ponerlo)____________en la tartera. (Esparcir)_______________azafrán molido encima del pollo. (Echar)____________ 3 tazas de arroz y un puñado de guisantes verdes. A los 10 ó 15 minutos (agregar) _________

6 ó 7 camarones grandes y unos mejillones. (Sazonar)________________con sal y pimienta y (dejar)_______________que se cocine todo hasta que se haya evaporado el agua y esté el arroz blando. Si el arroz está aún duro y ya no tiene agua la tartera, (poner) __________ un poco más de agua en la paella y (dejarlo) ____________cocinar un rato más. ¡Buen provecho!

El subjuntivo.

Como indicamos en el capítulo anterior, el modo subjuntivo es el modo 'irreal' y aparece generalmente como consecuencia de un deseo o de una duda.

Antes de explicar, específicamente, el uso correcto del subjuntivo, conviene revisar sus tiempos.

El presente

El uso de este tiempo se mirará con más detalle más adelante en este capítulo.

PRESENTE DE SUBJUNTIVO DEL VERBO HABLAR

yo	hable	nosotros	hablemos
tú	hables	vosotros	habléis
usted	hable	ustedes	hablen
él	hable	ellos	hablen
ella	hable	ellas	hablen

El imperfecto

El imperfecto de subjuntivo se utiliza siempre que sea necesario expresar una idea en el pasado en este modo.

IMPERFECTO DE SUBJUNTIVO DEL VERBO HABLAR

yo hablara o hablase	nosotros habláramos o hablásemos
tú hablaras o hablases	vosotros hablarais o hablaseis
usted hablara o hablase	ustedes hablaran o hablasen
él hablara o hablase	ellos hablaran o hablasen
ella hablara o hablase	ellas hablaran o hablasen

El futuro

FUTURO DE SUBJUNTIVO DEL VERBO HABLAR

yo	hablare	nosotros	habláremos
tú	hablares	vosotros	hablareis
usted	hablare	ustedes	hablaren
él	hablare	ellos	hablaren
ella	hablare	ellas	hablaren

Si bien el futuro de subjuntivo consta aún en los manuales de gramática española, lo cierto es que es un verbo obsoleto que ya no se usa en nuestra lengua. Generalmente, cuando necesitamos expresar el modo subjuntivo en forma futura, se utiliza el presente de subjuntivo. Fíjese en el siguiente ejemplo:

Mañana yo quiero que Juan venga a casa.

Conviene también notar que es importante no confundir el futuro de indicativo con el futuro de subjuntivo. En algunos casos la ortografía es idéntica, la única distinción se encuentra en el uso correcto de los acentos. Tome aquí unos minutos para observar, en el capítulo anterior el futuro de indicativo y vea así las diferencias entre los dos modos.

El presente perfecto

El presente perfecto de subjuntivo es un verbo compuesto (tal y como vimos en el capítulo anterior, la palabra 'perfecto' nos indica que este no es un verbo simple), es un pasado con relación al presente y consta de las siguientes partes:

presente de subjuntivo + participio pasado del verbo haber

PRESENTE PERFECTO DE SUBJUNTIVO DEL VERBO HABLAR

yo	haya hablado	nosotros	hayamos hablado
tú	hayas hablado	vosotros	hayáis hablado
usted	haya hablado	ustedes	hayan hablado
él	haya hablado	ellos	hayan hablado
ella	haya hablado	ellas	hayan hablado

El pluscuamperfecto

Al igual que el presente perfecto, el pluscuamplerfecto es un tiempo compuesto, pero se trata, aquí, de un pasado con relación a otro pasado. Consta de las siguientes partes:

imperfecto del subjuntivo + participio pasado del verbo haber

PLUSCUAMPERFECTO DEL SUBJUNTIVO DEL VERBO HABLAR

yo hubiera hablado*	nosotros hubiéramos hablado
tú hubieras hablado	vosotros hubierais hablado
usted hubiera hablado	ustedes hubieran hablado
él hubiera hablado	ellos hubieran hablado
ella hubiera hablado	ellas hubieran hablado

* Recuerde que el imperfecto de subjuntivo siempre tiene dos formas. Esto significa que para el pluscuamperfecto de subjuntivo podemos también utilizar las formas de haber: hubiese, hubieses, hubiese y hubiésemos y hubiesen.

El Futuro Perfecto

Este tiempo en el subjuntivo es también obsoleto, y si bien hoy ya no se usa, damos aquí su conjugación.

FUTURO PERFECTO DEL SUBJUNTIVO DEL VERBO HABLAR

yo hubiere hablado	nosotros hubiéremos hablado
tú hubieres hablado	vosotros hubiereis hablado
usted hubiere hablado	ustedes hubieren hablado
él hubiere hablado	ellos hubieren hablado
ella hubiere hablado	ellas hubieren hablado.

El uso del subjuntivo

El subjuntivo aparecerá siempre en la cláusula dependiente de una frase. Fíjese en el siguiente ejemplo:

Juan quiere que yo vaya a casa.
C. P. C.S.

La primera parte de la frase 'Juan quiere' podría formar, por sí sola, una idea completa, por eso es una cláusula principal (también conocida con el nombre de cláusula independiente). Sin embargo, 'que yo vaya a casa' no es una idea completa, da la impresión de que queda colgando, de que le falta algo, de que depende de otra cosa, por eso es una cláusula subordinada (también conocida con el nombre de cláusula dependiente). Generalmente la cláusula relativa comenzará con la palabra 'que'.

EJERCICIO.

D)- En las siguientes frases, indique cuál es la cláusula principal y cuál es la cláusula subordinada.

1. Fernando quiere que yo le cuide su casa.

____

2. Yo no creo que Juan piense venir.

____

3. Ellos no desean que Claudio cante.

____

4. Miranda me rogó que fuera a la fiesta.

____

E) Analice ahora los 2 verbos de cada una de las frases anteriores.

1. ____

____

____

2. ____

____

3. ______________________________

4. ______________________________

Conviene notar, que no siempre que haya una cláusula subordinada en la frase aparecerá en ella un verbo en subjuntivo. Para que esto ocurra, la cláusula principal debe reunir ciertos requisitos. Estudie con cuidado los siguientes casos.

EXPRESIONES DE EMOCIÓN

El subjuntivo aparecerá siempre en el la cláusula subordinada cuando la cláusula principal exprese emoción.

cláusula principal de emoción + cláusula subordinada
en indicativo en subjuntivo

Algunas de las expresiones de emoción más comunes que se utilizan en las cláusulas principales son:

tener ganas de	tener miedo de	alegrarse de
sentir	temer	es extraño
parece mentira	es bueno	es malo
es increíble	es mejor	es peor
es terrible	es una lástima	es urgente
es ridículo	es fascinante	es maravilloso

EJERCICIO.

F)- Forme frases con los siguientes grupos de palabras.

1. Yo/temer/....tú/comer/demasiado

____

2. Juan/alegrarse/.....yo/graduarme/hoy

____

3. Pedro/esperar/.....tú y yo/ estudiar/mucho

____

4. Lucía/sentir......Jorge/no amar/su país

____

G)- Complete las siguientes frases de forma lógica:

1. Michael Jackson temió que ________________________
2. George Bush espera que ________________________
3. El/la profesor/a de español desea que ________________________
4. Tom Cruise sentirá que ________________________
5. Es una lástima que Evita Perón ________________________
6. Fue fantástico que Rigoberta Menchú ________________________
7. Es increíble que Cristóbal Colón ________________________

LA EXPRESIÓN 'OJALÁ'

La expresión 'ojalá' se considera también una expresión de deseo. Hasta hace poco tiempo, esta palabra iba seguida del vocablo 'que'. Si bien no es erróneo utilizarlo, lo cierto es que generalmente es hoy una palabra implícita y no es necesario su uso. Por ejemplo, las siguientes frases pueden expresarse de dos formas -si bien, como hemos dicho, la segunda es más común.

Ojalá que vengas a la fiesta.	Ojalá que Juan no esté en casa.
Ojalá vengas a la fiesta.	Ojalá Juan no esté en casa.

EJERCICIO.

G)- Imagínese que este es su primer día en la clase de español. Reflexione sobre cuáles serían sus expectativas y escríbalas utilizando 'ojalá'.

1. Ojalá ________________________
2. Ojalá________________________
3. Ojalá________________________
4. Ojalá________________________

5. Ojalá____
6. Ojalá____

EXPRESIONES DE DUDA Y NEGACIÓN.

Se utiliza también el subjuntivo en la cláusula subordinada cuando la cláusula independiente expresa duda o negación.

cláusula independiente de negación o duda en indicativo	+	cláusula subordinada en subjuntivo

Las expresiones de duda o negación más comúnmente utilizadas en la cláusula principal en español son las siguientes:

dudar	no estar seguro	no es probable
negar	no pensar	es imposible
no creer	es posible	no es cierto
no es verdad	no es seguro	es improbable

Fíjese en los siguientes ejemplos.

No estoy seguro de que Jorge se vaya a casar.
Dudo que los soldados ataquen el pueblo.
No pienso que Lucía vaya a regresar.
Juan negó que su esposa tuviera una relación amorosa.

EJERCICIO

H)- Complete las siguientes frases de manera que tengan sentido.

1. Es increíble que la profesora________________________________
2. Es probable que Jennifer López______________________________
3. No es verdad que el equipo 'Lakers'__________________________
4. Dudo que Robert Redford____________________________________
5. Hillary Clinton negó que su esposo___________________________
6. No creo que la clase de español ______________________________

EL SUBJUNTIVO DESPUÉS DE ANTECEDENTES INDEFINIDOS O INEXISTENTES

En español, algunas veces, deseamos o buscamos algo que no existe o cuya existencia dudamos. En este caso, la cláusula subordinada deberá contener un verbo subjuntivo. Fíjese en los siguientes ejemplos.

1. Busco un libro que es bueno
2. Busco un libro que sea bueno.

En la primera frase, la persona que habla sabe exactamente cuál es el libro que busca, simplemente va más allá indicando, además, que es un buen libro. En la segunda frase, la persona que habla no sabe qué libro quiere, ni siquiera si existe, pero sí sabe que desea tener un libro bueno. Vemos, por lo tanto, que el uso del subjuntivo en este tipo de frases cambia, por completo, su significado.

Mire los siguientes grupos de frases y explique la diferencia en su significado.

¿Hay algo aquí que te gusta?
¿Hay algo aquí que te guste?

¿Hay en tu clase un chico que canta flamenco?
¿Hay en tu clase un chico que cante flamenco?

Voy a llamar a un profesor que habla español.
Voy a llamar a un profesor que hable español.

Se utiliza también el subjuntivo cuando la persona que habla sabe que la cláusula de la que habla no existe. Por ejemplo:

1. Tengo un tío que juega al baloncesto.
2. No tengo ningún tío que juegue al baloncesto.

EJERCICIO.

I)- Fernando acaba de matricularse por primera vez en su universidad o colegio. Con los siguientes grupos de palabras forme las preguntas que él haría y después conteste según sea el caso.

1. Haber/bar/servir/cerveza/en el campus.

2. Haber/profesores/tener/horas extra de oficina.

3. Haber/librería/vender/libros usados.

J)- Entreviste a un/a compañero/a de clase con las siguientes preguntas y escriba las respuestas.

1. ¿Hay alguien que te ayude con tus clases cuando estudias?

2. ¿Hay alguien con quien te guste almorzar todos los días?

3. ¿Hay algún profesor en tu universidad que no te guste?

4. ¿Hay algún libro de texto que te parezca barato en tu universidad?

____

____

____

5. ¿Hay alguien en tu vida que te motive a estudiar todos los días?

____

____

____

6. ¿Tienes algún profesor que te ayude con tu tarea en clase?

____

____

____

7. ¿Tienes alguna clase que comience a las 7 de la mañana?

____

____

____

EL SUBJUNTIVO DESPUÉS DE LAS CONJUNCIONES DE CONTINGENCIA Y PROPÓSITO.

Cuando una acción está relacionada con otra, esto es: cuando la acción A ocurre siempre y cuando la acción B tenga lugar, el subjuntivo deberá de usarse. A continuación se presenta una lista de las expresiones de contingencia más frecuentes:

a menos que — antes (de) que
con tal (de) que — en caso de que
para que

El subjuntivo será siempre el verbo que seguirá a las conjunciones anteriores. Por ejemplo:

A menos que tú me ayudes no terminaré la tarea a tiempo.
En caso de que Jorge venga dame dinero para él.
Con tal de que tú se lo digas a tu madre, yo te invitaré.

EJERCICIO.

A)- Utilice las conjunciones entre paréntesis para unir las siguientes frases. Haga, además todos los cambios necesarios en la frase para que aparezca gramaticalmente correcta.

1. Yo te escribiré. Tú me llamas por teléfono (con tal de que).

____

____

____

2. Juan y yo llevaremos una chaqueta. Hace frío (en caso de que).

____

____

____

3. Elena te llamará por teléfono. Vienes a mi casa (para que)

____

____

____

4. Yo terminaré la cena. Jorge va al cine (antes de que).

____

____

____

5. No podremos comprar la casa. Ganamos la lotería (a menos que).

____

____

____

EXPRESIONES FUTURAS O DE ACCIONES PENDIENTES.

Es común utilizar el subjuntivo en cláusulas adverbiales que nos indican cuando ocurre la acción de la cláusula independiente. Estas cláusulas aparecen después de las conjunciones.

Las conjunciones introductoras de las cláusulas adverbiales son las siguientes:

antes (de) que	después (de) que
tan pronto como	hasta que
en cuanto	cuando

El subjuntivo aparecerá en estas cláusulas subordinadas cuando la principal aparezca en un tiempo futuro, pero no cuando aparezca en un tiempo presente. Fíjese en los siguientes ejemplos:

Tiempos futuros (con subjuntivo en la cláusula subordinada)

Después de que termines nos iremos al cine.
Cuando tengas hambre cenaremos.
En cuanto venga Jorge hablaré con él.
Hasta que no me llames no compraré el libro.

Tiempos presentes (con indicativo en la cláusula subordinada).

Cuando cenamos vamos al cine todas las semanas.
En cuanto viene Jorge hablo con él.
Después de que Juan termina de cenar nos acostamos.

EJERCICIO.

B)- Termine las frases siguientes de forma que tengan sentido y de que sean gramaticalmente correctas. Analice después los dos verbos que aparecen en cada frase.

1. Iremos al cine cuando tú____________________

____

____

2. Escribiré la carta en cuanto tu hermana____________________

____

____

3. Terminaré de cenar antes de que mi novia____________________

____

4. Voy al cine cuando Juan____________________

____

____

5. Tan pronto como tú entras en la clase yo____________________

____

____

LAS FORMAS IMPERSONALES

En español existen tres formas verbales impersonales: el infinitivo, el participio pasado y el gerundio.

El infinitivo.

El infinitivo es el 'título' -por así llamarlo- del verbo. Todo infinitivo terminará en -ar, -er o -ir dependiendo si se trata de un verbo de la primera, de la segunda o de la tercera conjugación. 'Hablar' es el infinitivo del verbo que hemos estado conjugando en éste y en el capítulo anterior. Al analizarlo podemos decir tan sólo eso: es el infinitivo del verbo hablar.

El participio pasado.

El participio pasado es la parte del verbo que se encuentra después del verbo 'haber' en todos los tiempos compuestos. Por ejemplo:

Yo he hablado
Yo he vivido
Yo he comido

Conviene notar que, a la hora de conjugar un verbo compuesto, el auxiliar se conjuga, mientras que el participio pasado es constante. Fíjese en los verbos compuestos del indicativo en el capítulo anterior.

Es importante prestar especial atención al uso erróneo del participio pasado en sus formas irregulares. Los verbos irregulares del participio pasado son los siguientes:

Infinitivo	forma correcta del participio pasado	forma incorrecta del participio pasado
abrir	abierto	abierto
caer	caído	caedo
cubrir	cubierto	cubrido
decir	dicho	decido
descubrir	descubierto	descubierto
deshacer	deshecho	deshacido
devolver	devuelto	devolvido
envolver	envuelto	envolvido
escribir	escrito	escribido
imponer	impuesto	imponido
imprimir	imprimido	impreso
ir	ido	iedo
leer	leído	leyedo
morir	muerto	morido
oír	oído	oyido
poner	puesto	ponido
rehacer	deshecho	deshacido
reír	reído	reyido
resolver	resuelto	resolvido
romper	roto	rompido
traer	traído	trayido
ver	visto	vido
volver	vuelto	vuelto

El gerundio

Conocido también con el nombre de participio presente, el gerundio es también una forma impersonal del verbo y se utiliza para formar el presente progresivo (estar + gerundio). Por ejemplo:

María está <u>cantando</u>.

Las formas irregulares del gerundio son las siguientes:

Infinitivo	**Gerundio (o participio presente)**
caer	cayendo
creer	creyendo
decir	diciendo
dormir	diciendo
ir	yendo
leer	leyendo
mentir	mintiendo
morir	muriendo
oír	oyendo
pedir	pidiendo
poder	pudiendo
preferir	prefiriendo
reír	riendo
seguir	siguiendo
sentir	sintiendo
ser	siendo
servir	sirviendo
traer	sirviendo
venir	viniendo

EJERCICIOS.

L)- Conjugue las siguientes formas impersonales y del imperativo y después conjugue la primera persona del singular de los demás tiempos del verbo comer.

Infinitivo:
Participio:
Gerundio:

IMPERATIVO

Imperativo formal singular:

Imperativo formal plural:

Imperativo informal singular:

Imperativo informal plural:

INDICATIVO

Presente:

Futuro:

Pretérito:

Imperfecto:

Condicional:

Presente perfecto:

Pretérito perfecto:

Pluscuamplerfecto:

Futuro perfecto:

Condicional perfecto:

SUBJUNTIVO

Presente:

Imperfecto:

Futuro:

Presente perfecto:

Pluscuamperfecto:

Futuro perfecto:

M)- Indique si los siguientes verbos son de la primera, de la segunda o de la tercera conjugación.

1. Cantar	2. Comer	3. Marchar	4.Conceder
5. Mirar	6. Vivir	7. Escribir	8. Beber

N)- Analice los siguientes verbos:

1. Yo habré dicho ____

2. Elena y yo hubiéramos cantado

3. Mirando

4. Estudie usted

5. Yo lanzaba

6. Pedro y Juan coman

7. Jorge y yo habríamos bailado

8. Tú y Pepe diréis

9. Pedro y Elena habían dibujado

10. Yo compraría

ORTOGRAFÍA.

La g y la j.

La g tiene el mismo sonido que la j cuando va delante de la 'e' o de la 'i', o siempre y cuando no exista una 'u ' entre la g y la vocal que sigue. Fíjese en los siguientes ejemplos:

paraguas	guerra	guitarra	guapa	Guadarrama
germinar	génesis	ginebra	gira	gigante
gato	goma	gusto	gusano	gelatina

Sonidos suaves de la 'g': ga, gue, gui, go, gu, güe, güi.
Sonidos fuertes de la 'g': ge, gi
He aquí las reglas más importantes sobre el uso correcto de la letra 'g'.

1. Se escriben con g las palabras que terminan en -gia, -gía, -gio -gión, -gioso, -gírico, -gionario y -gional. Por ejemplo:

regional	región	pedagogía
regio	sufragio	colegio
magia	religión	prodigio
legionario	religioso	naufragio

2. Se escriben con g la mayoría de las palabras que empiezan por gene-, geni-, gem- y gene-. Por ejemplo:

genético	gema	genio
general	genólogo	generoso

3. Se escriben con g las palabras que comienzan con geo-. Este prefijo griego significa 'tierra'. Por ejemplo:

geológico	geografía	geólogo
geometría	geofísica	geocéntrico

4. Se escriben con g las palabras que terminan con -logía y -algia. Por ejemplo:

teología	nostalgia	antropología
biología	etimología	meteorología

5. Se escriben con g los verbos que terminan en -ger y -gir. A esta regla se exceptúan: tejer, brujir y crujir. Por ejemplo:

proteger dirigir fingir
emerger recoger coger

6. Se escriben con g las palabras que terminan con -gésimo -genario. Por ejemplo:

vigésimo trigésimo cuadragenario

7. Se escribe con g la sílaba gen. Por ejemplo:

Virgen negligencia general

EJERCICIOS.

O)- Escriba 10 palabras que comiencen con la letra g.

____

____

____

____

____

P)- Escriba 5 palabras -que no sean las que ha visto ya en este capítulo- que terminen en -gía.

____

____

____

____

Q)- ¿Sabe qué significa el prefijo 'geo-' y de dónde proviene?

____

____

____

REFRÁN

> **"Cuanto más escarba la gallina, más tierra se echa encima."**

Discuta con sus compañeros el refrán anterior y escriba su significado formal detalladamente en las líneas a continuación.

VOCABULARIO

Busque en este capítulo 5 palabras cuyo significado desconoce y escríbalo aquí. Después componga una frase con cada uno de los vocablos.

1 ____________________

2 ____________________

3 ____________________

4 ____________________

5

EJERCICIOS DE REPASO

1. Analice los siguientes verbos.

A). Fernando jugaría

B). Reza tú

C). Nosotros gritaremos

D). Yolanda y Cristina habían olvidado

E). Estudien ustedes

2. En las siguientes frases indique cuáles son las cláusulas principales y cuáles son las cláusulas subordinadas.

A). Ellos no piensan que Juan estudie demasiado.

B). Celia duda que ellas trabajen en Francia.

C). Yo quiero que tú te cases con mi hermano.

D). La profesora me pidió que llegara temprano a clase.

E). Mi madre se alegra de que yo reciba el premio.

F). Mis alumnos esperan que yo les dé un examen fácil.

G). Es una lástima que no vengas al cine.

3. Ahora analice los dos verbos de cada una de las frases anteriores.

A). ____

____

B). ____

____

C). ____

____

D). ____

____

E). ____

____

F). ____

____

G). ____

____

3. ¿Cuáles son las tres formas verbales impersonales en español?

____

____

4. Conjugue las siguientes formas impersonales y del imperativo y después conjugue la primera persona del singular de los demás tiempos del verbo decir.

Infinitivo:

Participio:

Gerundio:

<u>IMPERATIVO</u>

Imperativo formal singular:

Imperativo formal plural:

Imperativo informal singular:

Imperativo informal plural:

<u>INDICATIVO</u>

Presente:

Futuro:

Pretérito:

Imperfecto:

Condicional:

Presente perfecto:
Pretérito perfecto:
Pluscuamplerfecto:
Futuro perfecto:
Condicional perfecto:

SUBJUNTIVO

Presente:
Imperfecto:
Futuro:
Presente perfecto:
Pluscuamperfecto:
Futuro perfecto:

5. En el siguiente párrafo corrija los errores ortográficos relacionados con la g y con la j.

En jeneral, la jente de mi barrio protege mucho la imagen de la Virjen de Juadalupe. Hoy es el vijésimo aniversario de la construcción que dirijió hace ya mucho el general Pedro san Lúcar que era un hombre jeneralmente muy relijioso.

PARA TERMINAR

CORRESPONDENCIA Y DOCUMENTOS COMERCIALES

Vocabulario comercial útil

correspondencia comercial	business correspondence
currículum vitae	resume, dossier
expediente personal	resume, dossier
solicitud de empleo	employment application
la presente	this letter, this one
estimado	dear
nos es grato	it is our pleasure
con mucho gusto	with pleasure
antedicho	mentioned before
solicitante	applicant
remitente	sender
destinatario	addressee
comprobante	prove
afán	eagerness
gerente	supervisor
organigrama	organizational chart
desempeño	performance
nos agrada	it is our pleasure
presupuesto	Estimate/budget

La carta comercial

La carta comercial es un documento escrito que se envía entre personas y empresas para discutir temas empresariales. Si bien es siempre importante escribir con corrección, en la correspondencia comercial este aspecto cobra especial importancia, ya que los errores gramaticales y/o ortográficos proyectan una imagen negativa cara al público o a otras compañías.

Es importante, por otro lado, asegurarse de que la carta comercial es concisa. En otras palabras: el mundo de los negocios necesita leer exclusivamente la información pertinente al tema en cuestión. Su tono ha de ser siempre respetuoso, cortés y profesional.

Una carta comercial completa contendrá los siguientes elementos: El membrete, la fecha, el nombre y dirección del destinatario, la línea de atención, referencia, saludo, texto, despedida, ante firma, firma, iniciales y anexos.

A)- **El membrete** se encuentra situado en la parte superior central de la carta y contiene el nombre de la compañía o individuo, su dirección y, con frecuencia, su número de teléfono. Aquí, con frecuencia, verá la palabra 'calle' escrita con su abreviatura 'C/'.

B)- **La fecha** indica, como su nombre indica, el día, mes y año en que la carta se escribe y generalmente aparece debajo del membrete en el margen derecho de la carta.

C)- **El destinatario** aparece debajo de la fecha pero en el margen izquierdo de la carta. Aquí se incluye el nombre de la persona o empresa al que la carta va dirigida y su dirección.

D)- **Línea de atención** no es siempre necesaria en la carta y se usa para especificar el departamento o persona a la que la carta se dirige.

E)- **El saludo** es una frase corta que inicia la carta. Algunos ejemplos de frases de saludo son: Estimado señor, distinguidos señores, muy señores míos, señores, etc. En inglés, el saludo finaliza con una coma tras la cual comienza un nuevo párrafo. En español es igual, sin embargo, en vez de finalizar el saludo con una coma, se hace con dos puntos.

F)- **El texto** es el mensaje en sí que se desea mandar. Aquí es donde se escribe sobre el tema que se desea discutir. Algunas de las frases con las que se inicia el texto son las siguientes;

El motivo de la presente carta...
En relación al pedido número...
Siento informarle....
Tengo el placer de informarle...
Le remitimos la presente para mantenerle al tanto de...
Acusamos recibo de su pedido número...

G)- Despedida. La despedida es también una corta frase para concluir el texto. Algunos ejemplos de frases de despedida son: Muy atentamente, sinceramente, cordialmente, a la espera de noticias suyas, etc.

H)- Antefirma. La antefirma aparece encima de la firma y es, generalmente, el nombre de la empresa. Ha de escribirse con letras mayúsculas.

I)- Iniciales. Se escriben debajo de la firma en el margen izquierdo. Primero, en mayúscula, van las iniciales de la persona que firma la carta, y a continuación, separadas por un guion diagonal en minúscula, las iniciales de la persona que mecanografió la carta. Por ejemplo, una carta escrita por Jorge Rodríguez Villar y redactada por Clara Groba Pérez aparecería: JRV/cgp

J)- Anexos. En el mismo margen que las iniciales, y dos líneas más abajo, los anexos nos indican lo que el remitente adjunta con la carta, ya sea un catálogo, presupuesto etc.

K)- Frase de copia carbón. Si el remitente desea mandarle una copia de la carta a una tercera persona, lo indicará con las letras cc: seguido del nombre de la persona o personas a las que se le manda dicha copia. Esta frase va, al igual que las dos partes anteriores, en el margen izquierdo de la carta y dos líneas después de los anexos.

L)- Posdata. La posdata aparece al final de la carta, va precedida de las iniciales P.D. y se utiliza para indicar algo, generalmente ajeno al tema principal de la carta, que el remitente desea añadir.

Las abreviaturas más importantes en el mundo empresarial son las siguientes:

S.A.	sociedad anónima
S.L.	sociedad limitada
Exmo.	excelentísimo
Vol., vols.	volumen, volúmenes
admón.	administración
c/c	cuenta corriente
cía	compañía
S.M.	su majestad
sig.,sigs.	siguiente, siguientes
P.D.	postdata
kg	kilogramo
izda.	izquierda
dcha.	derecha
ntro.	nuestro
ib., ibid.	en el mismo lugar
p. ej.	por ejemplo
s.s.s	su seguro servidor

A continuación le presentamos un modelo de la carta comercial. Examínela y haga los ejercicios a continuación.

Floristería Bayona
C/ Oporto, 2
Vigo 91501
914-251-83-00

22 de mayo de 2004
Cristalería Morán
C/ Amado Nervo, 2
Madrid 25341

Atención: Manuel Martínez Villar

REF: Pedido número 5463

Estimado Sr. Martínez Villar:

Como usted recordará, el pasado 22 de enero del presente año realizamos un pedido de 150 jarrones de cristal labrados a mano. Si bien usted me garantizó que nos los enviaría en un plazo de 10 días, lo cierto es que han pasado 4 meses y no se han recibido.

Le ruego investigue el paradero de nuestra mercancía y que se ponga en contacto con nosotros lo antes posible indicándonos cuándo podremos recibirla.

Sinceramente,

FLORISTERÍA BAYONA

Paulino Sánchez Pérez
Gerente
PSP/apg
Anexo: copia del pedido original

P.D. Por favor, salude cordialmente de mi parte al director general Marcos Santos Palacios.

EJERCICIOS

1)- Escriba una carta comercial pretendiendo que usted es Manuel Martínez Villar y que está respondiendo a la recibida en la página anterior.

2)- Lea la carta de la página anterior e identifique las doce partes de la carta comercial.

3)- Escriba una carta comercial basándose en la siguiente información:

El día 4 de julio de 1999, Don Diego Santos Ramos, director de marketing de la compañía Porcelanosa S.A., situada en la calle Camino Real número 12 en la ciudad de Santiago de Compostela 35487, le remite una carta a Luis Campos Silva indicándole que se alegra de que le gustaran los muestrarios y que Porcelanosa había recibido su pedido número 8391. Don Santos le indica que los azulejos pedidos serán enviados en 2 días laborales.

Con esta carta, el señor Santos le envía el último catálogo de la temporada. La mecanógrafa de esta carta es Josefa Pérez Pando.

4)- Una vez redactada la carta anterior, escríbala en una computadora dándole el aspecto más profesional posible.

5)- Escriba la carta comercial que usted cree que Luis Campos Silva le mandó a Porcelanosa haciendo el pedido. Asegúrese de incluir las 12 partes de una carta comercial.

El Currículum Vitae

El Currículum Vitae es otro documento comercial, en este caso escrito específicamente con la idea de obtener un empleo determinado. Se presentará aquí información concisa sobre el solicitante, su formación académica, su experiencia profesional y las organizaciones a las que el aspirante pertenece o ha pertenecido.

Se ha de tener en cuenta que, en cierto modo, el Currículum Vitae es como una carta de presentación, y que su meta inmediata es la de obtener una entrevista con el empleador. Las compañías que reclutan empleados reciben, probablemente gran cantidad de solicitudes, por lo que es necesario producir un documento que nos garantice nuestra pre-selección. Para ello, conviene que el Currículum no exceda las dos páginas, que esté cuidadosamente redactado sin errores gramaticales y/o ortográficos, en papel de calidad y que invite a una lectura fácil y fluida. Podemos presentar la información del Currículum Vitae mediante:

A)- **El Currículum Vitae cronológico.** Bajo este formato, el solicitante comienza con la información más antigua y continúa hasta llegar al presente. La ventaja principal de este formato es que la compañía tiene la oportunidad de observar la formación progresiva del individuo así como su estabilidad personal y/o profesional. Esta es la manera más común y tradicional de escribir este documento.

B)- **El Currículum Vitae de cronología inversa.** Si bien este sistema es menos tradicional que el anterior, lo cierto es que comienza a ganar popularidad en el mundo empresarial. Consiste en escribir la experiencia más reciente primero y continuar hasta llegar a los datos de más antigüedad. La ventaja de este tipo de documento es que se pueden resaltar con más facilidad la experiencia y estudios más pertinentes al trabajo para el que se está solicitando.

C)- **El Currículum Vitae funcional.** Al escribir este tipo de documento, el solicitante ignora la línea temporal y se limita a agrupar su experiencia y estudios de forma que se pueda resaltar la información más relevante.

Fíjese en el siguiente ejemplo de un Currículum Vitae cronológico y después haga los ejercicios a continuación.

Nombre y apellidos: Jorge J. Rodríguez Villar
Fecha de nacimiento: 28 de diciembre de 1960
Lugar de nacimiento: Vigo
Dirección: Polígono de Coya, 40. Vigo 25183
Teléfono: (95) 2-51-83-00
Email: Jorge@hotmail.com

FORMACIÓN ACADÉMICA

1980-1984 Licenciado en Ciencias Políticas por la Universidad de Santiago de Compostela.
1984-1987 Maestría en Ciencias Empresariales por la universidad Complutense en Madrid.

OTROS CURSOS Y SEMINARIOS

1986 "Política Exterior del Comercio con los Estados Unidos" por el Ministerio de Asuntos Exteriores de España.
1988 "La exportación agrícola y las nuevas leyes internacionales" por el Departamento de Estudios del Ministerio de Economía y Hacienda.

EXPERIENCIA PROFESIONAL

1987- 1990 Supervisor del departamento de Exportaciones de Frigoríficos Berbés S.A. de Vigo.

1990- 1997 Presidente de Fribesa S.A. de Alicante.

1997- presente. Presidente de la compañía internacional Frigo. S.L.

IDIOMAS

INGLÉS: Con título honorario de la Escuela Oficial de Idiomas de Madrid (también viví en U.S.A. durante 5 años).
GALLEGO: Con certificación oficial de la Xunta de Galicia.
FRANCÉS: Dos años de estudios en la escuela de idiomas Film de Vigo.

INFORMÁTICA

Conocimientos de: Windows, Word Perfect, Internet, Bases de Datos, Excel y Lotus.

OTROS DATOS DE INTERÉS

Poseo la doble nacionalidad España-Estados Unidos así como conocimientos extensos de ambas culturas, metodologías de marketing y regulaciones empresariales.

REFEFENCIAS

Serán entregadas en caso de que me las soliciten.

EJERCICIOS.

A)- Trabajando en grupos, pídale a un compañero todos los datos que sean necesarios y escriba después su Currículum Vitae cronológico.

B)- Trabajando en grupos, escriba el Currículum Vitae de cronología inversa que usted cree que tiene el actor Tom Cruise.

C)- Escriba una carta comercial en la que usted solicita un empleo e incluya, después, su propio Currículum Vitae Funcional.

D)- ¿Qué ventajas cree usted que tiene el uso de un Currículum Vitae funcional? Discútalo con un grupo de compañeros y describa aquí por lo menos 3 de las ventajas.

____

____

____

____

____

____

____

____

LOS NÚMEROS EN ESPAÑOL

1	uno/a (un)	11	once	21	veinte y uno
2	dos	12	doce	22	veinte y dos
3	tres	13	trece	30	treinta
4	cuatro	14	catorce	40	cuarenta
5	cinco	15	quince	50	cincuenta
6	seis	16	diez y seis*	60	sesenta
7	siete	17	diez y siete	70	setenta
8	ocho	18	diez y ocho	80	ochenta
9	nueve	19	diez y nueve	90	noventa
10	diez	20	veinte	100	cien

101	ciento uno (un)	1.000	mil
102	ciento dos	2.000	dos mil
200	doscientos/as	3.000	tres mil
300	trescientos/as	1.000.000	un millón
400	cuatrocientos/as	2.000.000	dos millones
500	quinientos/as **		
600	seiscientos/as		
700	setecientos/as ***		
800	ochocientos/as		
900	novecientos/as ****		

* Conviene notar que para los números del 16 al 19, existen dos formas correctas de ortografía. Podemos escribir, por ejemplo, diez y seis y dieciséis. Es decir, puede estar compuesto por 3 palabras o por una.

** El número quinientos se confunde con frecuencia con cincocientos (que es incorrecto). Recuerde, además, que los números del 200 al 900 tienen una terminación masculina o femenina dependiendo del nombre que siga al número.

*** El número setecientos con frecuencia se confunde con sietecientos (que es incorrecto).

*** El número novecientos con frecuencia se confunde con nuevecientos (que es incorrecto).

El número 1.000.000 irá seguido de la palabra 'de' si hay 6 ceros y al número le sigue un sustantivo. Por ejemplo:

5.000.000 de chicos

Sin embargo, está mal decir: 1.250.000 de chicos, pues no contiene el número 6 ceros.

En España y en muchos países de América latina y Europa, se utiliza el punto para marcar los miles, y la coma para los decimales. Por ejemplo, en Estados unidos escribimos: $1,256,415.25 para indicar un millón, doscientos cincuenta y seis mil cuatrocientos quince dólares con veinticinco centavos. Ese mismo número en España se escribiría: $1.256.415,25.

EJERCICIOS.

1. Escriba con palabras los siguientes números:

$1.963.401,35

____

____

____

____

201.903 chicas

____

____

____

____

36.405.201 libros

____

____

____

956.406.258,21 casas

101 relojes

2. Escriba con palabras los siguientes números.

$555.550,51

289.247 personas

191.000.000 libros

3. Escriba con palabras los siguientes números.

888.501 días

596. 401 sillas

901.563,31 pesos

1.205.469 fotografías

19.000.000 habitantes

RESPUESTAS A LOS EJERCICIOS DE REPASO

CAPITULO 1

1. Silabifique las siguientes palabras:

Detonador de-to-na-dor

Blanquecino blan-que-ci-no

Extremo ex-tre-mo

Huelva Huel-va

Actual ac-tu-al

Obstáculo obs-tá-cu-lo

Tablero ta-ble-ro

Creyente cre-yen-te

2. Silabifique las siguientes palabras y después subraye los diptongos donde los haya.

Guapo gua-po

Aéreo a-é-re-o

Cuaderno cua-der-no

Aguacero a-gua-ce-ro

Voy voy

Escueto es-cue-to

Acentuación a-cen-tua-ción

Duende duen-de

Vuestros vues-tros

Pesado pe-sa-do

3. Silabifique las siguientes palabras. Después subraye los diptongos donde los haya y ponga acento escrito en cada palabra según sea necesario.

Caballero ca-ba-lle-ro

Tambien tam-bién

Lingüistico Lin-güis-ti-co

Cuentaselo cuén-ta-se-lo

Pagina pá-gi-na

Encuadernacion en-cua-der-na-ción

Magico má-gi-co

Guantanamo Guan-tá-na-mo

4. Silabifique las siguientes palabras, subraye el diptongo donde lo haya es escriba el acento escrito o tilde en las palabras que lo necesiten. A continuación explique por qué ha escrito u omitido la tilde en cada caso.

Mecanico me-cá-ni-co. Las palabras que terminan en n, s o vocal tienen el acento fonético en la penúltima sílaba. Aquí ponemos el acento para notar que se ha roto la regla.

Humedo hú-me-do. Las palabras que terminan en n, s o vocal tienen el acento fonético en la penúltima sílaba. Aquí ponemos el acento para notar que se ha roto la regla.

Airear ai-re-ar. Las palabras que no terminan ni en n ni en s ni en vocal tienen el acento fonético en la última sílaba. Aquí ponemos el acento para notar que se ha roto la regla.

Oigamos oi-ga-mos. Las palabras que terminan en n, s o vocal tienen el acento fonético en la penúltima sílaba. Aquí ponemos el acento para notar que se ha roto la regla.

Gonzalez Gon-zá-lez. Las palabras que no terminan ni en n ni en s ni en vocal tienen el acento fonético en la última sílaba. Aquí ponemos el acento para notar que se ha roto la regla.

Funcion fun-ción. Las palabras que terminan en n, s o vocal tienen el acento fonético en la penúltima sílaba. Aquí ponemos el acento para notar que se ha roto la regla.

Aclaracion a-cla-ra-ción. Las palabras que terminan en n, s o vocal tienen el acento fonético en la penúltima sílaba. Aquí ponemos el acento para notar que se ha roto la regla.

Buenisimo bue-ní-si-mo. Las palabras que terminan en n, s o vocal tienen el acento fonético en la penúltima sílaba. Aquí ponemos el acento para notar que se ha roto la regla.

Admiracion ad-mi-ra-ción. Las palabras que terminan en n, s o vocal tienen el acento fonético en la penúltima sílaba. Aquí ponemos el acento para notar que se ha roto la regla.

Envidioso en-vi-dio-so. Las palabras que terminan en n, s o vocal tienen el acento fonético en la penúltima sílaba. Aquí no ponemos acento escrito porque no se ha roto la regla.

5. Complete las siguientes frases con la palabra correcta según las reglas de acentuación que ha aprendido en este capítulo.

A)- Las palabras que terminan en n, s o vocal tienen el acento natural o fonético en la penúltima sílaba.

B)- Las palabras que no terminan ni en n ni en s ni en vocal tienen el acento fonético o natural en la última sílaba.

C)- Es necesario poner acento escrito o tilde cuando las dos reglas anteriores se rompen -o no se cumplen-.

6. ¿Qué es un diptongo? ¿Qué es un triptongo?

Un diptongo es la combinación de dos vocales débiles o de una vocal débil con una fuerte en la misma sílaba.

Un triptongo es la combinación de tres vocales débiles o de dos vocales débiles con una fuerte en una misma sílaba.

7. Dé dos ejemplos de palabras que contengan diptongos y otros dos de palabras que contengan triptongos.

Diptongos: bueno, hielo, guapo. Triptongos: Paraguay, buey, apreciéis.

8. Escriba acento escrito en las palabras que lo necesiten.

A)- Ramón se cayó del camión.

B)- No sé si Juan va a decir que sí o que no.

C)- Quiero comer más pan, mas no tengo hambre.

D)- Este regalo no es para ti, es para mí de parte de tus amigos.

E)- El perrito que me trajo él era precioso.

F)- No sé de donde es el té, pero te puedo dar más café.

G)- Tú sabes muy bien que mi casa es tu casa.

9. Escriba acento escrito en las palabras que lo necesiten.

A)- Sólo tengo tres hermanos en mi ciudad.

B)- Cuando Gerardo está solo, sólo quiere comer hamburguesas.

C)- Sólo te lo voy a decir una vez.

D)- Sólo te doy el té si me dices la verdad.

10. Ponga acento escrito en las palabras que lo necesiten.

A)- Estos guías son muy buenos, pero aquéllos son malísimos.

B)- Estos libros que compré son excelentes, pero ésos que me diste no me gustan.

C)- Esta misión en Santa Bárbara es preciosa, pero aquella en Nuevo México es fea.

11. Subraye los diptongos y los hiatos en las siguientes palabras. Márquelos con una **d** o una **h**.

1. abuela.d	2. tía.h	3. aeropuerto.h,d	4. buen.d
5. reaparecer.h	6. cuatro.d	7. oeste.h	8. héroe.h
9. buitre.d	10. miedo.d	11. iría.d	12. hiato.d

12. Rellene los espacios en blanco con la palabra correspondiente.

En español las palabras que tienen una sola letra se llaman monolíteras.

pero las que tienen una sola sílaba se llaman monosílabas.

Las palabras que tienen dos sílabas se llaman bisílabas y las que tienen tres sílabas son trisílabas.

Las palabras o frases que se escriben igual de izquierda a derecha que de derecha a izquierda se llaman polídromas.

Los diptongos son la combinación de dos vocales débiles o de una vocal débil con una fuerte.

Un hiato es la combinación de dos vocales fuertes juntas en una palabra.

CAPÍTULO 2

1. Rellene los espacios en blando con la letra mayúscula o minúscula que corresponda.

A)-Gerald Ford fue un gran presidente en Estados
Unidos.

B)- Mis amigos dicen que Juan es argentino.

C)- Ana estudia español pero no le gusta el francés.

D)- Fernando nació el 3 de abril de 1980.

E)- La paz es imprescindible en el mundo.

2. Indique el género de cada palabra poniendo una F delante de las palabras femeninas y una M delante de las palabras masculinas.

1. Ambigüedad F	2. Hermandad F	3.Seducción F
4. Tema M	5. Actriz F	6. Mano F
7. Perro M	8. Lápiz M	9. Mujer F

3. Escriba el plural de las siguientes palabras.

A)- El cáliz los cálices	B)- Un toro unos toros
C)- El iraní los iraníes	D)- Un tapiz unos tapices
E)- La chica las chicas	F)- El reloj los relojes

4. En el siguiente párrafo corrija las faltas de ortografía relacionadas con el uso correcto de las mayúsculas en español.

Cuando Fernando fue a Gualadajara, encontró al Rey de España sentado en las escaleras del palacio de la ciudad. Su primo Juan le había advertido que es bastante común encontrar al Rey en lugares donde uno nunca esperaría encontrar a un miembro de la nobleza. De hecho, durante la Edad Media estas cosas no ocurrían. Cuando pasó aquello era Noche Buena y Fernando lo vio como un regalo perfecto de Navidad.

CAPÍTULO 3

1. Substituya las palabras en paréntesis por la que corresponda en español para cada frase.

A)- Esta mujer es muy alta.

B)- Esas -o aquellas- manos son perfectas para los guantes.

C)- Este dilema is very interesting.

D)- Ese -o aquel- día fuimos todos a la playa.

2. En español existen 5 clases de adjetivos. ¿Cuáles son? Adjetivos demostrativos, adjetivos posesivos, adjetivos descriptivos, adjetios cuantitativos y adjetivos indefinidos.

3. Escriba las siguientes frases en español. Después subraye el adjetivo e indique de qué tipo de adjetivo se trata.

A)- These days we go to the beach often.

Estos días vamos a la playa con frecuencia. Adjetivo demostrativo.

B)- Her books are in the house.

Sus libros están en la casa. Adjetivo posesivo.

C)- Eva is a very funny girl! ¡Eva es una chica muy cómica! Adjetivo descriptivo.

D)- Our class is at 12:00. Nuestra clase es a las 12. Adjetivo posesivo.

4. Escriba las siguientes frases en español. Después subraye el adverbio en cada una de ellas e indique de qué clase de adverbio se trata.

A)- Juan and Pedro are under the tree. Juan y Pedro están debajo del árbol. Adverbio de lugar.

B)- We will go to the movies tomorrow. Nosotros iremos al cine mañana. Adverbio de tiempo.

C)- I never study at night. Yo nunca studio por la noche. Adverbio de tiempo.

D)- Gary speaks German very well. Gary habla alemán muy bien. Adverbio de modo.

E)- My new friend is very tall. Mi amigo Nuevo es muy alto. No tiene adverbio.

F)- Your book is inside the box. Tu libro está dentro de la caja. Adverbio de lugar.

5. En las siguientes frases indique cuáles son los adjetivos y qué clase de adjetivos son.

A)- En esta clase hay chicos muy simpáticos. Adjetivo demostrativo y adjetivo descriptivo.

B)- Nuestra madre es muy bondadosa. Adjetivo posesivo y adjetivo descriptivo.

C)- Estos libros no me gustan, son muy aburridos. Adjetivo demostrativo y adjetivo descriptivo.

D)- No me gusta ni tu falda larga ni su jersey grueso. Adjetivo posesivo, adjetivo posesivo y adjetivo descriptivo.

E)- Nuestro hijo es guapísimo. Adjetivo posesivo y adjetivo descriptivo.

F)- Aquella profesora de español es excelente. Adjetivo demostrativo y adjetivo descriptivo.

7. Rellene los espacios en blanco con la palabra adecuada.

Los adjetivos modifican o describen un nombre o sustantivo. Los adverbios describen un verbo, un adjetivo o un adverbio.

8. Enumere los siete tipos de adverbios en español. : Adverbios de lugar, tiempo, modo, cantidad, afirmación, duda y negación.

9. Indique cuál es el adverbio en cada frase y qué clase de adverbio es.

A)- Juan escribe muy bien. Adverbio de modo.

B)- Nuestra hermana está delante de ti. Adverbio de lugar.

C)- Yo te quiero mucho. Adverbio de cantidad.

D)- Ayer fuimos a ver una película excelente. Adverbio de tiempo.

E)- Tal vez encuentres un buen libro en la biblioteca. Adverbio de duda.

F)- Juan quiere ver también a tus amigos. Adverbio de afirmación.

G)- Elena tampoco quiere viajar con ese chico. Adverbio de negación.

CAPÍTULO 4

1. Explique qué clase de comparación es cada una de las siguientes frases.

A)- Gerardo es tan guapo como su hermano. Comparación de adjetivos de igualdad.

B)- Yo escribo mejor que tú. Comparación de adverbios de desigualdad de superioridad.

C)- Ella tiene más hermanas que su amiga. Comparación de nombres de desigualdad de superioridad.

D)- Paco es menor que su primo. Comparación de adjetivos de desigualdad de inferioridad.

E)- Adela nada más que su esposo. Comparación de verbos de desigualdad de superioridad.

F)- Adela nada mejor que su esposo. Comparación de adverbios de desigualdad de superioridad.

G)- Yo tengo más de cinco dólares. Comparación de nombres de desigualdad de superioridad.

H)- Ella tiene tantos perros como Fernando. Comparación de nombres de igualdad.

I)- Nuestra universidad es mejor que la de mis amigos. Comparación de adjetivos de desigualdad de superioridad.

J)- Francisco es tan listo como su padre. Comparación de adjetivos de igualdad.

2. En el siguiente párrafo, corrija las faltas ortográficas relacionadas con el uso de la "h" en español.

Mi hermana ~~H~~eva es una hipocondríaca. Ella siempre ha pensado que va a morir antes de recibir ella la herencia de su madre. Ella siempre está de mal humor y cuando se ha sentido mal, nunca ha querido que la lleve al hospital.

CAPÍTULO 5

1. Escriba las siguientes frases en español. A continuación indique cuáles son reflexivas y cuáles no.

A)- Elena waters the plants every day.

Elena riega las plantas todos los días. No reflexiva.

B)- Pedro shaves twice a week.

Pedro se afeita dos veces por semana. Reflexiva.

C)- She gets up at 7 a.m. every day.

Ella se levanta a las 7 de la mañana todos los días. Reflexiva.

D)- We want to take a shower when we get home.

Nosotros queremos ducharnos cuando lleguemos a casa. Reflexiva.

E)- I like eating pasta all the time.

Me gusta comer pasta todo el tiempo. No reflexiva.

F)-Juan washes his hair every Tuesday.

Juan se lava el pelo todos los martes. Reflexiva.

G)- Juan and Pedro write to each other frequently.

Juan y Pedro se escriben el uno al otro con frecuencia. No reflexiva.

H)- Jorge turned red because he was so ashamed.

Jorge se puso rojo porque estaba avergonzado. Reflexiva.

2. Escriba las siguientes frases en español. A continuación indique si son recíprocas o reflexivas.

A)- You and I write to each other every day.

Tú y yo nos escribimos el uno al otro todos los días. Recíproca.

B)- Paco and Yolanda help each other often.

Paco y Yolanda se ayudan el uno a la otra con frecuencia. Recíproca.

C)- My sisters took a shower at the house.

Mis hermanas se ducharon en la casa. Reflexiva.

D)- Juan got married in September.

Juan se casó en septiembre. Reflexiva.

E)- The dogs play with each other all the time.

Los perros juegan los unos con los otros todo el tiempo. Recíproca.

F)- We look at ourselves in the mirror often.

Nosotros nos miramos en el espejo con frecuencia. Reflexiva.

G)- You and I love each other.

Tú y yo nos queremos el uno al otro. Recíproca.

3. Indique qué frases contienen verbos reflexivos y qué frases contienen verbos recíprocos.

A)- Nosotros nos miramos al espejo con frecuencia. Reflexiva.

B)- Mi hermana y su novio nunca se abrazan. Recíproca.

C)- Los padres de mi amiga siempre se están gritando. Recíproca.

D)- Elena se peina todos los días. Reflexiva.

E)- Mi novio y yo nos amamos. Recíproca.

F)- La profesora y el alumno se respetan mutuamente. Recíproca.

2-Lea el siguiente párrafo y después corrija los errores ortográficos relacionados con la b y la v.

Mi hijo Víctor es buenísimo. Los viernes él siempre viaja rumbo a la escuela muy temprano y vuelve bien entrada la noche. Yo nunca le tengo que advertir nada. Para él, el ser responsable es algo muy obvio.

CAPÍTULO 6

1. ¿Cuáles son las tres partes principales de un ensayo?

Introducción, cuerpo y conclusión.

2. Rellene los espacios en blanco con la palabra correcta.

a). Un objeto directo en una frase recibe la acción del verbo de forma primaria y responde a la pregunta qué + el verbo de la frase.

b)- Un objeto indirecto en una frase recibe la acción del verbo de forma secundaria y responde a la pregunta a quién o para quién + el verbo de la frase.

3. En las siguientes frases subraye el objeto directo y después substituya el objeto directo por el pronombre de objeto directo.

a)- María canta muchas canciones. María las canta.

b)- Pedro desea viajar a Madrid. Pedro lo desea.

c)- ¡Come carne! Cómela.

d)- Ellos están leyendo el libro. Ellos lo están leyendo. -están leyéndolo-

e)- No hagas demasiado ejercicio. No lo hagas.

f)- ¿Quieres pintarte las uñas? ¿Quieres pintártelas? -¿Te las quieres pintar?

CAPÍTULO 7

A. Subraye el objeto directo en las siguientes frases.

1. Mi tío tiene mucho dinero.
2. Ellos no ganaron el premio.
3. María pasó un miedo terrible.
4. Esperanza quiere comer pan.

B. Subraye el objeto indirecto en las siguientes frases.

1. Mis padres nos mandan dinero a mi hermano y a mí todos los meses.
2. Yo les escribo cartas a ellos.
3. Juan le cuenta historias a sus primos.
4. Fernando les enseña trucos a sus perros.
5. Mi madre siempre me da muchos ánimos.
6. Eva le dio el anillo a su esposo.
7. Yo le pinto las uñas a mi hija con frecuencia.

C. Indique cuál es el objeto directo en las frases del ejercicio B.

1. dinero
2. cartas
3. historias
4. trucos
5. muchos ánimos
6. el anillo
7. las uñas

D. Reescriba las frases del ejercicio B utilizando los complementos pronominales.

1. Mis padres nos lo mandan a mi hermano y a mí todos los meses.
2. Yo se las escribo a ellos.
3. Juan se las cuenta a sus primos.
4. Juan se los enseña a sus perros.
5. Mi madre siempre me los da.
6. Eva se lo dio a su esposo.
7. Yo se las pinto a mi hija con frecuencia.

E. Rellene los espacios en blanco con la palabra que corresponda.

El objeto directo de la frase recibe la acción del verbo de forma primaria y responde a la pregunta ¿ qué + el verbo de la frase.

El objeto indirecto de la frase recibe la acción del verbo de forma secundaria y contesta a la pregunta ¿ a quién o para quién + el verbo de la frase.

F. Traduzca las siguientes frases al español.

1. The teacher gives books to her students.

El maestro les da libros a los estudiantes.

2. My mother gives me milk every day.

Mi madre me da leche todos los días.

3. I fixed the zipper for my friend.

Yo le arreglé la cremallera a mi amigo.

4. The musician played a symphony for us.

El músico nos tocó una sinfonía.

5. Juan and I gave chocolates to the teacher.

Juan y yo le dimos chocolates a la maestra.

G. Reescriba las frases anteriores utilizando los complementos pronominales.

1. El maestro se los da a los estudiantes.

2. Mi madre me la da todos los días.

3. Yo se la arreglé a mi amigo.

4. El músico nos la tocó

5. Juan y yo se los dimos a la maestra.

H. Conteste a las siguientes preguntas utilizando los complementos pronominales.

1. ¿Le mandaste una carta a tu novia?

Sí, se la mandé a mi novia.

2. ¿Nos dio la profesora mucha tarea?

Sí, nos la dio.

3. ¿Quieres darle la ropa vieja a los pobres?

Si, se la quiero dar -o quiero dársela-

4. ¿Les estás dando agua a los perros?

Sí, se la estoy dando -o estoy dándosela-

CAPÍTULO 8

A. Indique qué tipo de pronombre o nombre sujeto tienen las siguientes frases.

1. Ellos dicen la verdad. Tercera persona del plural.

2. Nosotros no hablamos inglés. Primera persona del plural

3. Melisa quiere rezar. Tercera persona del singular.

4. Él es guapísimo. Tercera persona del singular.

5. Yo vivo en Madrid. Primera persona del singular.

6. Ella es mi maestra. Tercera persona del singular.

B. Analice los verbos de las siguientes frases.

Por ejemplo: Nosotros hablamos.

Primera persona del plural del presente de indicativo del verbo hablar.

1. María canta con su novio. Tercera persona del singular del presente de indicativo del

verbo cantar.

2. Yo le digo la verdad a mis padres. Primera persona del singular del presente de indicativo del verbo decir.

3. Nosotros nunca esquiamos. Primera persona del plural del presente de indicativo del verbo esquiar.

4. Eliot nunca me llama. Tercera persona del singular del presente de indicativo del verbo llamar.

5. Tú hablas muy bien el chino. Segunda persona del singular del presente de indicativo del verbo hablar.

C. Escriba la segunda persona del singular del verbo estudiar en los siguientes tiempos del modo indicativo:

Presente: estudias

Imperfecto: estudiabas

Pretérito: estudiaste

Futuro: estudiarás

Condicional: estudiarías

Presente perfecto: has estudiado

Pluscuamperfecto: habías estudiado

Pretérito perfecto: hubiste estudiado

Futuro perfecto: habrás estudiado

Condicional perfecto: habrías estudiado

D. Escriba los verbos que corresponden a los siguientes análisis

1. Primera persona del singular del futuro perfecto de indicativo del verbo escribir. Yo habré escrito.

2. Primera persona del plural del pluscuamperfecto de indicativo del verbo limpiar. Nosotros habíamos limpiado.

3. Segunda persona del singular del imperfecto de indicativo del verbo caminar. Tú caminabas.

4. Tercera persona del plural del condicional de indicativo del verbo romper. Ellos romperían.

5. Segunda persona del plural del pretérito de indicativo del verbo almorzar. vosotros almorzasteis.

CAPÍTULO 9

1. Analice los siguientes verbos.

A). Fernando jugaría. Tercera persona del singular del condicional de indicativo del verbo jugar.

B). Reza tú. Mandato afirmativo informal singular

C). Nosotros gritaremos. Primera persona del plural del futuro de indicativo del verbo gritar.

D). Yolanda y Cristina habían olvidado. Tercera persona del plural del pluscuamperfecto de indicativo del verbo olvidar.

E). Estudien ustedes. Mandato afirmativo plural.

2. En las siguientes frases indique cuáles son las cláusulas principales y cuáles son las cláusulas subordinadas.

A). Ellos no piensan..cp que Juan estudie demasiado..cs

B). Celia duda..cp que ellas trabajen en Francia..cs

C). Yo quiero..cp que tú te cases con mi hermano..cs

D). La profesora me pidió..cp que llegara temprano a clase..cs

E). Mi madre se alegra..cp de que yo reciba el premio..cs

F). Mis alumnos esperan..cp que yo les dé un examen fácil..cs

G). Es una lástima..cp que no vengas al cine..cs

3. Ahora analice los dos verbos de cada una de las frases anteriores.

A). piensan: Tercera persona del plural del presente de indicativo del verbo pensar.

Estudie: Tercera persona del singular del presente de subjuntivo del verbo estudiar.

B). Duda: Tercera persona del singular del presente de indicativo del verbo dudar.

Trabajen: Tercera persona dl plural del presente de subjuntivo del verbo trabajar.

C). Quiero: Primera persona del singular del presente de indicativo del verbo querer.

Cases: Segunda persona del singular del presente de subjuntivo del verbo casar.

D). Pidió: Tercera persona del singular del pretérito de indicativo del verbo pedir.

Llegara: Primera persona del singular del imperfecto de subjuntivo del verbo llegar.

E). Alegra: Tercera persona del singular del presente de indicativo del verbo alegrar.

Reciba: Primera persona del singular del presente de subjuntivo del verbo recibir.

F). Esperan: Tercera persona del plural del presente de indicativo del verbo esperar.

Dé: Primera persona del singular del presente de subjuntivo del verbo dar.

G). Es: Tercera persona del singular del presente de indicativo del verbo ser.

Vengas: Segunda persona del singular del presente del subjuntivo del verbo venir.

3. ¿Cuáles son las tres formas verbales impersonales en español?

El infinitivo, el participio y el gerundio.

4. Conjugue las siguientes formas impersonales y del imperativo y después conjugue la primera persona del singular de los demás tiempos del verbo decir.

Infinitivo: decir

Participio: dicho

Gerundio: diciendo

<u>IMPERATIVO</u>

Imperativo formal singular: diga

Imperativo formal plural: digan

Imperativo informal singular: di

Imperativo informal plural: decid

<u>INDICATIVO</u>

Presente: digo

Futuro: diré

Pretérito: dije

Imperfecto: decía

Condicional: diría

Presente perfecto: he dicho

Pretérito perfecto: hubo dicho

Pluscuamplerfecto: había dicho

Futuro perfecto: habré dicho

Condicional perfecto: habría dicho

SUBJUNTIVO

Presente: diga

Imperfecto: dijera

Futuro: dijere

Presente perfecto: haya dicho

Pluscuamperfecto: hubiera dicho

Futuro perfecto: hubiere dicho

5. En el siguiente párrafo corrija los errores ortográficos relacionados con la g y con la j.

En general, la gente de mi barrio protege mucho la imagen de la Virgen de Guadalupe. Hoy es el vigésimo aniversario de la construcción que dirigió hace ya mucho el general Pedro san Lúcar que era un hombre generalmente muy religioso.

Made in the USA
Lexington, KY
21 February 2015

MW00398959

THE SARDINE FACTORY
DINING·COCKTAILS
701 WAVE STREET
CANNERY ROW MONTEREY
Phone 373-3775
BRAND
PRODUCT OF U.S.A.

"The prettiest place on earth where water meets land" is how poet Robinson Jeffers described the Monterey coastline.

Also in the Great Restaurants of the World series:

Café des Artistes

Charlie Trotter's

Commander's Palace

The Inn at Little Washington

GREAT RESTAURANTS OF THE WORLD®

An Insider's Look at the Famed Restaurant and Its Cuisine

William Keenan Jr.

Photographs by Tom G. O'Neal

Lebhar-Friedman Books

New York • Chicago • Los Angeles • London • Paris • Tokyo

Lebhar-Friedman Books
425 Park Avenue
New York, NY 10022

Published by Lebhar-Friedman Books
Lebhar-Friedman Books is a company of Lebhar-Friedman, Inc.

Great Restaurants of the World® is a trademark
of Lebhar-Friedman Books.

Printed in the United States of America

Library of Congress Cataloging-in-Publication Data

Keenan, William, Jr.
The Sardine Factory : an insider's look at the famed restaurant and its cuisine / William Keenan Jr.

p. cm. — (Great restaurants of the world)
ISBN 0-86730-805-2 (alk. paper)
1. Sardine Factory (Restaurant)—History. 2. Cookery, American. I. Title. II. Series.

TX945.5.S295 K44 2000
641.5'09794'6—dc21

99-059801

Book design: Nancy Koch, NK Design

An SCI production

Jacket design: Kevin Hanek
Photographs © 2000 by Tom G. O'Neal

Visit our Web site at lfbooks.com

Acknowledgments

I'd like to express my thanks to the owners and staff of the Sardine Factory for their input and cooperation during the writing of this book. Also, thanks to Nancy Koch of NK Design and to the people at Lebhar-Friedman Books and Selling Communications, Inc., for their help and support in completing the project.

About the author

William Keenan Jr., a business writer and editor, is the author of two earlier books: *Human Resources: A Planning Guide for Management* (Research Institute of America, 1984) and *Commissions, Bonuses, and Beyond* (Probus Publishing, 1994), a book on sales compensation. Keenan, who has a B.A. and an M.A. degree from Rutgers University, is editorial director of Scientific American Newsletters in New York City. Previously, he served as editor of *Selling* magazine and as managing editor of *Sales & Marketing Management* magazine, where he coordinated the Business Executives Dining Awards. His work has also appeared in *Industry Week, Growing Companies, Nation's Business, Savvy,* and a variety of other business and professional publications. Keenan lives in Cranford, New Jersey, with his wife and two children.

About the photographer

Tom G. O'Neal began his career in Los Angeles in the late 1960s, photographing rock and roll stars for album covers. His subjects included Steppenwolf, Poco, Crazy Horse, John Philips, Mama Cass, B.B. King, and Neil Young. During this period, he designed and photographed over 100 album covers, including Crosby, Stills, Nash & Young's Deja Vu album.

In the late 1970s, O'Neal traveled to Africa to take pictures for the Peace Corps. There, he began exploring a new way of looking at the human form by photographing pregnant women, whom he saw as living sculptures. His talent for depicting people led him to Europe where, for the next few years, he worked in Paris and London.

Returning to California, O'Neal opened a studio on the Monterey Peninsula, where he continues to pursue people pictures with a passion for fine art photography.

SARDINE FACTORY
DINING · COCKTAILS
701 WAVE STREET
CANNERY ROW MONTEREY
Phone 373-3775
OPEN DAILY
Cocktails ... FROM 5:00 P.M.
Sunday from 5:00 P.M.
DINNERS
Mon-Thur. .. 5 P.M. - 10:30 P.M.
Fri & Sat .. 5 P.M. - 11 P.M.
Sunday ... P.M. - 10 P.M.
MAJOR CREDIT CARDS ACCEPTED

THE ©
SARDINE
DINING · COCKTAILS
701 WAVE STREET
CANNERY ROW MONTEREY
Phone: 373-3775
FACTORY
RESTAURANT

Contents

FOREWORD

Few experiences in life enhance the joy of living more than a fine dining experience. The ambience, style, service, food, and presentation of a great restaurant are all elements that add immensely to enjoying a culinary adventure. Many restaurants provide customers with a consistent dining experience, and a number of these are truly outstanding. Only a few, however, exceed the expectations of even their most discerning patrons. They deserve to be called great, and we are proud to recognize them as Great Restaurants of the World. The first five restaurants in this series of books are:

© Martin Brown/Monterey Peninsula VCB

The Sardine Factory
Café des Artistes
Charlie Trotter's
Commander's Palace
The Inn at Little Washington

These beautiful books have been a labor of love and dedication for all the parties involved. We have called upon the editors of *Nation's Restaurant News,* the leading business publication serving the restaurant industry, to assist us in developing the criteria for the Great Restaurants of the World series and in choosing the candidates. We think you will agree that the selections are of great interest and merit.

All of the Great Restaurants of the World represent a unique creative spirit of providing the public with a meaningful dining experience. However, they also share many of the same traits. Most significantly, each was founded by one or more persons with the kind of entrepreneurial energy dedicated to achieving excellence. Without exception, these founders instilled in their organizations a single compelling mission: to provide their guests with the ultimate dining experience. Hospitality, food, and food presentation are always the first priority. After that come service, ambience, and value.

All of these restaurants have been successful by paying attention to innumerable small details every day, every week, and every month throughout the year. Each has proved many times over its reputation as a truly great restaurant through the loyalty of its repeat customers and the steady stream of awards and recognition it has received over the years, both from its guests and from its peers.

This book and the others in the series are your invitation to experience the Great Restaurants of the World, their history and their heritage. Savor every page and enjoy the adventure.

James C. Doherty
Executive Vice President
Lebhar-Friedman, Inc.

Awards

AAA Four Diamond 1996-2000

Mobil Travel Guide

Four Stars 1977-1983, 1985-1989

"Taste of America" Presidential Inaugurations

1981, 1985

Wine Spectator

Grand Award 1982-2000

Nation's Restaurant News

Hall of Fame Award 1981

International Food, Wine, & Travel Writers Association

Golden Fork Award 1996, 1997

Distinguished Restaurants of North America

DiRōNA 3-Year Award 1993-1996, 1997-1999

Travel-Holiday

Fine Dining Award 1971-1988

Restaurant Hospitality

Top of the Table (First Place) Award 1983

Restaurants and Institutions

Ivy Award 1980

Adventures in Dining

Top Ten Restaurants 1992/1993, 1994/1995, 1998

Readers Choice Award 1996/1997

Best Wine List 1992/1993, 1994/1995, 1996/1997, 1998

California Restaurant Writers Association

Four-Star Award Restaurant 1995

Four-Star Award Wine Cellar 1995

Three-Star Award Wine Cellar 1993

American Academy of Restaurant Sciences

Five-Star Diamond/Gold Award 1992-1994

NOW OPEN
Monterey's Most Unique
RESTAURANT
AND COCKTAIL LOUNGE
THE SARDINE FACTORY
EXQUISITE DINING IN OLD MONTEREY ATMOSPHERE
Specializing in:
Luncheon
Dinner
701 WAVE STREET Monterey 373-3775
"Overlooking Historic Cannery Row"
SAN CARLOS CANNING COMPANY
PRODUCERS OF CANNED SARDINES, MACKEREL, TUNA - FISH MEAL - FISH OIL
SAN CARLOS CANNING CO.
MONTEREY CALIFORNIA
NORTH BEND OREGON
TALBOTT
1992
Chardonnay
BERNARDUS
1993
Monterey County
CHARDONNAY
THE SARDINE FACTORY
Tiramisu

Chapter One

Where History And Fine Dining Meet

Success is a tide that raises all boats. That's the lesson of the Sardine Factory and the story of Ted Balestreri and and Bert Cutino, a pair of former busboys whose dream of creating a fine-dining restaurant in a run-down section of Monterey, California, has resulted not only in their own success as restaurateurs and businessmen but also in the revitalization of historic Cannery Row.

The emergence of this colorful area as a thriving business district has contributed to the growth of the entire Monterey Peninsula and has established it as a premier tourist destination. Along the way, Balestreri and Cutino have helped start the careers of many others—chefs, managers, restaurant owners—who have made their mark on the hospitality industry in California and beyond.

The success story could hardly have begun in a more unlikely setting. Monterey, once the capital of California and later the center of the state's sardine industry, had started to decline by the 1940s. The canneries closed, and the fishing fleets gradually vanished. In 1945, *Cannery Row,* John Steinbeck's novel about a group of Monterey characters living on the fringe of respectability,

Co-owners Ted Balestreri and Bert Cutino gave people a new reason to come to Cannery Row.

Photograph © Huntington

brought the area notoriety but little prosperity. By 1968, it was nearly abandoned and its history forgotten.

That was about to change, however, thanks largely to Balestreri and Cutino, close friends who had worked their way up through the ranks of the hospitality industry in the Monterey area. The opening of the Sardine Factory restaurant, in a building that had once housed a cafeteria for sardine cannery workers, marked a turning point. It gave people a new reason to come to Cannery Row, and they've been coming ever since.

Revitalization didn't come easy. As Balestreri remembers it, "We had no money, the building was ugly, and we built a restaurant on the wrong side of the tracks." But with a lot of sweat equity and the help of a third partner, Orland Caselli, they started a business that changed the face of Cannery Row.

The Sardine Factory restaurant opened on October 2, 1968, with only 72 seats and one dining room. Revenue for the first year amounted to $380,000. Over the years, the restaurant has more than tripled its seating capacity to 220, added several elegant dining rooms, and created one of the most highly respected wine programs in the country. As a result, it is one of the highest-grossing fine-dining establishments in the country.

It has also emerged as a gathering spot for the rich and famous, for CEOs and politicos, and for anyone else enamored of superb cuisine and fine wine. Guests are welcomed warmly, and treated to a dining experience they will likely remember throughout their lives.

For Balestreri and Cutino, of course, more than three decades have brought many memorable occasions—the day they opened, the night of Pete Wilson's campaign dinner for the governorship of California, VIPs gathering during the AT&T Pro-Am golf tournament (formerly the

The magic of the Conservatory can evoke a mood fit for virtually any event from a marriage proposal to the kickoff of a gubernatorial campaign.

Bing Crosby Pro-Am) at Pebble Beach, traditional family dinners in the Wine Cellar on New Year's Eve, and the restaurant's rollicking thirtieth anniversary celebration.

The restaurant has had its share of bumps and knocks during that time—a fire, mysterious threats, and changes in customer tastes and attitudes—but they have been more than offset by the high points. The Sardine Factory is a favorite among celebrities such as Paul Anka, Paul Newman, Merv Griffin, Rod Steiger, and Glenn Campbell, and it has won numerous community and industry awards. It even provided the backdrop for several scenes in *Play Misty for Me,* Clint Eastwood's first effort as a film director.

"There have been so many celebrities," Balestreri says, sounding almost overwhelmed by his star-studded clientele. "Besides Clint Eastwood, there was Phil Harris—he always came here when he was doing the Crosby Tournament." Balestreri then proceeds to tick off a stream of names, including actress Jane Seymour, actor and comedian John Ritter, Kim Novak, Doris Day, and John Travolta. "Sooner or later, anybody who's anybody will likely be seen here," he says. "We've been fortunate like that."

The success of the restaurant has served as a catalyst for the whole area. Today, Cannery Row is one of the major attractions of the Monterey Peninsula's thriving tourism industry, boasting 30 restaurants, modern hotels, more than 100 specialty shops, and numerous attractions, including the Monterey Bay Aquarium, which is rated by *Parade* magazine as the nation's best.

One of the reasons for the sustained growth is the Sardine Factory's reputation for excellent food and service. As executive chef, Cutino has created a menu whose reputation has spread far beyond California. Focusing exclusively on food harvested from

"Every customer has to be treated like the most important person on earth."

—*Ted Balestreri*

Over the years, the Sardine Factory has added several elegant dining rooms and even provided the backdrop for scenes in Play Misty for Me, *Clint Eastwood's first effort as a film director.*

Of Fish and Men

John Steinbeck grew up in Salinas, California, and spent many summers during his youth in nearby Monterey. In the 1930s, he lived there, first as a struggling writer, and later as the acclaimed author of *The Grapes of Wrath* (1936) and *Of Mice and Men* (1937). He got to know the people who lived and worked along the run-down waterfront, immortalizing some of them in his novel *Cannery Row*. In the process, Steinbeck brought to life an era that otherwise might have vanished along with the canneries. The colorful tale still brings to Monterey a steady stream of visitors who want to

see the setting for the novel with their own eyes.

There might not be anything to see if it weren't for Balestreri and Cutino, who got things going in 1968 by renovating a building that had once housed a cafeteria for cannery workers. After pooling what little money they had, they approached the local branch of the Bank of America and won the confidence of a gutsy assistant manager named Bob Stroeh. Thanks to Stroeh's faith in the two young men, they got a loan from the bank and began applying their talent

Paintings by Will Bullis contribute to the ambience of this intimate dining area.

and experience to launching the Sardine Factory and ensuring it a place in Monterey's exuberant history.

The Monterey area had been a fertile fishing ground as early as the 1850s, but at that time, most of the catch was sent off to packing facilities in San Francisco. The first cannery in Monterey wasn't established until 1896, and others soon followed. By the early 1900s Monterey's canneries were supplying not only San Francisco but many other parts of the country as well.

The earliest canneries were virtually unmechanized. Fish were cut, cleaned, and packed by lines of workers, and cans were soldered closed by hand. Over the years, self-emptying nets, automatic sealer/solderers, and other forms of mechanization vastly increased the canneries' capacity, and the fishing industry kept up by launching bigger boats and developing more efficient netting techniques. By the mid-1930s, more than 100 purse seiners, each with a hold capacity of 30 tons or more, fished the waters off Monterey.

Capacity soon outstripped supply, and by the late 1940s the fish were disappearing and many of the canneries were being boarded up. What remained became the backdrop for Steinbeck's *Cannery Row*, and the atmosphere was anything but gentrified:

> . . . tin and iron and rust and splintered wood, chipped pavement and weedy lots and junk heaps, sardine canneries of corrugated iron, honkytonks, restaurants and whorehouses, and little crowded groceries, and laboratories and flophouses.

It would be more than 25 years before anyone envisioned this as a potential site for rejuvenation, let alone the setting for one of the world's premier restaurants.

the land and waters surrounding the Monterey Peninsula, Cutino takes particular pride in the dishes prepared from such local seafood as abalone, prawns, sand dabs, clams, and mussels. The restaurant's famous Monterey prawns and abalone cream bisque have been served at presidential inaugurations. Another signature dish is Chicken Baltino (the name combines those of the two owners), a sautéed breast of chicken with fresh basil, tomatoes, and scallions that is glazed in Madeira wine sauce. Others include Tournedos Regina, Prawns St. James, and, for dessert, crème brulée.

Another priceless ingredient at this world-class restaurant is people. From its beginnings, the Sardine Factory has prided itself on the quality, friendliness, and professionalism of its staff. Balestreri and Cutino go out of their way to assemble a group of people who share their dedication to hospitality and service. From Papa Vince, the legendary bartender, through a strong roster of restaurant managers, wine stewards, and executive chefs, they have put together a dedicated team that they refer to as "family." Says Balestreri, "We are fortunate to have a tremendous service staff, creative and energetic chefs, and the top sommeliers in the world."

Many of those who came up through the ranks at the Sardine Factory—chefs, cooks, managers, maître d's, and yes, even busboys—have gone on to bigger jobs and greater responsibilities at restaurants on the Monterey Peninsula and beyond. Several have opened their own restaurants and other businesses related to the hospitality industry. All credit their experience at the

There is a formal elegance in the Captain's Room.

The comfort and clubbiness of the Steinbeck Room make for a memorable dining experience.

"Sooner or later anybody who's anybody will likely be seen here."—*Ted Balestreri*

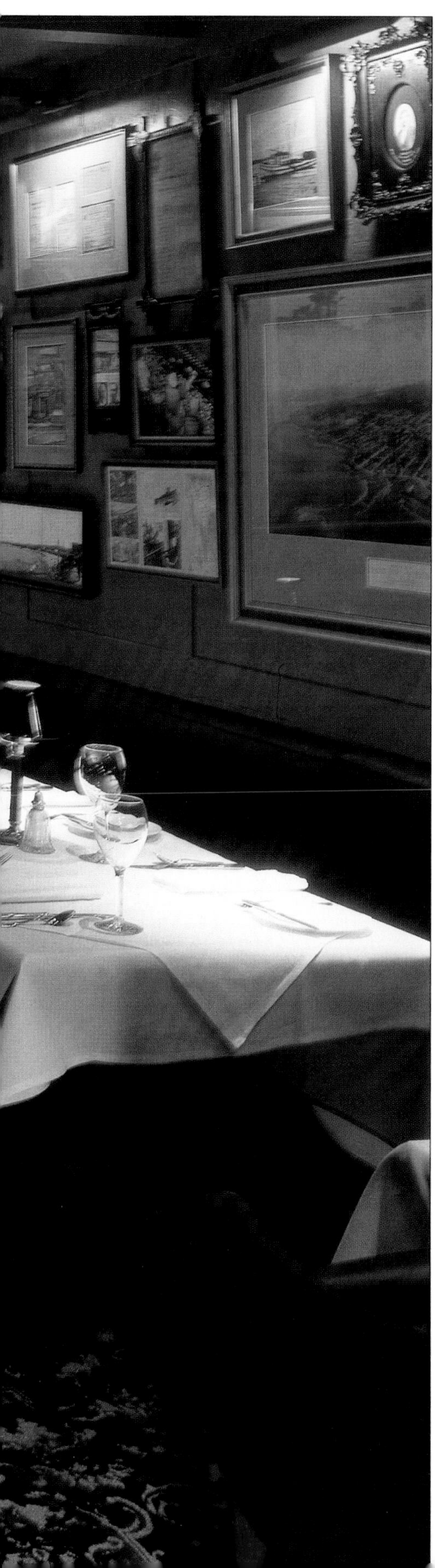

Sardine Factory with giving them a solid understanding of the commitment to excellence and customer service that makes for success.

Balestreri and Cutino have worked to create an ambience designed to exceed the expectations of their guests and provide a memorable experience for every type of customer. From the comfort and clubbiness of the Steinbeck Room and the Cannery Row Room (where Steinbeck and Cannery Row's history are commemorated in black-and-white photos and with other memorabilia), to the elegance of the Captain's Room and the magic of the Wine Cellar, the restaurant can evoke a mood fit for virtually any event. Countless gubernatorial campaign dinners and other political events have been held here, and it's a favorite place for marriage proposals, though no one knows the exact number. Many visitors come for the pleasure of sampling the restaurant's fine wines. The Sardine Factory's cellar holds more than 30,000 bottles, including several vintages 100 years old or more. The collection is ranked among the top ten in the country by *Wine Spectator* magazine.

Every element of the restaurant, however, is aimed at one goal: to leave customers feeling that they have enjoyed a special occasion, whatever that happens to be. "Every customer who walks in the door has to be treated like he or she is the most important person on this earth," says Balestreri. "If you have that attitude and you try to maintain it, you'll succeed."

In striving to provide patrons with a memorable dining experience, however, Balestreri and Cutino go beyond merely making people feel special. When they and their staff work their spell, diners are encouraged to leave the workaday world behind and, through the magic of creative cuisine and caring service, be transported to a dining experience they could not possibly replicate on their own. "If we make a customer feel at home," Balestreri will tell a startled newcomer to the team, "we've made a million-dollar mistake. Our job is to make the customer feel better than at home."

From the time they met as young men at Monterey Peninsula College, Ted Balestreri and Bert Cutino shared the dream of opening their own restaurant.

CHAPTER TWO

MEET THE OWNERS: TWO GUYS WITH A DREAM

The story of the Sardine Factory is very much the story of its owners, Ted Balestreri and Bert Cutino. From the time the two met at college, they shared a passion and a dream. And except for a few years after college, they would work together and invest their resources in the Sardine Factory. While sharing in the success of the Sardine Factory and other business ventures, however, Balestreri and Cutino have assumed markedly different roles at the restaurant. Balestreri, who attended a leading hotel management school, is most at home managing the front of the house. Cutino, a born cook, is one of the top chefs in the industry and a major figure in a number of culinary associations. Born in Monterey, Cutino is not your typical native Californian. His family were commercial fishermen who traced their origins back to Sicily. Although they had lived in the Monterey area for more than 100 years, the Cutinos stayed close to their Italian roots. Cutino's father was a fisherman, as was his uncle. Theirs were among the last commercial fishing boats to ply the waters of the Monterey Peninsula. Cutino's mother worked in the canneries.

The sea was in Cutino's blood from the start. Fresh seafood was a daily staple of his upbringing, and he helped out on his father's boat whenever he had some spare time. He recalls being aboard one summer day when his father received a visitor, a friend of his Uncle Sal Colletto. The young Cutino was washing down the boat when the visitor came aboard. Seeing so youth-

Cutino's career tending the "back of the house" has made him a highly recognized chef and an important figure in culinary industry associations.

From age 13 on, Bert Cutino was "always doing something in the restaurant industry."

ful a crew member, the man asked, "What are you doing on the boat?"

"Keeping it clean for my dad," Cutino answered.

The man laughed and patted Cutino on the head. "With that kind of attitude, young man, you'll be great at whatever you choose to do," he said.

The man joined Cutino's father in the boat's cabin for a drink, and later, when he was gone, Cutino asked his father, "Who was that man?"

His father answered, "He's some writer your uncle knows; he hopes to be successful someday." The visitor was John Steinbeck.

Steinbeck's assessment of Cutino's character was astute. However, the collapse of the fishing industry meant that Cutino would not be going into the family trade. Instead, he gravitated toward the hospitality industry, which was beginning to grow in the Monterey area. He attended the local Catholic school and from there moved on to Monterey High School. After graduating in 1957, Cutino went on to Monterey Peninsula College.

During virtually that whole time, he worked. At age 13, he started washing dishes in Holman's Guest Ranch in Carmel Valley, and he kept it up through high school. In the process, he learned something about the workings of a professional kitchen.

While at college, Cutino worked as maître d' at a local restaurant and also helped out in the kitchen. "I was always doing something in the restaurant industry," he says. He earned an associate's degree in business from MPC, and even more important, he struck up a friendship with Ted Balestreri.

After college, Cutino spent two years in the Naval Reserves as a hospital corpsman, but he still found himself

The building that houses the Sardine Factory was once a cafeteria for cannery workers. This menu serves as a reminder of that era.

A young Ted Balestreri with his parents. His father, Vincent, died when Ted was 16, after which his mother, Viola, took her son to the Monterey area to be near relatives.

To Each His Own— And Better for It

It is very hard to keep any partnership going, much less keep one going for more than three decades, as Ted Balestreri and Bert Cutino have done. Being realistic helps.

"No two people are exactly alike," Balestreri says. "And you can't divide everything in life exactly down the middle. Compliments are not going to be down the middle, effort is not going to be down the middle. Money and ownership might be split evenly but psychic rewards and other things cannot be."

Though each of the partners is familiar with all aspects of the restaurant, they concentrate on their respective domains. Balestreri presides at the front door and Cutino in the kitchen. Balestreri is active in the National Restaurant Association, of which he was president in 1985-86, and Cutino is a member of the American Culinary Federation and its elite American Academy of Chefs. Both have garnered numerous honors from their respective ends of the industry.

Being recognized by their peers has helped the relationship, Balestreri says, noting appreciatively the "compliments and psychic rewards from the industry as a whole. It's as if we had parallel careers in different parts of the same industry."

Adds Cutino, "We're completely different personalities, but we have the same goals. I think that's what makes us compatible."

Bert and Ted accept an Epicurean *Award on behalf of the Sardine Factory.*

drawn to the restaurant industry. In 1960, he took a part-time position as garde-manger at the Fairmont Hotel in San Francisco, where he worked for legendary hotelier Dick Swig, who later became a good friend.

Ted Balestreri took a more roundabout path to the Sardine Factory. Growing up in Brooklyn, New York, he, too, learned early that hard work pays off. "I worked for the *World-Telegram & Sun,* delivering papers," he recalls. "Sometimes I would deliver routes for the kids whose mothers called in to say they couldn't make it, and I would work until 12 o'clock at night."

By the time he was 13, Balestreri was an assistant manager, winning turkeys and carving knives for selling subscriptions. "There was a lot of self-gratification and self-reward in things like that," he says. "My mother still carries the clipping in her wallet about how I was a super-salesman." He has an instinct for selling, which suits him well at the Sardine Factory.

When Balestreri was 16, his father died, so he and his mother moved to California where she had family. It was a difficult adjustment for the

Bert Cutino enjoys a chat with fellow chef Pierre Franey at an industry gathering.

teenager. Cutino remembers that even when they met a few years later, Balestreri had been through Carmel High School, "but he still talked the way they do in Brooklyn." Balestreri did not let anything slow him down, however. He worked as a busboy and at other hospitality jobs through high school, and by the time he reached college he was a manager at a local restaurant. At about this time, Balestreri and Cutino began to talk about someday opening a restaurant together. The dream would have to wait, however, until each had more experience under his belt.

After college Balestreri served in the Army, and even toyed with the idea of embarking on a civilian career as a ship's purser. He decided, however, that he had to be more practical, so he enrolled at Lewis Hotel Management School in Washington, D. C., one of the oldest hotel management schools in the country.

"My mother still carries the clipping in her wallet about how I was a super-salesman." —*Ted Balestreri*

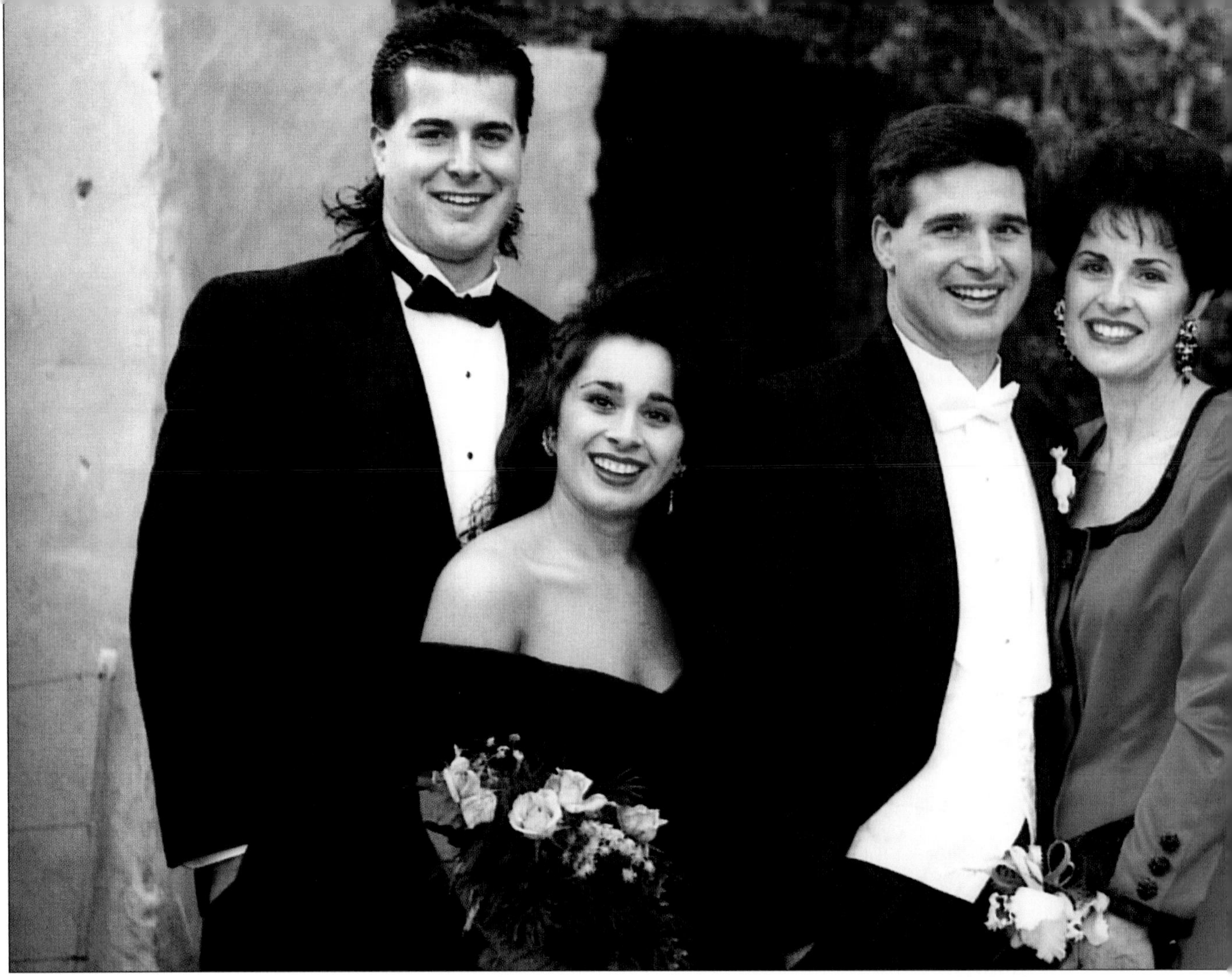

Ted Balestreri and wife Velma flanked by sons Vincent (left) and Ted II.

Balancing Business And Family

While Ted Balestreri often likens his long-time partnership with Bert Cutino to a marriage, the partners' actual marriages rival their business partnership in longevity.

Balestreri and his wife Velma were married in 1971, but they had begun dating when he was still the manager of the Jolly Roger restaurant, which later became the Rogue. When the Sardine Factory opened, Velma worked there as a cocktail waitress and a hostess, experiencing firsthand many of the restaurant's growing pains. "Somewhere along the way I got phased out of the business with marriage and children," she says. She maintains the family household in Pebble Beach.

Bella and Bert Cutino knew one another as children. Their grandfathers had lived in nearby towns in Sicily, and their fathers fished together in Monterey Bay. After growing up, however, Bert and Bella rarely crossed paths. Then one evening Bella came into the Sardine Factory with a group from the bank where she worked. She hadn't seen Bert for a long time, but it took only two months for Bert to ask her to marry him. They were married in 1972, and they live in Carmel.

While the wives stay "completely out of the business end of things," according to Velma Balestreri, their children, all now around the same age Bert and Ted were when they launched the Sardine Factory, have become involved to some extent. Each couple has two boys. (The Cutino's daughter, Michele, died in 1993.)

Cutino's older son, Marc, is active in the restaurant's wine program, and his brother Bart works both the front and the back of the house. Ted Balestreri II is part of the management team, but his brother Vincent is pursuing interests outside the restaurant. None of the young men is committed to a permanent career in the hospitality industry. "They are getting their feet wet, testing the waters," says Bert Cutino. "They're just checking it out," agrees the elder Balestreri, "telling us, 'Maybe I like it and maybe I don't.' In the long run, that may be our biggest asset: passing the baton to the next generation."

Bert Cutino and wife Bella with sons Marc (far left) and Bart and daughter Michele.

Left to right: Bert Cutino, age 9, Paul Cutino, and Rose Cutino in 1948.

Upon graduating, Balestreri worked at a number of restaurants, eventually taking on a management position at The Islands in Phoenix. Along the way, he developed a reputation for being a successful troubleshooter. He signed on to work in Las Vegas for developer Del Webb, but the deal fell through and Balestreri made his way back to California. Soon, he was running a place on the Wharf in Monterey called the Jolly Roger, which was owned by local restaurateur Art Beaudin. That is when he hooked up again with his friend Cutino, who happened to be working for one of Beaudin's biggest competitors, Sal Cerrito.

As Balestreri remembers it, "Cutino was assistant manager and then became manager at Neptune's Table, so we were both running these different places early in our careers. And we were buddies, so he'd come down to my place at night or I would go over to his, and we'd talk about opening up our own place someday."

They didn't waste any time. The Sardine Factory opened in 1968, when the two were still in their late 20s, and it was a success almost from the beginning. They bought the Sardine Factory's building, and soon became owner-operators of a number of other restaurants in the area, including the Butcher Shop in Carmel and Balestreri's former workplace the Jolly Roger, which had been renamed The Rogue. They took on other partners in their various investments, including George Zarounian and Harry Davidian, both of whom would become close friends.

During the 1970s, Balestreri and Cutino sold off most of their restaurant properties to concentrate on real estate investment and development, particularly along Cannery Row. Ironically, they own the leases for some of the Sardine Factory's stiffest competitors. "As landlords, we hope for the best for our tenants," says Balestreri. "In fact, if they put us out of business, I'll cry with one eye. If all those restaurants beat the hell out of the Sardine Factory, that would make us most successful financially. But our pride would be hurt, not our pockets, but our pride. That's what keeps us going. That's why we want the Sardine Factory to keep on getting better."

Left to right: Harry Davidian, Bert Cutino, Ted Balestreri, and George Zarounian

"As landlords, we hope for the best for our tenants," says Balestreri.

The homey, clublike Cannery Row Room is only the first of several atmospheric dining rooms at the Sardine Factory.

CHAPTER THREE

LIVING UP TO THE SPIRIT OF CANNERY ROW

The Sardine Factory opened its doors on October 2, 1968, but it took a lot of effort to get that far. "At first glance, the building didn't look like much," Ted Balestreri says, remembering his first visit to the site. "It was condemned, it was on the wrong side of the tracks, and you had to climb a long set of steps just to get to the front door. But the rent was about $200 a month, so we took it."

The neighborhood was not the greatest, he adds. "Cannery Row, at the time, made Haight-Ashbury look like Fifth Avenue," Balestreri says. "In an armored car you wouldn't feel safe."

But Balestreri, Bert Cutino, and Orland Caselli, the third partner in the restaurant in its early years, were able to see past the unglamorous site and the ramshackle building to the dream they shared. With a lot of sweat equity, little money, and the help of family and friends, they began to build a restaurant.

Balestreri and Cutino still laugh when they think of those days, reflecting on the pleasure they took in creating something special out of very little. "The liquor license alone was around $19,000 at the time," remembers Balestreri. "That was about half

In the early 1980s, the Sardine Factory rose to prominence. Above, Craig Clark, Ted Balestreri, Bert Cutino, and Fred Dame.

Above: The three partners, Bert Cutino, Orland Caselli, and Ted Balestreri just after the 1968 opening of the Sardine Factory.

our investment capital right there." They used coffee cans as light fixtures. They bought used equipment for the kitchen. A lot of the decorative items came from the homes of family and friends. The walk-in icebox was an old truck that they backed up to the building. The entire restaurant was decorated for about $5,000, thanks to the efforts of decorator Roy Hamlin, whom Balestreri describes as "a genius."

They did a lot of the remodeling and painting with the help of friends. "When we had to hire outside contractors, we'd call them on Friday, so they would leave their tools over the weekend," says Balestreri. "Then we'd use the tools to finish half the job ourselves."

Caselli, a dentist friend of Balestreri and Cutino, was especially helpful. "He was kind

"It was touch and go in the beginning, because we really didn't have the cash flow to make it work."—*Bert Cutino*

A Name with Mystique

The Sardine Factory's name was born of a desire to reflect the rich heritage of John Steinbeck, Cannery Row, and the people who lived and worked there. It was also an attempt to put a positive spin on a potentially bad location. "We were off the beaten track, two blocks from the water, and surrounded by canneries," says Ted Balestreri. "Yet we were determined to build a restaurant that would make people appreciate the area."

This item from the early days of the restaurant allowed the owners to keep an eye on the crowd from a small office behind the bar.

The partners first considered calling the restaurant the Sardine Cannery. "But that was too vivid, too direct. People might be confused by that," says Bert Cutino. "Sardine Factory, on the other hand, made it more of a fantasy approach. There was no confusing us with the canneries, and at the same time, we could use the sardine can as the basis for our logo."

The restaurant's logo mimicked the design of sardine can labels, and the building was vintage Cannery Row, Balestreri explains. "Everything about this place related to the history of Cannery Row: the neighborhood, the squid press outside, the old boilers, the very look of the place. The name Sardine Factory kind of ties it all together."

Embracing that legacy was a clever marketing ploy. "People looked at the outside and sometimes they weren't sure they wanted to come in," Balestreri says. "That's all part of the mystique we were trying to capture in the name."

That mystique has helped ensure the restaurant's popularity, the owners say. Customers hear the name Sardine Factory and they are intrigued, but they don't know what to expect when they walk through the front door. "That's when we pile on the service and attention, not to mention the wine list and excellent cuisine," says Balestreri. "Suddenly they've made a discovery, and they can't wait to tell their friends about it—this little place on the peninsula, you've got to see it, you've got to go there."

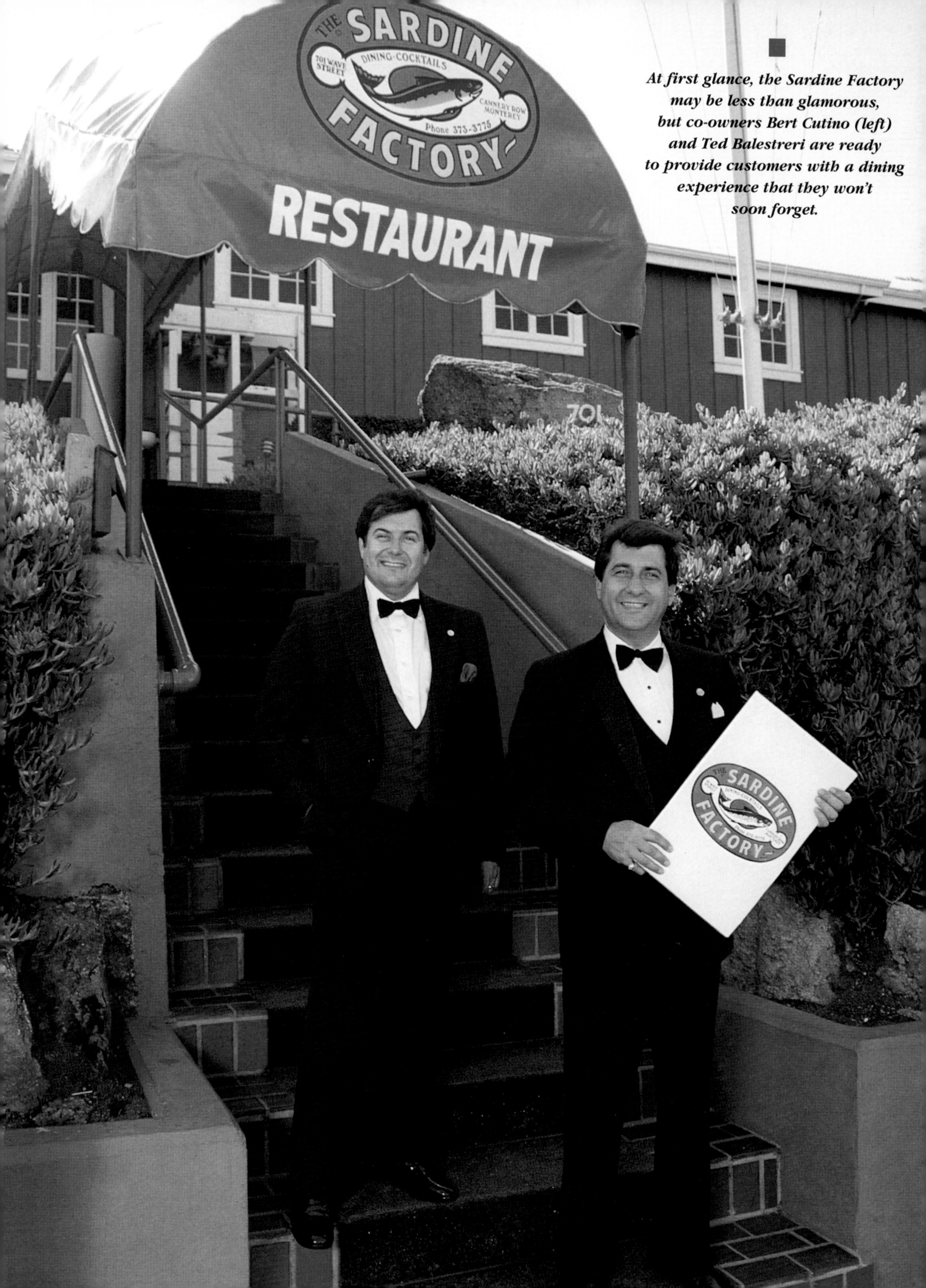

At first glance, the Sardine Factory may be less than glamorous, but co-owners Bert Cutino (left) and Ted Balestreri are ready to provide customers with a dining experience that they won't soon forget.

"There were other restaurants around us that were a lot more experienced, but they didn't have the attitude that, no matter what, the aim is to please the customer."—*Ted Balestreri*

of the maintenance guy—he'd rather fix something himself than call somebody. He could work on a car, work on a door, fix your teeth, fix a table," Balestreri says, adding that Caselli probably even designed the restaurant's coffee-can light fixtures. "He had terrific talent in his hands, and we just hit it off real good," he adds in his Brooklyn vernacular.

Cutino remembers those early days fondly. "It was touch and go in the beginning, because we really didn't have the cash flow to make it work," he says. "But Ted and I drew the minimum amount that we could live on, and we worked as many hours as it took. We just didn't believe in failure. All we could think of was how successful it was going to be. I ran the kitchen with an old-time chef by the name of Bob Ellis, and Ted was the manager, handling the door and whatever it took for the bar. We were a 72-seat restaurant, and only about 50 of those were in the dining room. The rest was in the bar. But we were packed from the day we opened."

After about six months, however, disaster struck in the form of a suspicious fire that destroyed nearly everything. "It was a devastating blow to both of us," Balestreri says. "We thought we were through."

For both young men, the prospect of failure resonated with the past. "Bert and I had a lot of failures when we were young," says Balestreri, "not necessarily failures in business, but people leaving us or rejecting us. When we were starting out, we had a lot of struggles. But for us it was kind of exhilarating. Once we started climbing those mountains, it wasn't the end of the world when someone said no to us or even when we had that fire. We learned to take the good moments with the bad."

The partners regrouped and rebuilt, a little uneasily because they learned that the

Execution and consistency are important when you're serving 200 to 300 dinners per night.

HOBART

fire had probably been started by a disgruntled dishwasher. Soon they were ready for their second opening in less than a year, and they went through the opening-night jitters all over again.

"The night of our reopening, we had no idea if anyone was going to come in the door," Balestreri recalls. "We didn't advertise or anything. We had no marketing dollars. We just flipped the lights on, and before long it was just packed. The word had spread, and for the next 20-some years it never stopped."

The restaurant did $380,000 to $400,000 in business that first year, netting about 20 percent, says Balestreri. Almost immediately, he and Cutino began to think about expanding. They took over a restaurant in Carmel and bought out Caselli's share in their original three-way partnership. After two years of leasing, they were able to buy their building for roughly $90,000. They were on their way to becoming one of the top-grossing fine-dining establishments in the country and one of the largest developers on the Monterey Peninsula.

Balestreri attributes their achievement to a desire to please the customer. Ask him what made the Sardine Factory successful and he will answer, "It certainly wasn't our huge experience or management skills or culinary skills. It was our enormous desire to please. There were other restaurants around us that were a lot more experienced, but they didn't have the attitude that, no matter what, the aim is to please the customer." The restaurant also became known for its generous portions. "We gave a lot of food—antipasto, soup, salad, entrée were all included—and our prices were reasonable," says Balestreri. "We were also recognized for the personalization of our service." The Sardine Factory has served more than 3 million guests over the years.

The emergence of Cannery Row as a thriving business district has contributed to the growth of the Monterey Peninsula and has established it as a premier tourist destination.

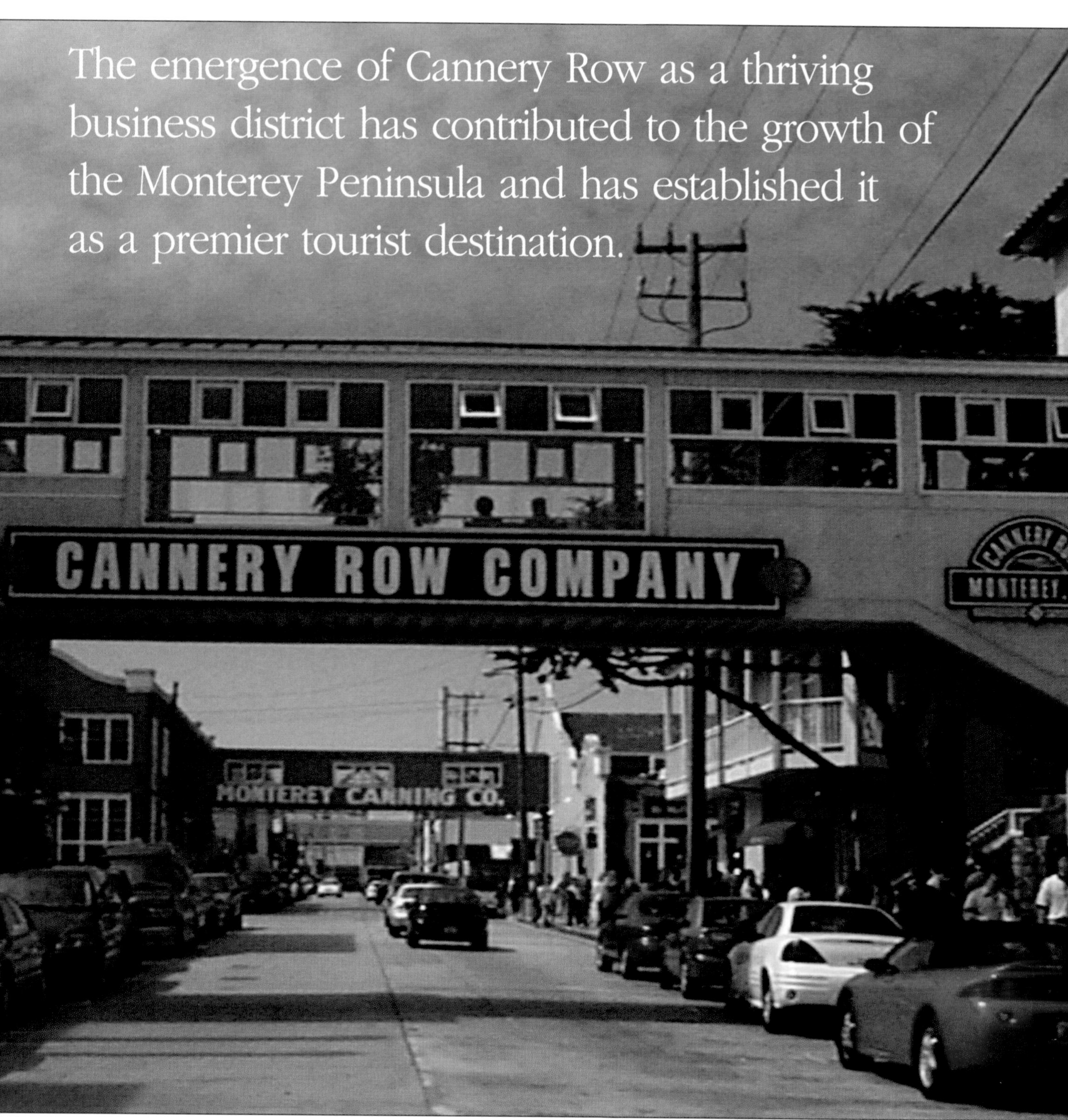

At the Golden Plate Banquet of the American Academy of Achievement: Movie-maker George Lucas, Ted Balestreri, Gen. Norman Schwarzkopf, Wayne Huizenga, Gen. Colin Powell, and financier Henry Travis.

As the crowds flocked to the Sardine Factory, it expanded to accommodate them, and the entire Cannery Row area became more inviting. The restaurant's 220-seat capacity was attained after additions that included the Captain's Room, the Conservatory, and the Wine Cellar.

"Those were added as banquet rooms," says Cutino, "but we ended up using them for the public because we had demand for the space. We had a waiting list a mile long."

Those hordes of customers have a wide variety of options, not only in choosing dishes from the menu but in selecting wine. Through the efforts of its cellar masters and wine directors, the restaurant has amassed a 30,000-bottle collection, ranking it among the top ten restaurant wine cellars in the United States.

All has not been smooth for the Sardine Factory along the way to restaurant fame, however. After 20 years of double-digit growth, "the market fell out a bit" in the late eighties, says Balestreri, "and there were some rough times for a while." The owners perceived that times had changed and were quick to react. The Sardine Factory was already at the top end of the fine-dining market, so raising prices was not an option. "Instead, we changed the menu and went à la carte," says Balestreri, which had the ultimate effect of lowering prices.

That was in 1992. At the same time, the partners remodeled the front dining room to attract a broader range of people, and did something that may have had even more of an impact. "We got out of the tuxes and casualized the restaurant," Balestreri says. "I don't know if it's clubby or chic, but we knew that a tuxedo at the door was too formal."

Thanks to such careful attention to their customers' needs, "things are looking good again," Balestreri says—and are likely to remain so.

In addition to its excellent food and attentive service, the Sardine Factory is renowned for its extensive array of fine wines.

CHAPTER FOUR

A SIMPLE CASE OF UNDERPROMISE AND OVERDELIVER

Ask Ted Balestreri and Bert Cutino what they are trying to accomplish at the Sardine Factory and you are likely to be startled by the answer. "If we've made you feel at home, then we've made a million-dollar mistake," says Balestreri, anticipating a puzzled reaction. He leaves it to Cutino to explain: "It's really a simple philosophy. We want your experience to be nothing like what you experience at home. We want it to be so special that you'll never forget it."

That attitude informs everything that takes place at the Sardine Factory, and it is echoed by the entire staff, from busboy to chef and from bartender to manager. It helps the restaurant make the most of its strengths: a creative menu with a strong regional flavor, a nationally recognized wine cellar, a dedicated and efficient staff, and meticulously detailed dining rooms. In the early days, this drive to excel enabled the young entrepreneurs to overcome such daunting disadvantages as the ramshackle appearance of the building and a location that in 1968 was anything but prime. At times, the philosophy leads the owners to take unorthodox steps.

"We're probably the only restaurant I know that puts the elegant rooms in the back and the more casual rooms in the front," Balestreri says. That is part of the mystique that the restaurant owners want to create. "People come in

The Sardine Factory's impeccable service rests with the owners' ability to impart their vision to the staff.

and they see the front room and they love it. When we fill up and have to bring people into the back, they never complain because each room is more exciting than the last. The whole layout is contrary to what most people in the restaurant business do today."

This makes dining at the Sardine Factory a kind of discovery process. "At most restaurants, you pull up in front and you pretty much know what you're getting yourself into," Balestreri explains. "But when you pull up in front of the Sardine Factory and look up the stairs at this old building with its corrugated roof, you're not quite sure what to expect when you go inside. You don't expect a great, glamorous, world-class restaurant. We deliberately don't raise people's expectations too high, because we want to overdeliver on the experience."

It's "dining as theater," as Martin Meursault, a reviewer for the *Monterey County Herald*, wrote in a 1997 article. The Sardine Factory, he said, "creates a festive atmosphere suitable for special-occasion dining."

It's also a calculated effect, put together over the years at considerable expense. "Once you walk inside, you're so pleased with the first room," Balestreri says. Then we walk you back to the Captain's Room or all the way into the Conservatory and you're elated. We give low expectations and high delivery, so people are very happy."

But the partners don't do it all by themselves. They make a point of imparting their vision to the staff, and as a result, the service is impeccable. As one restaurant critic commented, "One could almost believe the staff has ESP; the moment you think you need something, someone appears. Cellar master Andrea Fulton is a master when it comes to advising customers on how to make a selection from the Sardine Factory's award-winning, book-length wine list (a perennial *Wine Spectator* Grand Award winner since 1982).

She knows her wines and knows how to 'read' her customers to select wines that please their tastes while complementing the food as well."

The staff's enthusiasm is a product of the partners' grand plan. Balestreri learned from experience that running a successful organization requires attention to detail and, perhaps more important, attention to people. But it is a tough task to get the people who work for you to buy into your philosophy.

"Probably one of my most traumatic moments as a manager was when I was working at The Jolly Roger in Monterey," Balestreri says. "I thought everyone there loved me. I was young and used to walk around looking sharp and snapping my fingers at people to do this, do that. One day the owner came to me and said, 'I have a petition here signed by almost everybody

Treating the Customer With Love

A lot of people say the customer is always right, but it's more than that," says Ted Balestreri. "You've got to go beyond whether the customer is right or wrong, as if you're a judge or a jury. You've got to be understanding. You've got to be loving."

Balestreri is quick to illustrate his point. "A couple of years ago, when two schoolteachers had a couple of bad steaks at our place, we had the meat purveyor deliver two steaks to their house. Dining out was an expensive experience for them and having a bad steak shouldn't have been part of the experience. So we had the steaks sent over, and they became our best advocates."

Balestreri and Bert Cutino aim to treat all of the Sardine Factory's customers with that same level of respect. When something goes wrong, "you take the lemons and you make lemonade," Balestreri says. "You get a complaint, you should deal with it. Don't try to correct the customer or convince them that they don't know what they're talking about. That's the worst thing you can do. I don't care if a dish tastes exactly as it should taste. If a customer doesn't like it, don't argue with them. Just give them something else."

The spirit of love for the customer comes directly from the owners and is reflected in the attitude of each employee. Bill Lee, former general manager of the Sardine Factory and now proprietor of his own restaurant in the Monterey area, used to give the staff pep talks that began, "What are we giving our customers tonight? We're giving them love!" If Balestreri is working the door, he will often introduce the waiter by saying, "Here's the world-famous Mario," or "the world-famous Giovani," as a way of complimenting the waiter and also giving him a reputation to live up to.

If there is a problem, the owners deal with it posthaste. They make a point of going over every issue, every complaint, every slip-up nightly. "We get together—Bert and myself, the chef, and the manager—and we go over any comments or complaints we have received that evening," says Balestreri. "Even if it's that the lights are too bright, or the heat's too high, or there was too much salt in a particular dish, we pay attention. If we get enough of [the same complaints], we can see the pattern and we correct it. That's one way we make sure that the customer's voice is always heard."

■

On a February 2000 visit, California Governor Gray Davis (second from right) is greeted by Alan Fields, general manager of the Sardine Factory, along with Ted Balestreri and Bert Cutino.

"The guys on top don't pull you up. The people on the bottom push you to the top."—*Ted Balestreri*

on the staff that says they want us to get rid of you because they don't like you snapping your fingers.' I learned then and there that the guys on top don't pull you up. The people on the bottom push you to the top. And that was the last time I ever snapped my fingers at anyone."

Balestreri admits that he has made more than a few mistakes along the way. "I didn't have the tolerance when I first started that I have now," he says. "Now I'm much more tolerant, and I think I'm more open and accessible to our employees. We have a lot of meetings where my basic question is, What can we do to help you do a better job? What can we do that maybe we haven't done enough of?"

If there is a problem, says Balestreri, money is seldom the issue. "It's more likely something like, 'Well, you know we've worked hard for you a lot of times, and you don't always recognize what we do. You don't compliment us enough.' Being driven by the business, putting out fires, that's no way to run a company. You've got to motivate the ones who do good to make them even better: Recognize them, compliment them, call them

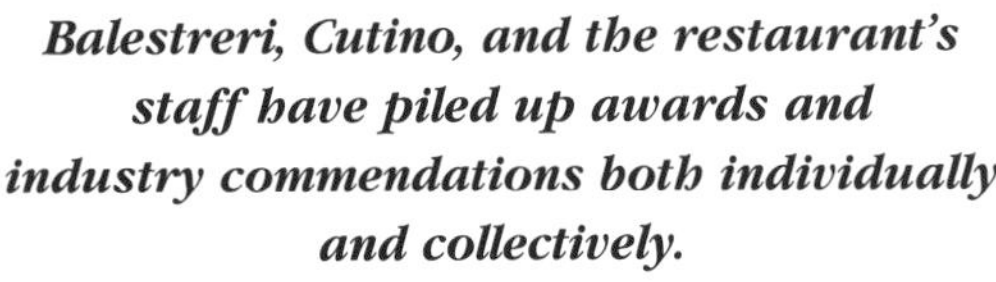

Balestreri, Cutino, and the restaurant's staff have piled up awards and industry commendations both individually and collectively.

A white marble statue and fountain dominates the alfresco dining experience in the Conservatory.

Turning a Staff Into a Family

Getting to the point where you can treat your staff as family is not easy, especially in a business with turnover rates as high as those in the restaurant industry. Ted Balestreri believes the process starts with an employee's first day on the job.

"More restaurant owners and managers have to understand that they need to make entry-level people feel better about the hospitality industry and [help them] understand the great potential it holds," Balestreri says. "You've got to encourage young people, and you've got to help them understand that the job they start with is just a steppingstone. Tell them that they're doing a great job, thank them, and encourage them to climb."

Individual attention is one element that has helped create a family atmosphere among Sardine Factory employees. "How many times does a restaurant owner tell a busperson or a dishwasher what a great job they are doing?" Balestreri asks. "The owner or the manager has to take people aside—the people who are doing things right—bring them a cup of coffee, sit them down, and say, 'Katie, you're doing a wonderful job. Thank you for your contribution here.' She'll go back to work with a sparkle in her eyes. How much did it cost? Nothing. How long did it take? A minute."

Balestreri admits that he doesn't always react as sensitively as he might. "When we get busy, that's one of my problems," he says. "You single out the busboy who dropped the dishes rather than the one who is doing a good job." Like wise managers in any field, though, he is onto himself. "I know the right thing," he says. "I just don't always practice it enough."

Teamwork is the key to the Sardine Factory's high level of service. Among those upholding the tradition in the 1980s were Craig Clark, Nedj Kashfi, Mario Jayuba, general manager Bob Bath, and manager Perry Falahati.

SARDINE
FACTORY

on their birthday. And don't spend too much time with the people who give you trouble."

Balestreri says that if you give people a chance and recognize them for doing a good job, you will benefit from it. "We provide the tools and the atmosphere in which people feel comfortable," he explains. "Fred Dame came to us as a clerk and wound up putting together one of the finest wine programs in the country. Bill Lee went from busboy to manager. Any number of waiters and cocktail waitresses have earned their silver and gold pins to become sommeliers. That's the success of leadership."

That success also comes from recognizing the teamwork that goes into a business. "'I' is the ugliest word in management, though I admit to using it once in a while," says Balestreri. "'Thank you,' 'What's your opinion?' 'If I may,' 'Please'—those are the better words. Because any boss who says, 'This restaurant depends on me,' is kidding himself. I don't care if you're five feet or 5,000 miles away from the employee who is dealing with the customer. If you haven't created an atmosphere where they feel empowered and feel part of the place, you don't have a chance of success when that customer walks in the door. People need and like strong leadership, because that way they know exactly where they stand. But they have to have room within that leadership to move around."

Cutino reiterates that the Sardine Factory has prevailed by sticking to the basics. Ambience, food, a renowned wine cellar, a staff that reads customers' minds. All exist, he says, for a single purpose: to pamper the guest.

Ted Balestreri emphasizes the importance of listening to employees. At right, he and Bert Cutino meet with key managers.

Swordfish is just one of the many seafood dishes offered by the Sardine Factory.

CHAPTER FIVE

REGIONAL CUISINE AHEAD OF ITS TIME

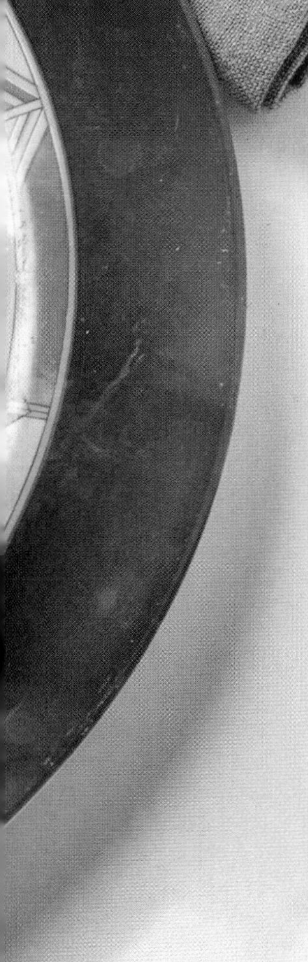

Given the choice, Bert Cutino knows exactly what he'd like his last meal to be: "A nice plate of pasta done with fresh tomatoes, fresh basil, and fresh grated cheese; a loaf of fresh Italian bread; and a glass of wine—one of the great reds."

Cutino has taken his idea of perfection and given it life through the cuisine at the Sardine Factory. Starting with only the freshest, highest-quality basics and preparing them with his own flair, he was a forerunner in the rush toward employing local ingredients.

"We were trying to create something with regional food in 1968, which is kind of interesting because today regional food is so popular," he says. The early menu featured seafood and Italian preparations, but mostly, Cutino recalls, "anything I could find locally I wanted to use: spinach, halibut, fresh salmon, and fresh sand dabs [a type of Pacific flounder]." Cutino also served squid, which was used mostly for bait at the time, putting it on the bar menu as fried calamari.

Another throwaway fish turned out to be a seafood star at the Sardine Factory. Abalone, a

Bert Cutino incorporates wonton wrappers in everything from raviolis to tiramisu.

soft-fleshed shellfish native to the Monterey seacoast, was so plentiful in the early days that it was given away to workers on the wharf. So Cutino used it to create the restaurant's signature abalone cream bisque. He and his team, including head chef Robert Mancuso, are still using the succulent bivalve in imaginative ways—a recent menu offered grilled Pacific abalone and baked abalone with oysters Rockefeller—but no one is giving it away these days. "The divers have to go into deeper and deeper waters to get abalone," says Cutino. "It costs a fortune, and we even have to pay for it before delivery so the purveyor can pay the divers."

Creative use of fresh ingredients has been the rule at the Sardine Factory since the start, and helped to build the restaurant's reputation. "We've evolved in many different directions," Cutino says. "We've got some Pacific Rim on the menu in certain fish dishes, some Italian influences, some French in the sauces, and some California cuisine." This multicultural trend has been especially energizing, he says, "stimulating chefs to be more creative in bringing together flavors and textures from different cultures."

Wonton wrappers are a good example of the way the Sardine Factory mixes things up. Once found only in Chinese cooking, they are used by restaurants to make raviolis, and they even go into desserts. "I can fry, add sugar, then put them with tiramisu, and call it Tiramisu China Point, after a nearby spot along the coast," says Cutino. "But it's got to go together. Whatever the combination, it has to be flavorful, tasty, and satisfying."

It also has to be safe. Early on, one dish that included flaming French cognac failed that test. The waiter bringing it out somehow set a woman's hair afire, recalls

Sardine Factory cuisine reflects a variety of Asian, continental, and California influences.

SARDINE FACTORY
Chardonnay

This tortellini, tomato, and eggplant dish shows how the restaurant mixes flavors and textures.

Ted Balestreri. "All of a sudden the flames were in her face—you could see only shoulders and flames," he says. Fortunately, a fireman was dining in the restaurant. "He put his jacket around her to put out the flames. Then we rushed her to the hospital. She was okay but wound up with a scar, and she brought a lawsuit against us."

Balestreri doesn't begrudge the suit. In fact, he sympathizes with the customer. "It was justified," he says. "We were two young kids at the time. We went to the hospital and brought her flowers and food. Even though she was suing us, she was important to us." That was the last time the dish appeared on the menu.

The Sardine Factory doesn't usually come close to the line between innovation and injury. But it does walk a fine line between innovation and retaining the restaurant's personality. "I know too many people in this industry who were very successful, won a lot of awards, and then wound up throwing their customer base away through one new cooking trend or another," Cutino says. "I had a good friend who went totally toward nouvelle cooking, and I told him I thought it was a mistake. He was changing his whole concept, throwing his established customer base away. It's like opening up a new restaurant."

That's something the Sardine Factory will never do, Cutino says. "It's hard, because chefs always want to change things. It can be a little frustrating for them at times, but I say, 'Hey, you can enhance anything, bring anything you

A Timely Recipe for Hiring a Chef

The Sardine Factory has had only seven chefs in more than three decades. That's a solid record, and part of the reason is the amount of time Bert Cutino puts into the interview and selection process.

"When I do an interview with a new chef," Cutino says, "it's not just a few hours. He spends three or four days with me. And once I select one I think will work, he's got to cook for us. He's got to create a menu and cook for the staff so I can see his culinary skills."

The Sardine Factory's current chef, Robert Mancuso, was a gold medal winner on the American Culinary Olympic Team, but Cutino says the honors and experience on a chef's résumé don't tell the whole story. "I only judge by a person's résumé up to a certain point. The rest is based on physical performance, because really it's a physical profession. So I'll ask him to come up with a few things to show his talents. I might ask him to use fish to create a soup or an appetizer, and I'll say, 'Let me see what you can do there.' I want to see how fast he can react. That's important to know because we do a lot of specialty parties here, with menus that can range from $40 to $150 per person—and it's the customer's choice."

Co-owner Bert Cutino, shown here with former Sardine Factory chef Carl Staub, still oversees kitchen operations.

The multicultural trend in American cooking, says Bert Cutino, is "stimulating chefs to be more creative in bringing together flavors and textures from different cultures."

like to the table and I'll be the first to take a look at it.' But if it's change for the sake of change, forget it."

Through the years, one thing that has never changed at the Sardine Factory is the quality of the ingredients. "Right from the start, the philosophy of the restaurant has been to buy the highest-quality product," says Cutino. "That way, the only thing we have to worry about is getting it from the kitchen to the customer. Things are always going to happen, but if you start with the best and work from there, you're ahead of the game."

To achieve that level of excellence, Cutino is demanding with his food purveyors. The restaurant, which buys from about 15 different fish vendors and 10 produce distributors, has a rigorous set of standards for the ingredients delivered to its door, and everyone in his kitchen must be familiar with them. Cutino says these specifications garner respect from food wholesalers. "If you know your specs, the purveyors will respect that," he says. "If you buy something that is inferior and you sell it on your menu, the purveyor will be the first one to go around town telling people that you're buying that stuff."

In the early days, Cutino was able to get most of the Sardine Factory's seafood locally because there was plenty available. Now the restaurant buys it from all over. "A lot of the local fish have been depleted through the years," he explains. "Even so, we're very fortunate that we have a great diversity of food available to us here, and it really stimulates the creative juices."

A rigorous set of standards assures that Sardine Factory patrons enjoy the finest foods available.

Discovering Monterey Prawns

Monterey prawns are a shellfish shrouded in mystery. Until about 1979, they didn't exist—that is, as far as anyone in the local fishing industry knew. "My father had never even heard of them, and he had fished these waters all his life. When I told him about them, he was shocked," says Bert Cutino. "When the fish market first called me to say they had some Monterey prawns, I said, 'Hey, you guys must be drunk.' But they said a local fisherman had brought them in. When I saw them, they were beautiful—spotted prawns—and we've been serving them ever since."

The appearance of those prawns was quite auspicious—and the Sardine Factory deemed them an appropriate dish to offer the President of the United States. So two years later, when the Sardine Factory was invited to participate, along with 50 restaurants from all over the country, in the "Taste of America" during Ronald Reagan's inauguration, the restaurant served up Monterey Bay Prawns (*see* recipe on page 144). A few weeks later, the Sardine Factory received the following thank-you note from fellow Californian Ronald Reagan:

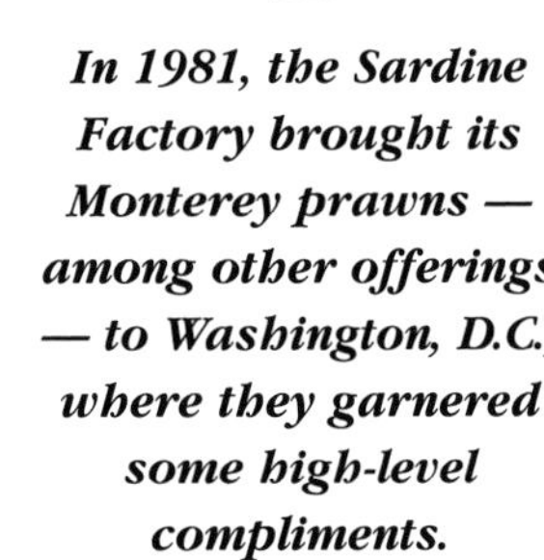

In 1981, the Sardine Factory brought its Monterey prawns — among other offerings — to Washington, D.C., where they garnered some high-level compliments.

Dear Mr. Balestreri and Mr. Cutino:

Nancy and I want you to know how deeply we appreciated your help with the Inaugural activities. For such a variety of events to be successful takes enormous skill and dedication—combined with liberal sprinklings of patience and perseverance. You had the right combination of ingredients, and from what we hear, the "Taste of America" turned out just right.

We thank you from the bottom of our hearts for helping to make this time so special for our family and for countless others who enjoyed the Inaugural festivities with us.

Sincerely,
Ronald Reagan

© Randy Wilder/Monterey Peninsula VCB

The million-gallon Outer Bay exhibit at the Monterey Bay Aquarium offers a glimpse into the open ocean.

The Sardine Factory is popular with top golfers who play at Pebble Beach nearby.

Chapter Six

A Million-Dollar Dining Experience

Reproduced by Permission of Pebble Beach Company.

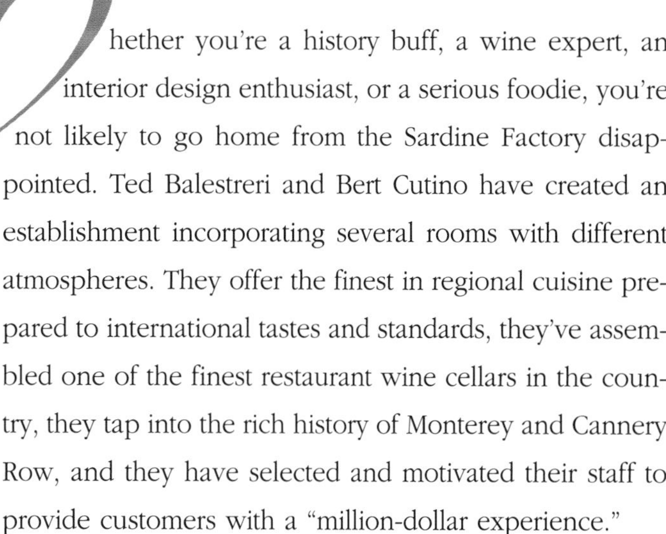

Whether you're a history buff, a wine expert, an interior design enthusiast, or a serious foodie, you're not likely to go home from the Sardine Factory disappointed. Ted Balestreri and Bert Cutino have created an establishment incorporating several rooms with different atmospheres. They offer the finest in regional cuisine prepared to international tastes and standards, they've assembled one of the finest restaurant wine cellars in the country, they tap into the rich history of Monterey and Cannery Row, and they have selected and motivated their staff to provide customers with a "million-dollar experience."

Loving care has been lavished on every detail, right down to the framed photos and artifacts hanging on the walls. For example, the Steinbeck Room features a framed copy of a lunch menu dating from the time the building served as a cafeteria for cannery workers, and a painting of John Steinbeck, the California author who wrote extensively of Salinas, Monterey, and Cannery Row. There's also a photo of Clint Eastwood from around the time of the movie *Play Misty for Me*, some scenes of which were filmed in the restaurant. A close look at the

The nuances of atmosphere in the dining rooms keep people coming back to enjoy a variety of dining experiences.

stools surrounding the bar—which, by the way, is more than 100 years old and was shipped around Cape Horn on a sailing vessel—reveals small plaques commemorating some of the restaurant's early regulars. "They're the famous customers who drank and ate here," says Balestreri. "They're people who worked on Cannery Row, ordinary people of Monterey, but to us they're famous."

The decorative details are matched by the staff's attention to the details of service. Together, they add up to an exceptional dining experience. A professional sommelier is available at all times to help customers with wine selection and to assure that the wines are correctly handled and presented. An intermezzo sorbet is served in an ice sculpture in the shape of a swan, glowing from within from a battery-powered light to define the details of the carving. Salads are served not only on chilled plates but with chilled forks.

On many nights you can still find Balestreri presiding over the front of the house, some nights in his vested tuxedo, starched white shirt, and black onyx studs of former years. Though the restaurant has eased the formal dress code it had adopted in its early years, the atmosphere is still more dress-up than dress-down. Even in its formal phase, notes Balestreri, "we never wanted the restaurant to be so formal that it wasn't fun."

Attention to those types of details is the key to success, says Balestreri, "We want the quality of the experience to match the quality of the food, and we want to create an atmosphere and surroundings that enhance the

The Wine Cellar downstairs is the perfect environment for elegant—even regal—dinner parties.

Adventures in the Wine Trade

For many patrons, a large part of dining at the Sardine Factory is the wine experience, which since 1989 has been the responsibility of Andrea Fulton, cellar master.

"We probably have about $1 million in wine inventory, and we compete with some of the great wine cellars," says Ted Balestreri. "From a pure business perspective, it might not make sense—about 80 percent of the wines on our list are slow movers—but we look at it as part of the ambience of our restaurant. It's part of our advertising."

Fulton manages the cellar with an eye toward both expanding the percentage of wines on the list that are "movers" and making sure that the reputation of the cellar in wine circles is maintained. Her first mission, however, is to contribute to the Sardine Factory dining experience. "I want everyone to have the ultimate dining experience here," she says. "My job is to make you feel comfortable with your choice of wine and not intimidated by the process."

To help accomplish that, Fulton rewrote the restaurant's wine list. "I redesigned the list so that it's fun to look at," she says. "It's interesting, it's entertaining, and it's easy, fun stuff. It's not intimidating."

In particular, she wanted to make the wine list more accessible to the average customer, who may not be a wine enthusiast. "A lot of people walk through the door and don't know and don't care that we have a great wine list. They just want a nice bottle of wine, and they don't want to take a college course to have it," Fulton says. After a short introduction to the wine department, the first thing that a customer sees on the redesigned list is a page called "Selections from the Cellar Master," a listing of wines all priced less than $30. "And this is not just a page of junk I'm trying to get rid of," Fulton says. "There are some really nice wine choices there."

Next she offers wine by the glass and half bottle. "I'm a big believer in half bottles, but if you're going to sell them, you have to market them," she says. "I just stocked for four days, and I've got almost two cases of half bottles—so that tells me it's a good program and its working well."

Then Fulton offers a section called "Adventures in Wine," which she describes as an opportunity to "explore wine routes less traveled." She includes wines from out-of-the-way regions, lesser-known varieties of grapes, and wines from small producers that you would rarely see on wine lists, as well as labels that might otherwise be buried in the restaurant's extensive wine selection.

The rest of the Sardine Factory list, 1,000 offerings, is organized by type and region, giving prominence to California wines, of course, but including premium wines from all over the world. (The Sardine Factory's list was one of the first to put fine California wines on an equal footing with French wines.)

"Chardonnay is the most popular single variety we sell," Fulton says. "Europeans are more interested in tasting the wines of the region. And we've got [wine from] regions up and down the coast. A lot from Napa and Sonoma. Six pages of cabs [cabernet sauvignon]. But since we have great seafood, I'm trying to beef up the pinot [noirs]—that does well because it's so versatile with seafood.

"In the end," Fulton says, "my job is to have you walking out the door saying, 'I want to go back there, because I had a great bottle of wine, and the whole experience was just so fun and exciting.'" Enthusiasm is the key, Fulton says, "and we try to infect everybody, the staff and the customers, with enthusiasm about the dining experience as a whole."

Among the Sardine Factory's attractions are its well-stocked bar and extensive wine collection.

dining experience and keep customers coming back."

All the nuances and shadings of atmosphere in the different dining rooms are enough to keep some people coming back for variations on their dining experiences. The Cannery Row Room, the first that a patron enters after climbing the canopy-covered steps from Wave Street, has a warm, clubby atmosphere. The Steinbeck Room, off to the left and behind the bar, is decorated in rich wood and soft leather and hung with photographs, paintings, and documents reflecting the area's varied history. An upstairs private dining area provides space for parties of up to 12.

The Captain's Room, renovated in 1998, pays tribute to the region's rich maritime history and attempts, with its glowing fireplace and candlelit tables, to re-create the elegance and opulence of fine dining at the turn of the century. As one critic remarked, "the decor is ornate yet muted to provide the perfect setting for an unhurried, exquisite dining experience."

The Conservatory offers an opulent garden setting with lush greenery and a crystal chandelier hanging from its glass-domed ceiling. The airiness of open space, sparkling glass, and white tables and chairs, and the added effect of an elegant Italian statue of Venus, make it one of Monterey's most romantic dining spots.

Downstairs is the Gothic Wine Cellar banquet room with its arched stone catacombs and wrought-iron-gated wine vaults. It is both lavish and intimate, and has served as the site of dinners for the successful campaigns of a number of California politicians.

Balestreri and Cutino are particularly proud of this secluded banquet space, which provides an elegant setting for special occasions. From the carefully aged wooden steps to the bricks salvaged from the walls of old

Balestreri is especially proud of the restaurant's award-winning wine program.

Yes, We Have No Sardines

Don't try to order sardines at the Sardine Factory. The signature dishes run more toward abalone and Monterey prawns than the fish that made Cannery Row famous.

"As many times as I've wanted to sell sardines on our menu, they don't seem to move as well as you would think," says Bert Cutino. "Even though the people who do have them when we prepare them always seem to love them, it's maybe 5 out of 500 customers who will even order them."

And for those who wonder how you can have a Sardine Factory with no sardines, "right now, we offer a smoked salmon and sardine combination that goes over pretty well," says Cutino. "And of course, we do put a little Norwegian sardine on top of our house salad for sentimental reasons, and people love that."

For the restaurant's 30th anniversary celebration, it gave away tins of foil-wrapped chocolate sardines. Aside from that, the most prominent tribute to the fish is the Flaming Sardine, a little concoction involving Galiano liqueur and coffee that's mixed at the bar. But sip carefully, it's hot.

Those sardines in the can are chocolates, but if you look carefully at this picture, you can spot a real one.

Even in the restaurant's formal phase, notes Ted Balestreri, "we never wanted it to be so formal it wasn't fun."

canneries, the ambience is authentic Cannery Row.

It is not hard to see why the Wine Cellar is booked steadily for parties of every description. Dominating the room is a 25-foot-long banquet table hewn from a single piece of Big Sur redwood by the Sardine Factory's own Craig Clark, who oversees the Wine Cellar service. Candlelight from stately candelabra creates a soft tone for any gathering. Fine china and antique furniture complete the effect.

Altogether, the Wine Cellar is an ideal spot to linger over a multicourse dinner and savor choice vintages from the adjacent wine vaults. Removed from the cares of the world above, guests are content to relax over good brandy and stimulating conversation.

All of these details align to create the quality experience and charisma of the Sardine Factory. As Balestreri says, "If a place radiates great magnetism and warmth, customers are going to keep coming back."

The Wine Cellar provides the tools and the atmosphere to create a special evening for anyone.

"Big Mike" Kolpaczyk is at his post behind the Sardine Factory's famous bar.

Chapter Seven

More a Family Than a Staff

Ted Balestreri and Bert Cutino are the first to admit that a major reason for the success of the Sardine Factory over the years has been the contributions of the staff. By creating an environment that nurtures rather than suppresses personality, originality, and independent thinking, the two have encouraged the staff to flourish. Their sole proviso: that the originality be aimed at creating a quality experience for the customer.

"Perhaps our greatest asset is the fact that we can bring in top people to work in and run our restaurant," says Balestreri. "We have a tremendous service staff, creative and energetic chefs, and some of the top sommeliers in the world. We're fortunate to have this type of talent."

Talent and personality have both been big factors in the success of the Sardine Factory: not only the charisma of its owners but of much of its staff—now and through the years. The restaurant inherited a healthy bar crowd, for example, when popular bartender Romualdo "Papa Vince" Vicente came over from a nearby restaurant. And the story of the Sardine Factory's renowned wine cellar couldn't be told without mentioning Fred Dame, who started and developed a collection that ranks among the top in the nation. Balestreri and Cutino's own story is paralleled by that of Bill Lee, a Sardine Factory busboy who rose to become the restaurant manager and then left to start his own restaurant. There

SARDINE FACTORY
OPEN DAILY
Cocktails
Sunday from 5:00 P.M.
DINNERS
Mon-Thur.
Fri & Sat
Sunday
MAJOR CREDIT CARDS ACCEPTED

The Sardine Factory staff flanks owners Bert Cutino and Ted Balestreri.

Recognizing A Talented Crew

All the people at the Sardine Factory have their stories, and like any good patriarch, Ted Balestreri is happy to sing their praises:

- *Andrea Fulton*—"Only a lady could replace a Dame," as one wag put it about the woman who followed Fred Dame as head of the Sardine Factory wine program in 1989. Fulton grew up in Michigan and tended bar in Arizona before becoming a beverage manager and later one of the first female sommeliers in the U.S. Balestreri's comment: "Andrea is dedicated, she trains people, she's loyal, and she's continued to make ours the top wine list in the region and among the top in the country."
- *"Big Mike" Kolpaczyk*—"If I could only have one bartender on the busiest night of my life, I'd ask for Michael. He knows what he has to do to get it out and just keeps going. He's truly a great bartender, and big enough that some nights he can act as a bouncer."
- *Craig Clark*—As banquet manager, Clark handles the functions in the Wine Cellar, coordinating the music, the food, the wine, and the elaborate presentation to make it "probably the longest-running, most entertaining show in America."
- *Alan Fields*— "This restaurant professional returned to the Sardine Factory as general manager in January 2000, resuming a role he had played from 1975 to 1979. In the interim, he had a remarkable career at such renowned New York establishments as the Rockefeller Center Club, the Rainbow Room, The Helmsley Palace Hotel, the Harvard Club, and The Four Seasons restaurant. He also helped create the ultimate venue for a New York power lunch: The Four Seasons Barroom."
- *Vince Tuminello*—"Very levelheaded. In many ways he's the leader of the waiters."
- *Ted Buckley*—"Quiet, very loyal, dedicated, businesslike."
- *John "Giovani" Sercia*—"Expressive, personable, loves wine, cigars, and good conversation."
- *Sunjeev Pahalad*—"Very disciplined and no-nonsense. Maybe more reserved than some of the other waiters, but very loyal and dedicated."

Spotted prawns were discovered in Monterey Bay in 1979; now they are a Sardine Factory favorite.

is a succession of colorful waiters from Nedj Kashfi, whose magic tricks entertained children and adults alike, to the loquacious John "Giovani" Sercia, always ready to talk, whether about wines, cigars, or the state of Cannery Row and the world. Hans Wolf, wine steward, looks as if he could have stepped out of a Hathaway shirt advertisement (he did appear in a Rolex watch ad) and counts Paul Newman among his friends.

In the back of the house, special talent has been brought to bear by such chefs as Ranjeet Lal and Robert Ellis, who helped Cutino come up with the original recipe for abalone bisque. Cutino also speaks fondly of chef Jim Spak, whom he describes as "probably the best executor on the line that I ever worked with." One waiter recalls that when walking into Spak's kitchen, "you'd better know what you were doing, because he often knew what you were supposed to be doing better than you did." All these gastronomic geniuses are remembered with a combination of fondness, awe, and terror.

There is a proud line of restaurant managers, starting with Lowell Eldridge, the first manager, and including other prominent names, such as Lee Mark, Robert Bath, the aforementioned Bill Lee, and Michael Zaouk. Their contributions are still remembered by Balestreri, Cutino, and other members of the Sardine Factory's extended family. Special praise is reserved for Glenn Hammer and Danny Iliscupidez, both of whom managed not only the Sardine Factory but Balestreri and Cutino's other restaurants as well.

Cutino and Balestreri pay attention to details on this visit to the Sardine Factory kitchen.

Ted Balestreri says that membership in his staff family is defined by dedication to the restaurant, by the fact that "they've got the best interests of the Sardine Factory at heart."

The current staff is just as original, responsible, and voluble. It includes Robert Mancuso, the executive chef and a former gold medal winner on the U.S. Culinary Olympic Team. Andrea Fulton, one of the few female wine stewards in the country, runs the wine program. Alan Fields returned to the restaurant to assume the role of manager after an absence of several years that included stints at several prestigious New York establishments. Then there's sous-chef Gaspar Catanzaro, banquet manager Craig Clark, and bartender "Big Mike" Kolpaczyk. Waiters Sercia, Ted Buckley, Vince Tuminello, and Sunjeev Pahalad put a friendly face on the team.

"It's like a family," says Ted Balestreri, and as with any family, past members are still part of the group—Papa Vince just as much as Big Mike, Bill Lee as much as Alan Fields. Family membership is defined, in effect, by dedication to the restaurant, by the fact that "they've got the best interests of the Sardine Factory at heart," says Balestreri.

Some members leave for a time and then return. Sercia is a perfect example. He started at the Sardine Factory in 1976, and worked as everything from busboy to lunch waiter to bartender to dinner waiter. In 1994, he left to become the general manager of a chain restaurant. "I'm glad I did it," Sercia says. "It was an opportunity to get into management, and I learned a lot about

Executive chef Robert Mancuso (right) brings his own sense of cuisine to the Sardine Factory kitchen.

Fitting into the Family

"We're loyal to our people, and they're loyal to us," says Bert Cutino. And that loyalty is especially apparent when new employees join the staff.

"When we have a new person coming into the restaurant, the rest of the staff, particularly those who have been here for a while, are concerned about how that person will work out," says Cutino. "We've always preached the harmony of working together as a team, that we're all in business together. If we have a poor performer, a weak link, then that is going to reflect on all of us."

The staff doesn't want to see that happen, says Cutino, so when new people come in, old hands watch carefully to see how they fit in and how well they fill the position that they've been hired for.

That attitude encompasses both the kitchen and the dining room staff, says Cutino, because the whole group works closely together. "If someone comes up short, then we all suffer for it," he says, "and no one wants to see that happen."

running the back end of a restaurant. But I also learned that working 60 hours a week and not getting paid as much was very stressful. And I learned that I missed the front end a lot."

When Sercia left that job in August 1998, the first person he called was Ted Balestreri. "Ted told me to take a few days off, smoke a cigar, have some wine, and come back to the Sardine Factory," he says. "Since I've been back, they have me doing everything—waiting tables, doing banquets, wine captain a few nights a week, doing wine stocking and inventory. It's like I never left."

Sercia speaks enthusiastically about his former co-workers. "I've worked with a lot of great people here at the Sardine Factory—chefs, sous-chefs, waiters, and bartenders," he says, "and what's nice is that almost everyone has continued to pursue a career in the hospitality industry. Some, like Fred Dame, have been very successful, but they keep coming down here and they never forget their roots."

Dame's is a story told often at the Sardine Factory, one that follows the formula of young people working their way up through the ranks to success. "Fred was a young kid of about 18 when he first came to us," says Cutino. "Ted hired him to help out with paperwork, and his hair was so long that the first time I saw him, I thought he was a girl." Dame went on to become master sommelier, and now he is a vice president with Seagram's. "He's just one of our success sto-

■

Fresh local seafood is still the restaurant's main offering. Bert Cutino and sous-chef Gaspar Catanzaro look over the catch of the day.

BERT CUTINO
CERTIFIED EXECUTIVE CHEF, A.A.C
CO-OWNER, SARDINE FACTORY

Loyalty, dedication, and professionalism are all part of the mix that nourishes staff and customers alike at the Sardine Factory.

ries, and he's had a tremendous impact on the wine industry as a whole," Cutino says.

That impact started close to home, as Balestreri explains. "When we decided that we were going to specialize in great wines, Fred helped to get us there. We sent him to Europe to take a course to become a master sommelier, and he scored the all-time-highest score. Then he created the wine list and one of the finest wine cellars in the country."

Vicente is another former staff member who is still revered around the Sardine Factory. "Papa Vince came to us from Gallatin's in Monterey," recalls Balestreri, "and he became one of the most famous bartenders in the world. Governors would visit us to say hello to Papa Vince." Thanks to his work, Papa Vince could count such people as John Wayne, Judy Garland, Johnny Weismuller, and John Steinbeck among his regular customers and friends.

Loyal and *dedicated* are words that can be applied to virtually all of the Sardine Factory staff, especially when you consider that the average length of service for current employees is 15 to 18 years. But *professional* is another word that you'd have to add. As Sercia puts it: "We're professional people here, so it's important to keep up. We subscribe to food and wine magazines like *Wine Spectator*, and *Nation's Restaurant News*, and we have trade magazines that we can take home to read. When I was in management, I learned that I could get a lot of information from the Internet. I still go online to get information on the business, on the competition, and on our own restaurant."

Like all of the staff, Sercia is quick to credit the owners with giving him a chance to flourish. "Ted has taught us a lot of technique and has given us the magic four-letter word—*love*," Sercia says. "That reminds us to think that this is our home; that when customers come in, it's like they're coming into our dining room, our kitchen, our family room. Bert has done the same thing from his side, teaching us proper plate presentation, what to look for when picking up food, communication with the kitchen staff, and getting us involved. They both make us feel that we're part-owners."

Presidential portrait: Bella and Bert Cutino with George Bush.

Ted and Velma Balestreri with former California Governor Pete Wilson and his wife, Gayle.

Chapter Eight

The Best Customers In the World

Among the thousands of people it has served, the Sardine Factory has attracted its share of celebrities. Clint Eastwood, Burt Lancaster, and other Hollywood names have enjoyed dining there, as have such political figures as California Governor Gray Davis and Leon Panetta, who was White House chief of staff under Bill Clinton. The roster of former California Governors who have graced the restaurant is impressive, too, from Pat Brown and Jerry Brown to George Deukmejian and Pete Wilson.

"We've had a lot of people here," Bert Cutino says, "movie stars, governors, CEOs of major corporations, and so many of the rich and famous. We've had them all come into this restaurant. It's amazing."

Ted Balestreri and Cutino take these visits in stride, however, regarding them as a natural result of their focus on creating a quality dining experience for the customer—any customer. The names engraved on the bar stools testify to the fact that anyone who comes into the Sardine Factory will be treated like a celebrity. "The famous people of Cannery Row are the ordinary people of Monterey, the ones who worked in the canneries," Balestreri says. "To us they're the famous people. They're the best customers in the world."

Stories staff members tell about memorable customers shift easily from sharing an after-dinner cigar with John Travolta to aiding a marriage proposal by bearing an engagement ring to the table on a silver serving dish.

"One night, we had eight or nine prominent celebrities here—Merv Griffin, John Travolta, Andy Williams—and it almost destroyed our business."—*Ted Balestreri*

"We've had thousands of engagements here," says veteran waiter John "Giovani" Sercia, "and the couples all come back for their anniversaries, not every year, but often. That's because we make people feel welcome and comfortable, and if they're looking for a romantic experience, we provide that. We've got what it takes to do that."

Waiter Vince Tuminello recalls encountering one of those returning couples: "I waited on a couple I didn't recognize, but she said, 'Oh Vince, you waited on us ten years ago when we got engaged.' They had a picture that they took at the time, so I had to believe them."

Thanks to years of experience, Tuminello is prepared to help make any occasion memorable. "When people get engaged or have some other celebration, I'll give them a little card for their scrapbook," he says. "I'll write something like, 'It was a pleasure serving you,' give them a photograph of the restaurant, and say, 'When you get your photo developed, you can put it all in your scrapbook with the matchbook cover or napkin.'"

Sercia speaks fondly of his personal clientele. "We've all had customers come back over the years and ask for us," he says. "I've even made friends with customers, where we send each other Christmas cards and sometimes get together."

Celebrities leave their mark as well. "John Travolta and I actually became pretty good friends," says Sercia. "I waited on him here when he was a teenager. When he became popular, he would come into the Sardine Factory with friends or family to enjoy the

Paul Newman and Bert Cutino chum it up (far left), and Ted Balestreri enjoys a chat with Steven Spielberg.

“[Rod] Steiger joined in with this real operatic voice, and he just blew us all away, he was so good.”—*Vince Tuminello, waiter*

wines, French wines. Later, when I left here to run another restaurant, he became one of my regular customers there. I've even sat down with him on the patio to smoke a cigar and enjoy a cognac.”

Actor Rod Steiger came in one evening when the staff was singing “Happy Anniversary” to a couple, Tuminello recalls. “Steiger joined in with this real operatic voice, and he sang with us over everyone. He just blew us all away, he was so good.”

A celebrity who prefers privacy was once being pressed for autographs and made an unusual request of Sercia. “I guess it was bothering him, so he pulled me over to the side and said, ‘Giovani, do me a favor, go in the back room and just sign my name on ten pieces of paper.’ So I went in the kitchen and signed his name and brought them back to his table. And when people came by asking for his autograph, he would give them this piece of paper. I wonder if some of those people are still saving his autograph with my signature.”

No stranger to politics, Ted Balestreri (second from left) hobnobs with Walter Mondale, Vice President under Jimmy Carter (second from right), and former presidents of the National Restaurant Association Walter Conti, John Dankos, and Victor Rosellini.

Ted Balestreri hosts the unveiling of Leon Panetta's portrait, which was hung in the Capitol building in Washington, D.C.

Inevitably, some of the memories are bittersweet. "I waited on Robert Wagner and Natalie Wood two nights before Natalie Wood passed away," recalls Sercia. "They were here with their kids. It's kind of sad thinking back on it. I got their autograph, and a couple of days later she fell off their boat and drowned."

Balestreri loves to share stories about prominent customers who have become his friends. "Joe Pesci comes in occasionally," he says. "Joe loves good wines. And Paul Anka is a good friend. He sang at the dinners when I became president of the California Restaurant Association and when I took office as president of the National Restaurant Association. He's probably one of the best entertainers alive today, and he's been very good to the Monterey area."

The week of the AT&T Pro-Am Tournament at Pebble Beach gives everyone a chance to catch up with their corporate friends as well as many celebrities. "3M comes in with all their top people," says Balestreri. "Jim Robinson of American Express comes in, and Lou Gerstner, the head of IBM. Every famous corporate

Above: Bert Cutino gets the drop on Jack Palance.

Ruth Buzzi demonstrates her cooking skills for Cutino.

Left: Cutino shares a moment with Ernest Borgnine and Daniel Durand, chef of Royal Caribbean Cruises.

Replay Misty for Me

It was an exciting time when scenes from Clint Eastwood's 1971 film, *Play Misty for Me,* were filmed at the Sardine Factory. The aura of the film, which is about a disc jockey stalked and terrorized by a female listener, still brings visitors to the restaurant.

"*Play Misty for Me* was a big coup for us when the movie came out," says Ted Balestreri, who still appreciates the boost it gave to business. "Clint Eastwood paid us a dollar a day to shoot, but the exposure helped make the restaurant. It was just a wonderful experience."

Strangely, Eastwood wanted the restaurant only as a backdrop. He packed his own eats. "We would have made him a sandwich or two, but he brought *everything,*" says Balestreri.

Eastwood returned to visit one afternoon after the movie had been released. He was sitting at the bar in about the same place where his character in the movie had sat, when two women came in. They asked Balestreri about the filming and what Eastwood was like.

"Ask him yourself," Balestreri told them, and pointed to the bar. As a restaurateur, Balestreri has seen fans connect with many celebrities, but he relishes the memory of those women about to meet Clint Eastwood: "They were just bowled right over."

Cake prepared for a party for Clint Eastwood at the Sardine Factory to celebrate his winning two Oscars.

The AT&T Pro-Am Tournament at Pebble Beach gives everyone a chance to catch up with their corporate friends as well as many celebrities.

guy in the world is here. And when they stand up and say this is one of the finest experiences they've ever had in their life, that's truly a compliment, because these people can have anything, anytime, anywhere. That gives us a sense of pride. That's what separates us from the rest of the crowd."

But Balestreri is also aware that celebrity-watching isn't always the best thing for business. "One night during the tournament, we had eight or nine prominent celebrities here—Merv Griffin, John Travolta, Andy Williams—and it almost destroyed our business," he recalls. "We thought we'd show off these celebrities by seating them all over the place so everybody could see them. Well, that backfired. Everybody in the restaurant had 19 cups of coffee, and nobody would leave. So we said that's the last time we do this on

Paul Anka (above) has been a longtime friend of the Sardine Factory's owners. The restaurant is also popular with top golfers who compete in the AT&T Pro-Am, such as Sergio Garcia, Vijay Singh, and Tiger Woods (right).

The names engraved on the bar stools testify to the fact that anyone who comes into the Sardine Factory will be treated like a celebrity.

a busy night. Now we put all the celebrities in the back, so nobody knows they're in the restaurant."

Cutino remembers the night Ruth Buzzi, James Farantino, and Michelle Lee came into the restaurant. "Michelle Lee was married to Farantino at the time, and those three came in on a night I happened to be working the floor in front. I had a chance to talk to them and learned that Ruth Buzzi and Farantino were from Brooklyn and had gone to Erasmus High, the same school Ted Balestreri had gone to before moving to Carmel. Well, Ted doesn't follow the movie stars, so he wasn't very excited until I told him they had gone to Erasmus. Then he was in his glory; he spent a good part of the evening with them, walking down memory lane from a time long ago."

Although it might have been risky, Cutino still regrets not having the opportunity to welcome one of the greatest personages in show business. "Frank Sinatra wouldn't come back to Monterey," Cutino says matter-of-factly. "He had a little blowout at one of the hotels in town. He wanted breakfast at some ungodly hour in the morning, corn flakes, and the hotel wouldn't serve it. He punched out the president of the company that managed the hotel."

Celebrity hour: The owners relax with Kate and Brooks Firestone (back) and Christine Vaccaro at a party for columnist Robert Balzer (right).

Lady Luck Dines In

One of the worst moments for the Sardine Factory involved indiscretion—and an accident. It is still fresh in Ted Balestreri's memory. "An older man was sitting at one of the tables with this young girl," he recalls. "He had a big Cadillac outside. The girl was only 21 or 22. He was at least 40 or 50. Their table was under one of these big lamps, like oil lamps, that you can still see in the Cannery Row Room. I was working the front that night, and Bert was in the kitchen. All of a sudden the lamp comes down—crash!—and hits the girl right on the head."

Bert Cutino remembers the night too. "I hear this bang, this noise. I run out, and I see the lamp on one of the tables in the middle of a full house. It was a Friday night, and we probably had all the lawyers and judges in town there. The woman was unconscious. The guy she was with evidently was not her husband—or let's say she was not his wife—and he couldn't wait to get out of the restaurant. He kept trying to slip somebody a $100 bill to get out of there."

Balestreri picks up the story. "So we take the girl out on the little porch outside, get her a chair, and let her get some air. I said I'd call an ambulance, but the guy says, 'No, I'll take her to the hospital myself right now.' He gets her to the car and disappears. We call the hospital later, and she's not there; they never went to the hospital."

The moral of the story? "There's a one out of 10 million chance that a chandelier will fall, and it falls on a night when the bar is packed with lawyers," says Balestreri. "But there's a *better* than one in 10 million chance that guy didn't belong with that girl. We were lucky. We never heard from them again."

Gesturing toward the fixtures, he says with assurance, "The lamps are anchored much more securely now. It could never happen again."

One of the restaurants most colorful dishes is ahi-tuna

The Cannery Row Room is set for another evening of "dining as theater."

CHAPTER NINE

A SURE HIT WITH THE CRITICS

For a restaurant lauded by publications ranging from *Wine Spectator* to *Nation's Restaurant News,* perhaps the most unusual review of the Sardine Factory goes like this:

"The bar is pretty great, and it's worth a stop for a drink, even if the dinner menu is too pricey for you. Take a walk through the building; the rooms are really nice. Also, they sell a lot of stuff with their cannery label-style logo."

That's from the "Play Misty for Me Tour of the Monterey Peninsula," listed on the Web site Movietours.com. If you have seen the movie *Play Misty for Me,* you will remember that after his radio program, Dave (played by Clint Eastwood) goes to the Sardine Factory for a drink, where, in a crucial plot point, he meets Evelyn. The Web site reports that "the Sardine Factory's current interior looks different from its depiction in the movie, although the exterior is pretty much the same."

Most reviewers, and most diners, will be more concerned with the food, the wine list, and the service than with the appearance of bar and the knick-knacks for sale. However, more than one profession-

Clint Eastwood filmed parts of **Play Misty for Me** *at the Sardine Factory, but he brought his own lunch.*

al reviewer has noted that the experience at the Sardine Factory has an air of dining as entertainment. One example of this is a 1997 review by Martin Meursault in the *Monterey County Herald* titled "Dining as Theater." It begins: "A legend, a meeting place, the foundation of a real-estate empire, a world-class wine cellar, a dazzling succession of rooms. On the walls, it's a museum of local history, with photos and paintings of Monterey's past."

Unlike the movie tour author, this reviewer gets past the decor and atmosphere to an appreciation of the food, though he chooses to dwell on sardines, which are not a major feature of the menu. "The chef filets fresh sardines and marinates them in olive oil with lemon, garlic, and basil. It's like a sardine ceviche, with the flesh macerated by the lemon juice, and the result is silky, delicate, and delicious. Served with thick-cut, juicy smoked salmon, fluffy greens, and a mustard sauce, it's terrific."

Just as its cuisine is celebrated in many mentions in print, the restaurant's history is seldom ignored. *Wine Spectator* magazine, which has counted the Sardine

"The staff employs many eye-catching surprises, creating a festive atmosphere for special-occasion dining."—*Martin Meursault, the* Monterey County Herald

Factory and its wine cellar among its Grand Award winners since 1982, noted the link between the food and heritage in a review that appeared in August 1999: "The menu celebrates the sea, including an abalone bisque that was served at former President Reagan's inauguration, Monterey calamari, Dungeness crab, and house-smoked salmon. Executive chef Robert Mancuso adds global garnishes to the local catch but also grills beef to simple perfection. On its menu, in its wine cellar, and through its decor, the Sardine Factory honors the past and keeps looking for new ways to bring people back to Cannery Row."

The abalone bisque is an important part of the restaurant's history and offers customers and reviewers a convenient benchmark and a reason to come back, as Merill Shindler of the *Los Angeles Herald Examiner* (July 20, 1989) suggested: "The rich creamy abalone bisque with a hint of smoky bacon flavor is as delicious as I remembered it." But Shindler didn't stop tasting there. "Other outstanding dishes sampled on this trip included Tournedos Cannery Row (filet mignon and lobster

In good company: John Farquharson, president of the Food Safety Council; James C. Doherty, executive vice president, Lebhar-Friedman, Inc.; and Joe Fassler, president, Pro-Dine, Inc., with the Sardine Factory's Ted Balestreri. Farquharson, Fassler, and Balestreri are past presidents of the National Restaurant Association.

The restaurant's Wine Cellar houses one of the finest collections of wines in the country

"On its menu, in its wine cellar, and through its decor, the Sardine Factory honors the past and keeps looking for new ways to bring people back to Cannery Row."—*Wine Spectator*

tails with eggplant and chive sauce); Baked Oysters Monterey with marinara sauce and artichoke crowns; and Salmon and Scallop Florentine."

Abalone bisque also flavors this review by David L. Beck in the *San Jose Mercury News* (August 12, 1994): "The smell of the soup is intoxicating, the Madeira giving it a generous nose, but not much more so than [co-owner and executive chef] Bert Cutino's version of escargot, which he serves stuffed into little towers of crusty bread. The snails are sautéed in butter, anisette, shallots, garlic, red pepper, parsley, and green onion 'chopped fine,' then allowed to cool before being stuffed into the bread. Then they are popped into the oven with some of the escargot butter as the orders come in."

A more recent notice by Carole Terwilliger Meyers in *San Francisco Downtown* (November 1999) cites the "fresh abalone" and the "highly acclaimed abalone cream bisque," but dwells more languorously on "an appetizer of rich Asian foie gras on Yukon gold potatoes, served with petite apple fritters and a fabulous fruity olive oil, plus a few pieces of focaccia with a pesto topping" and entrées that included "delicate grilled local sand dabs served with a sorrel crepe filled with vegetable ragout, and a thick baked salmon with porcini mushroom glaze and a side of morel mushroom risotto."

For some reviewers, it is the presentation that sticks in the

Pleasure boats have replaced most of the fishing boats in Monterey Bay.

AN EARLY PROPHECY

One of the most prescient of all of the reviews of the Sardine Factory is one of the earliest. Appearing in the Monterey area publication *Game and Gossip* in 1968, it predicted, "People will be talking about the new restaurant overlooking Cannery Row, The Sardine Factory. To the world at large the name will become synonymous with the history of the sardine canneries, the fishing fleet, and the men and women who have made the era famous. Even the little-known people, who have been forgotten for many a decade, will find a bit of recognition on these new 'walls of fame.'"

The review summarizes the restaurant's beginnings and its conversion from a dining hall for cannery workers into a new and appealing restaurant. "The [owners] remodeled the old hall, and painted it a deep gray inside and out, which became the background for an exceptional work of decor. The old hand-carved Brunswick bar of the Barbary Coast days was painted a cool antique red, as was the fireplace. Every frame took on the same hue—all old, but very fitting, as someday you will see."

The decor draws this reviewer's special interest, as it has drawn the attention of reviewers and diners in the many years subsequent. "Things that will become conversational pieces," he writes, "are such objects as a pair of antique high chairs for the toddlers, an old-time clock, a wheel of fortune, and a gadget that cuts and lights a gentleman's cigar—all gems dug out of the past to produce a new concept in decorating that should win a gold medal for originality and super interest."

There's no mention of a wine list, but the wine offerings in those early days ran more to Paul Masson and Almaden than anything exotic. The food, as well, is almost an afterthought: "Let's look at the menu! It reads like an Italian gourmet cookbook: Braciloe, Chicken Balcastino, manicotti, etc. Will there be fish and shellfish? Certainly! That is why they named it 'The Sardine Factory' in the first place."

The conclusion of this review strikes a note that will be repeated again and again in reviews of the Sardine Factory. It celebrates the owners and wishes them luck on their newly started journey. "Their self-evident satisfaction is the clearest proof and truest reflection of the ... happy results of their work. Some of it was back-breaking, hard and dirty work that will bring happiness and pleasant memories to many—and to others an introduction to a new world."

memory. "The staff employs a number of eye-catching surprises, creating a festive atmosphere suitable for special-occasion dining," writes Meursault. "Most dramatic of these is the 'intermezzo'—a fruit sorbet after your appetizer or salad, designed to cleanse your palate. The sorbet is served in a metal dish, cradled between the wings of a molded ice swan, the swan glowing from a battery-operated light in its cavity. The presentation borders on the spectacular, and always garners appreciative exclamations from onlookers."

In *Adventures in Dining* magazine, V.J. King waxes poetic about the ambience, but also finds space to compliment the wine list and bestow considerable attention on the menu. "On the entrée list there are nine dishes featuring seafood, some with pasta. Grilled abalone, seared salmon, ahi-tuna, grilled swordfish, lobster tail, and baked prawns might be run-of-the-mill at another restaurant, but preparation, presentation, and accompaniments make them extra-special at the Sardine Factory," King says. "For example, tender abalone comes in a delicate ginger-butter sauce; the tuna is marinated in wasabi (Japanese horseradish), ginger, and garlic and served on bok choy, cabbage, and carrots with sesame oil and rice vinegar dressing; the salmon fillet comes on a bed of what appears to be mashed potatoes but is actually a mixture of celery root, parsnip, and potato."

Desserts are "equally decadent," King adds. "But by this time you've blown your fat count for a week, so you might as well go all the way. Of the three desserts we tried—crème brulée, tiramisu, and Little Jack Horner plum tart—all were well worth the calories. The tiramisu was exceptional, one of the best I've had."

The staff and service have always garnered high praises, too.

Have an appetizer? Try this salmon rope and lobster claw on bok choy with two sauces.

"Grilled abalone, seared salmon, ahi-tuna, and baked prawns may be run-of-the-mill at another restaurant, but preparation, presentation, and accompaniments make them extra-special at the Sardine Factory." —*V.J. King,* Adventures in Dining

From the ambience to the fine food, wine, and service, critics and diners alike would agree that this combination of world-class ingredients sets the stage for a most enjoyable evening.

Bert Cutino and Ted Balestreri with chef René Verdon, who was executive chef in the Kennedy White House.

Thomas Hargraves, reviewing the restaurant in 1982 for *Monterey Life* magazine, could have been speaking for many of those who have dined at the Sardine Factory over the years when he wrote: "If the Sardine Factory was ever a sardine factory when Cannery Row was a row of canneries, it couldn't have been run with more precision than it is today. From the affable maître d' who greets you at the door to the numerous smiling busboys, everyone knows his job to perfection. And every job is synchronized to provide maximum efficiency. The result is fast and good service—necessary for the large number of diners the restaurant accommodates."

The *San Jose Mercury News*' Beck concurs: "At the Sardine Factory, you're greeted by the maître d', seated by the hostess and cajoled by the sommelier, while the waitress presents the menus and then makes way for the cocktail waitress. The staff seems to be as well trained as it is multitudinous."

From the ambience to the fine food, wine, and service, critics and diners alike would agree that this combination of world-class ingredients sets the stage for a most enjoyable evening.

Ted Balestreri stands tall at the 1985 IFMA Gold Plate Award dinner.

CHAPTER TEN

A COLORFUL FIXTURE IN THE COMMUNITY

"Giving something back" is a sentiment heard on the lips of many successful businesspeople, though all too often as lip service rather than dedication to serving an industry or a community.

For Ted Balestreri and Bert Cutino, however, giving something back is just another chapter in their remarkable story of creating the Sardine Factory and revitalizing a run-down section of Monterey.

At the time of the restaurant's 30th anniversary in 1998, the *Monterey County Post* published an editorial that suggests how prominent Balestreri and Cutino have become in the community. Titled "Ted and Bert," it began, "Do you recognize the names? . . . Who in Monterey County has been successful—starting with virtually nothing—and [succeeding] from their own hard work? . . . Perhaps there are others who fit the description, but none are as colorful as Ted and Bert."

Their colorful personalities might explain why so much attention is paid to the partners, but it is their record of success and their contribution to both the community and the restaurant industry that command respect. Those deeds explain the outpouring of awards and honors that have been bestowed on the restaurateurs. Again, the *Monterey County Post:*

"Numerous people have great business sense—and others have great political sense—but Ted and Bert possess both. When others were

Among friends: (Clockwise from left) Bert Cutino picks up a DiRōNA award on behalf of the Sardine Factory. Ted Balestreri with restaurant industry colleagues Anthony Athanas and Jerry Berns and their wives, Ester Berns, Sue Athanas, and Velma Balestreri. Bert and Bella Cutino trade recipes with Julia Child. Bert accepts kudos from chef Jeremiah Towers.

waiting for the magic to come back to Cannery Row, Ted and Bert were making it happen. They put the magic back into Cannery Row."

Local politicians believe that the restaurant's magic can work for a candidate. "We've got kind of a folklore thing going around," says Balestreri. "If a political candidate eats downstairs in the Wine Cellar, he or she wins. Democratic or Republican, it doesn't matter. Every time they have a campaign event here they win." George Deukmejian, Pete Wilson, Leo McCarthy, and Alan Cranston all had campaign dinners in the intimate space. "I'm not going to guarantee that to be successful in politics you have to eat at the Sardine Factory, but after that record, I wouldn't chance not eating here," Balestreri quips.

On at least one occasion, the politicos proved they truly were capable of being public servants. The restaurant sponsored a benefit for the Red Cross one night in 1991, and elected officials worked as celebrity waiters. "We had a state senator, a congressman, the mayor, California Superior Court judges, and even Leon Panetta serving customers as a way to raise money," says Cutino. "That was a fun night. Imagine, the White House Chief of Staff waiting on tables at the Sardine Factory!"

While Balestreri and Cutino have become significant powers in the Monterey community and the restaurant industry, they do not pretend to have done it on their own. Both attribute their influence and success to a willingness to invest in others, an investment they continue to make.

Bert Cutino believes that "those who are committed to professional growth and who are stimulated to push creativity to the limit are able to succeed."

A beribboned Bert Cutino receives congratulations on becoming chairman of the Distinguished Restaurants of North America from Marvin R. Shanken, publisher of **Wine Spectator***; Richard Swig of the Fairmont Hotel in San Francisco; and Ted Balestreri.*

Cutino, for instance, instituted a culinary training program at the Sardine Factory that has contributed to the success not only of the restaurant but helped many employees go on to open restaurants of their own. "Those who are committed to professional growth and who are stimulated to push creativity to the limit," he says, "are able to succeed." Balestreri adds, "We provide the tools and the atmosphere in which people can flex their muscles and do the job."

The recognition that Cutino and Balestreri have been accorded is one measure of their leadership. Cutino, for instance, was featured in the Distinguished Visiting Chef Series at the Chef John Folse Culinary Institute

For his work with the Educational Foundation of the National Restaurant Association, Ted Balestreri recieved a Diplomate Award in 1993, as did master chef Paul Prudhomme (wearing hat).

at Nicholls State University in Louisiana in 1997. In the same year, he was presented with the Hermann G. Rusch Commemorative Medallion at the American Culinary Federation (ACF) National Convention. In 1988 he had been named the ACF's National Chef of the Year, an honor that recognizes outstanding culinary achievements along with contributions to the profession and to the community. Cutino was elected to the ACF's honor society, the American Academy of Chefs, in 1984 and was named the Academy's chairman in 1995. He was awarded three Presidential Medallions by presidents of the ACF, and he has been inducted into the Hall of Fame of, respectively, Les Toques Blanches USA, the California Restaurant Association, and the Distinguished Restaurants of North America (DiRōNA). In addition to these honors, Cutino has served as vice president of the ACF and as chairman of DiRōNA.

Balestreri's list of awards and achievements is equally impressive. He is past president and chairman of the National Restaurant Association (NRA), as well as past president of the California Restaurant Association. He served as chairman of the educational foundation of the NRA in 1991 and 1992, and he has been a member of its board

When Gastronomy Turns Into Sociology

Operating a famous restaurant requires not only food and drink but insight into why people's attitudes toward the two keep changing. "When we first opened, people would sit at the bar, corporate leaders, celebrities, and local regulars, and everybody would have a drink," says Ted Balestreri. "More than likely, it would be a martini. That was the socially acceptable thing to do, part of this powerful macho type of drinking."

Since that era, consumer attitudes have changed dramatically. People are more careful about what they spend their money on, and they have learned a lot about haute cuisine. "Today," says Balestreri, "the same corporate guy calls ahead of time to make a dinner reservation for a group, and says, 'No cocktails, just wine.' When he picks out the wine, he's very price-conscious and less indulgent. But he's probably much more sophisticated when it comes to the quality of food, wine, cigars, or anything. I may be simplifying the matter, but I think that years ago customers drank more and were much hardier and free-spending."

What this means for the Sardine Factory, says Balestreri, "is that our standards have to rise constantly to meet higher quality standards. Customers are much more conscious of appearances, public acceptance, what the boss might think if they drink."

Have changing tastes hurt the Sardine Factory? Balestreri hints that the restaurant has found ways to make the most of economic reality. "Years ago, the bar would be our profit and we'd break even on the food," he says. "Now it's pretty much the opposite, although we're selling a bottle of water for as much as a bottle of beer."

of trustees since 1982. He served as chairman of the U.S. Culinary Team Foundation (1989-1992), an organization formed by the NRA and the ACF to promote the U.S. Culinary Team's participation in international competitions. He also served as chairman of the Distinguished Restaurants of North America from 1992 through 1994, and in 1995 was elected to the DiRōNA Hall of Fame. He is a recipient of the International Foodservice Manufacturers Association's Gold Plate Award and in 1998 was given the Thad Eure, Jr., Ambassador of Hospitality Award by the National Restaurant Association.

Balestreri has also put his talents to use in the public sector. He was appointed by Governor George Deukmejian to serve as a charter director on the California Tourism Corporation, and was appointed by Deukmejian and re-appointed by Governor Pete Wilson to the California Tourism Commission. He is an active spokesperson for the restaurant industry, always ready to address issues ranging from restaurant smoking bans to the business meal tax deduction. In 1993, he was named to the Travel Industry Association of America's Hall of Leaders, which recognizes individuals who have made a lasting contribution to the U.S. travel industry. In the same year, he and Cutino received the Entrepreneur of the Year Award from the California Travel Industrial Association.

Balestreri and Cutino are actively engaged in promoting the training and education of chefs and managers in the restaurant industry, Balestreri through the NRA and Cutino through the ACF. The Balestreri and Cutino Scholarship Fund, administered through the California Restaurant Association's

"If a political candidate eats downstairs in the Wine Cellar, he or she wins."—*Ted Balestreri*

Steinbeck Plaza, Cannery Row is a sought-after address, thanks to the redevelopment efforts of Balestreri, Cutino, and their partners.

© Grant Huntington/Monterey Peninsula VCB

Educational Foundation and the Educational Foundation of the National Restaurant Association, was established in 1986, and the pair marked the restaurant's 30th anniversary in 1998 by putting up more than $30,000 for culinary scholarships.

Cutino has worked hard to create opportunities for training and certification for chefs, which has helped instill professionalism in the kitchens of the nation's restaurants. Cutino attended the ACF certification program, though he clearly didn't have to. "It was important to show that this is a profession and to show the staff that the credentials are meaningful," he says,. "On top of that, I learned a lot of things that I didn't know before."

Considering the success of their other investments, particularly real estate holdings in the Monterey area, Balestreri and Cutino don't have to work the door or mind the kitchen at the Sardine Factory. Yet many nights you'll find them there, greeting customers, checking out the kitchen, catching up with old friends and with the staff. "It's our first love," Balestreri says, "and it's where it all started."

This love is apparent in a New Year's Eve celebration that has become a tradition for the two partners. That is the only night of the year when they take over the wine cellar for themselves. "Bert and I invite our partners and we have the best for ourselves," Balestreri says. "It's the one night we sit down all together and celebrate God's blessings. We drink good wines, have great food, and enjoy some camaraderie. I always look forward to that."

Guaranteeing a Legacy

The greatest testament to the impact Ted Balestreri and Bert Cutino have had on their community and on the hospitality industry can be found in the careers of the people they've hired, trained, or simply advised over the years. For example, Cutino took time to meet with a young culinary student, and he received a response that was both disarming and professional. "I will always value the advice you offered regarding the certification process and the value of an education in the ever-changing world of the culinary arts," wrote the student, "and I look forward to someday preparing and serving you dinner."

Bert Cutino at his desk as chairman of the American Academy of Chefs in 1995.

The partners receive many such notes and take great pride in them. "Give people a chance," says Balestreri. "That is what America is all about. We benefited by being good citizens and providing the right environment. That's the success of leadership."

It is especially rewarding, of course, when the owners hear from people who have worked at the Sardine Factory. Typical is the following, published as an open letter of thanks by two former employees, Bill Lee and David Wheeler, when they were about to open a restaurant of their own:

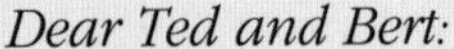

Dear Ted and Bert:

We wish to thank you for your tremendous help and invaluable counsel in our preparations to open our own restaurant later this month.

We both have worked for you and your outstanding organization for a number of very gratifying years, and have learned the restaurant business from the ground up—much as you did a few years back.

The two of us are confident we have learned the business well, but if we haven't, it is no fault of our teachers. We've had the best.

Your generosity in going out of your way to offer advice and guidance is deeply appreciated, and is in the highest tradition of cooperation among Monterey Peninsula restaurateurs.

But most of all we appreciate your friendship—a friendship we are proud of and will always treasure.

(Right) Bert Cutino centers this grouping of industry colleagues, which includes Michel Bouit, Baron Galand, Bill Fisher, and John Dankos.

Balestreri and Cutino marked the Sardine Factory's 30th anniversary by putting up more than $30,000 for culinary scholarships.

(Above left) The Sardine Factory has been very supportive of the Chef and Child Foundation.

(Above) When the Sardine Factory sponsored a Red Cross benefit, civic leaders volunteered as celebrity waiters. From left, Leon Panetta, former White House Chief of Staff; Congressman Sam Farr; Karin Strasser Kaufman of the Monterey Board of Supervisors; and California Assemblyman Rusty Areias.

Linking Business, Family, and Community

When Ted Balestreri received the Gold Plate Award from the International Foodservice Manufacturers Association (IFMA) in 1984, it marked a major highlight in his extraordinary career. The award paid tribute to the co-owner of the Sardine Factory not only for his contribution to the hospitality industry but for his personal concern for colleagues in the business and his commitment to revitalizing his community.

For Balestreri, success in business isn't success unless a person is active in industry and community organizations. Even more critical is family life, and Balestreri has always tried to make the restaurant a family affair. His wife, Velma, helped out at the Sardine Factory in the early days and later provided inspiration and assurance as the enterprise grew and prospered. His sons, Ted II and Vincent, grew up in the business, learning firsthand how American entrepreneurship works. In their father they also had a prime example of a person who feels at home in the hospitality business.

■

The pinnacle: Ted and Velma Balestreri acknowledge applause at the Gold and Silver Plate Banquet with IFMA president Michael Licata (above).

The Balestreris have always made a point of enjoying time on their own (above). At one industry gathering, sons Vincent (left) and Ted II donned tuxedos to see their father receive an award.

CHAPTER ELEVEN

RECIPES FROM THE SARDINE FACTORY

The reputation of the Sardine Factory is built on its use of the freshest, highest-quality seafood and on the special dishes it has created by adding an Italian or continental flavor to such local seafood as abalone, squid, prawns, and sand dabs.

Calamari Puffs

Serves 4

2 1/2 pounds squid (fillet only)
1/2 medium onion, chopped
1 egg
1 tablespoon chopped parsley
1 bunch green onion, finely chopped
1 tablespoon granulated garlic
1/4 cup cracker meal
1/4 cup bread crumbs
1 tablespoon salt and pepper
Oil to fry
Cocktail sauce

1. Chop squid into pieces. Add onion, egg, parsley, salt, pepper, and granulated garlic. Mix thoroughly.
2. Add half of cracker meal and bread crumbs.
3. Form into 2-ounce oval balls.
4. Combine remaining bread crumbs and cracker meal. Roll balls in mixture.
5. Lay on sheet pan lined with parchment paper. Refrigerate to set for 1 hour.
6. Fry balls at 350 F in deep fat fryer until golden brown. Serve hot with your favorite cocktail sauce.

Sardine Factory Calamari Salad

Serves 6

2 cups watercress
2 heads butter lettuce

Clean and set aside.

Roasted calamari

1 pound cleaned and sliced calamari tubes
1/4 of a lemon, juiced
1/2 cup olive oil
1 teaspoon fresh black pepper
1 tablespoon truffle oil
1 bunch chopped chives

1. Combine all ingredients and spread evenly on a sheet pan.
2. Broil at high heat for 3 to 4 minutes.
3. Chill and reserve.

Fried calamari tentacles

1 pound calamari tentacles
4 cups all-purpose flour
Salt and pepper to taste
1 cup oil (or as needed)
1 tablespoon cayenne pepper

1. Blend dry ingredients and coat tentacles.
2. Deep fry in oil at 320 F for 1 minute.

Dressing

2 1/2 cups olive oil or salad oil
3 tablespoons truffle oil
3 whole limes, peeled
3 tablespoons cracked black pepper
1/2 cup rice vinegar
1 tablespoon sugar
1/4 cup parsley
2 lemons, zested and peeled

Combine all ingredients, except oil, in a blender. Blend on low while slowly adding the oil until completely emulsified.

To serve:
Toss salad together with dressing and roasted calamari, then top with fried tentacles.

Chilled Dungeness Crab, Tomato, and Avocado Salad

Serves 2

4 tomatoes, sliced
10 ounces Dungeness crab
3 tablespoons extra-virgin olive oil
1 1/2 tablespoons lemon juice
1 avocado, diced
1 tablespoon chives
Salt and pepper to taste
Hazelnut Vinaigrette (*see* recipe below)

Garnish

2 hard-cooked eggs, chopped
1/4 cup diced tomato
2 tablespoons black olives, chopped
1 tablespoon minced chives

1. Gently toss together crab, oil, lemon juice, avocado, chives, salt, and pepper.
2. Lay on a bed of the sliced tomatoes, dress with Hazelnut Vinaigrette, and top with garnish. Served chilled.

Hazelnut Vinaigrette

3 ounces red wine vinegar
1/4 teaspoon paprika
1/4 teaspoon Dijon mustard
Salt and pepper to taste
3 ounces hazelnut oil
1 ounce salad oil

1. Combine all ingredients except the oils.
2. Slowly whisk in the oil to emulsify.

Prawns Sambuca

Serves 4

16 fresh Monterey Bay prawns, or any 16/20-count prawns
1 tablespoon chopped fresh shallots
1 tablespoon chopped fresh garlic
1/4 cup diced tomato
1 tablespoon fresh tarragon, finely chopped
2 tablespoons Sambuca liqueur
1/4 cup Chardonnay or dry white wine
1/4 pound sweet butter
1/2 cup olive oil
1 pound angel hair pasta, cooked
2 teaspoons salt and pepper
2 chives

1. In a sauté pan, heat oil, add garlic, shallots and prawns on high. Cook for 1 to 2 minutes.

2. Add wine and sambuca. Light match to liquid to flambé.

3. Add tomatoes, tarragon, salt, and pepper, and cook for 2 more minutes. Add butter and reduce by half.

4. Put equal amounts over 3-ounce servings of pasta. Garnish with tarragon leaf and chives.

Baked Abalone Monterey

Serves 6

1 1/2 cups spinach
2 tablespoons onion, finely diced
1 cup white wine
Juice of 1 lemon
6 mushrooms, sliced
2 tablespoons red bell pepper, diced
6 ounces abalone
1/2 cup heavy cream
1/2 cup basic Hollandaise Sauce (*see* recipe below)
6 cultured abalone shells
Salt and pepper to taste

1. Preheat oven to 400 F.
2. Sauté spinach and onions in lightly buttered pan over low heat. Season with white wine, lemon juice, salt, and pepper.
3. When cooked, place 2 ounces of spinach in each abalone shell.
4. Sauté mushrooms and red peppers in lightly greased pan for 3 minutes over low heat.
5. Add cream, reduce by two-thirds, then set aside.
6. Cut abalone into 3 1/2-inch pieces, place on top of spinach, then top with mushroom mixture. Top each with a tablespoon of Hollandaise Sauce.
7. Bake until golden brown.

Hollandaise Sauce

Makes 1 cup

3 large egg yolks
1 tablespoon water
10 tablespoons soft butter
3/4 teaspoon lemon juice
Salt and pepper to taste
Dash of cayenne pepper

1. Whisk the egg yolks and water until frothy in a heavy saucepan or in the top of a double boiler over medium heat, being careful not to scramble the eggs.
2. Add the butter, tablespoon by tablespoon, whisking constantly until the mixture thickens.
3. Season with remaining ingredients.

Grilled Sea Bass and Shiitake Mushroom Napoleon

Serves 2

Mushrooms

10 Shiitake mushrooms, squared off
1/4 cup olive oil
Salt and pepper to taste

Toss all ingredients and grill in hot oil. Set aside

Yellow tomato gazpacho broth

8 yellow tomatoes, seeded
3 cucumbers, peeled and seeded
3 yellow peppers, roasted
1 cup lime juice
1-2 ounces corn starch

1. Puree tomatoes, cucumbers, peppers, and lime juice in blender, then strain into a saucepan.
2. Heat puree and add approximately an ounce of corn starch per quart of liquid, or to desired thickness. Set aside.

Sautéed pea tops and fennel

1 cup pea tops, washed
1/2 cup fennel, julienned
3 tablespoons olive oil

Sauté pea pods and fennel in hot oil until heated through. Set aside.

Sea bass

2 portions Chilean sea bass
(4 ounces each)
Salt and fresh-ground pepper to taste
3 tablespoons salad oil

1. Season sea bass with salt and pepper. Heat oil in pan until very hot and gently lay sea bass into hot oil.
2. Place pan in oven at 450 F and cook until well browned on one side and cooked through.

Assembly:
1. Spoon the gazpacho in the center of a hot plate.
2. Place the sautéed pea tops and fennel on top of the gazpacho.
3. Stack the grilled mushrooms and sautéed sea bass on top of the pea tops. Finish by drizzling the plate with Red Pepper Oil (*see* recipe below).

Red Pepper Oil

3 red peppers
Olive oil, extra-virgin, as needed
1 tablespoon Dijon mustard
1 tablespoon salt

1. Wash, stem, and remove seeds from peppers. Chop, then puree until smooth.
2. Place the puree in a saucepan and reduce by two-thirds over high heat. Strain through a sieve and cool.
3. When pepper juice is cooled, add the mustard and salt. Add equal parts olive oil by volume to match the pepper juice. Chill.

Escargot en Toscani

Serves 4

24 large French snails (escargot)
2 loaves Toscani bread or French baguette
2 pounds sweet butter, softened
2 tablespoons garlic, chopped
2 tablespoons Pernod
2 tablespoons lemon juice
1/2 cup parsley, chopped
2 teaspoons salt
2 teaspoons white pepper
1 cup heavy cream
6 parsley sprigs

1. Preheat oven to 400 F.
2. Slice bread into 2-inch pieces. Make a small pocket in each slice and tuck in one escargot.
3. With electric mixer, mix butter at high speed until it is whipped.
4. Slowly add garlic, Pernod, lemon juice, chopped parsley, salt, white pepper, and heavy cream. Whip until all ingredients are incorporated.
5. Put a teaspoon of the butter mixture on top of each snail to seal it in the bread pocket. Reserve remainder of mixture.
6. Bake snails at 400 F for 10 minutes.
7. Wash parsley. Heat cooking oil to 350 F and drop parsley into the oil for 15 seconds. Drain parsley on paper towels and set aside.
8. Put cream and remaining butter mixture in a heavy sauce pan and cook over medium-high heat until sauce thickens. Arrange 6 bread slices on each plate, and pour sauce over them. Garnish with deep-fried parsley sprigs.

Grilled Sand Dabs on Potato Risotto

Serves 4

Potato risotto

2 large Idaho potatoes, diced 1/4-inch thick
4 cups hot chicken stock
2 tablespoons tarragon, finely chopped
2 tablespoons garlic, chopped
2 tablespoons onion, chopped
1/2 tablespoon salt
1/2 teaspoon white pepper

1. Sauté garlic and onions on high heat until translucent.
2. Add potatoes and sear. Stirring constantly, cook for 1 minute.

3. Add stock to the potatoes 1 cup at a time, waiting until the stock is absorbed before adding the next cup. Add salt, pepper, and tarragon.
4. Place in middle of plate.

Sand dabs

20 sand dab fillets
2 cups herbed bread crumbs
Clarified butter
Tarragon Butter Sauce (optional; *see* recipe below)

1. Dredge sand dab fillets in herbed bread crumbs.
2. Heat skillet over medium heat with clarified butter.
3. Place sand dabs skin side up in skillet and cook until golden brown (about 1 minute). Turn sand dabs and cook for 1 more minute. Take them out of pan, and place them on top of potato risotto. Can be topped with Tarragon Butter Sauce or a light beurre blanc.

Tarragon Butter Sauce

1 tablespoon shallots, chopped
1 tablespoon garlic, chopped
1 tablespoon onions, chopped
1/2 cup white wine vinegar
1/2 cup dry vermouth
1/4 cup heavy cream
1 pound unsalted butter
3 black peppercorns
4 tablespoons tarragon, finely chopped
1/2 tablespoon salt

1. Sauté shallots, garlic, and onions until translucent.
2. Deglaze with vinegar, vermouth, and black peppercorn.
3. Reduce to 1 tablespoon.
4. Add cream and reduce by one half.
5. Turn flame off and add butter. Stir until homogeneous. Add tarragon to sauce. Adjust seasoning with salt.

Smoked Chicken and Angel Hair Pasta

Serves 4

1/2 pound smoked chicken breast (boneless), cut into strips
1/8 pound sweet butter
1 cup cream
1/2 teaspoon garlic, finely chopped
1 1/2 teaspoons shallots, finely chopped
2 tablespoons red onion, finely chopped
1/2 cup dry white wine
1/2 cup white wine vinegar
3 fresh sage leaves, finely diced
1 pound pasta (capellini or angel hair), cooked
1/2 cup fresh diced tomatoes, marinated in olive oil, salt and pepper
4 fresh basil leaves, chopped

1. In a large skillet or pot, sauté onions, garlic, and shallots over high heat.
2. Add vinegar and stir, then add white wine. Reduce to syrup consistency.
3. Add cream and reduce by half.
4. Add chicken and sage. Bring to a boil, then reduce heat. Whip butter into sauce, then add cracked pepper to taste.
5. Pour over hot pasta. Add diced tomato to each portion and top with basil leaf.

Bistecca di Vitello

Serves 5

1 quart Rich Brown Sauce (*see* recipe opposite)
1/2 pound sliced mushrooms
1 pound cultivated oyster mushrooms
2 ounces dried morels, reconstituted and chopped (save juice)
1 tablespoon garlic
1 tablespoon shallots
1 cup white wine
2 tablespoons Pommerey mustard
10 veal steaks, 2 1/2 ounces each
1/2 cup Marsala wine

1. Sauté garlic and shallots until golden. Add mushrooms and sauté.
2. Add white wine and mushroom juice and reduce by one-third.
3. Add Rich Brown Sauce. Reduce by one-eighth.
4. Add morels and mustard. Season to taste and set aside.
5. Sauté veal steaks on low heat for 1 minute on each side.
6. Deglaze with Marsala wine, then remove from pan and top with sauce.

Rich Brown Sauce

5 cups strong beef stock
4 tablespoons unsalted butter
4 tablespoons all-purpose flour
1 clove garlic, peeled
1 bay leaf
1/2 teaspoon dried chopped thyme
1 small onion, chopped
1/4 teaspoon Worcestershire sauce
Salt and freshly ground black pepper to taste
1/4 cup chopped mushrooms
6 tablespoons dry sherry
1 tablespoon meat extract

1. Preheat oven to 350 F.

2. Boil stock in small heavy-bottomed saucepan.

3. In a separate pan, melt butter, then whisk in flour. Cook for a few minutes until the mixture is slightly browned.

4. Pour hot stock into casserole dish and stir in butter-flour mixture. Simmer until the stock thickens.

5. Add garlic, thyme, bay leaf, onion, and Worcestershire sauce, then place the casserole dish in the oven to roast for 1 1/2 hours.

6. Strain sauce into a bowl.

7. Simmer mushrooms in sherry until sherry reduces to about 3 tablespoons.

8. Add 2 cups of sauce (leftover sauce may be frozen for later use) and meat extract.

9. Cover and simmer 20 to 25 minutes. Strain before using.

Veal Cardinal

Serves 6

6 lobster tails, 6 ounces each
1 1/4 pounds veal (Wisconsin white veal, from short loin, cut into 3-inch medallions)
1 cup flour
2 tablespoons butter
1 1/2 pounds mushrooms, washed and sliced
1/2 cup dry wine
2 tablespoons parsley, fresh-chopped
2 tablespoons garlic, fresh-chopped
Juice of one lemon
Salt and pepper

1. Dredge lobster and veal in flour.
2. Heat the butter in a skillet over medium heat and sauté the lobster lightly.
3. Add the mushrooms and continue cooking until the mushrooms are tender.
4. Remove the lobster and mushrooms with a slotted spoon and set aside.
5. In the same pan, sauté the veal until golden brown on both sides (about 1 minute), adding more butter if necessary.
6. Return the lobster and the mushrooms to the skillet. Add the wine and touch with a lighted match to flambé. When the flames have subsided, add the parsley, lemon juice, and garlic. Simmer for 2 to 3 minutes, and season to taste.
7. Put 1 lobster tail on each plate, surround with 3 veal medallions.

Cheesecake

Serves 6

1 cup graham cracker crumbs
1/4 cup butter, melted and cooled
2 1/2 pounds cream cheese at room temperature
4 whole eggs
3 egg whites, whipped
4 tablespoons sour cream
3 tablespoons flour
1/2 teaspoon salt
1/8 cup lemon juice
Grated rind from one small lemon
1/4 cup heavy cream
1/2 teaspoon vanilla
1 1/2 cups sugar

1. Preheat oven to 460 F.
2. Blend graham cracker crumbs with butter, then place in a 9-inch pan and swirl until pan is coated. Set aside.

3. Break up the cream cheese in a large bowl and whip.

4. Add flour, salt, and sugar gradually.

5. Add lemon juice, lemon rind, sour cream, heavy cream, and vanilla.

6. Add eggs, 1 at a time, until each is blended, then fold in the whipped egg whites. Pour mixture onto graham cracker crust.

7. Flash heat for 12 minutes. Place the pan in a larger pan of water to prevent burning.

8. Reduce oven temperature to 250 F and cook for 50 minutes.

GREAT MOMENTS IN TIME

2.

1.

3.

4.

6.

7.

10.

11.

12.

1. Don Tober of Sweet 'N Low (left) and Jerry Berns of New York's 21 Club congratulate Ted Balestreri as 1995 Person of the Year.

2. Winning the California Hall of Fame Award, Balestreri and Cutino with Elizabeth Burns of the California Restaurant Association.

3. For a laugh, Balestreri hammers George Zarounian, one of his business partners.

4. The co-owners show off their National Restaurant Association Hall of Fame Award in 1981.

5. A galaxy of restaurant greats turned out for the closing of Ernie's, the San Francisco landmark.

6. Ted and Velma Balestreri, the new president and first lady of the National Restaurant Association, are congratulated by Nancy and Richard Marriott.

7. A toast to the Sardine Factory's world-renowned wine collection.

8. Enjoying new honors at the Knights of the Vine Event.

9. Balestreri and Cutino stand out among a generation of dynamic leaders.

10. Longtime bartender "Papa Vince" Vicente inspired the admiration of the owners.

11. The Balestreris enjoy a light moment with George and Barbara Bush.

12. At the Monterey Wine Festival, Balestreri presents an award to pioneering vintner Robert Mondavi.

13. Balestreri and Pat O'Malley, both past presidents of the National Restaurant Association.

14. Balestreri's assistant, Carol Shafer, took notes when a gorilla dropped by to wish her boss Happy Birthday. In on the fun were business partners Harry Davidian and George Zarounian (seated).

INDEX

"We wanted to build a restaurant that'd make people appreciate the Cannery Row area." *—Ted Balestreri*